UTB 2080

Eine Arbeitsgemeinschaft der Verlage

Beltz Verlag Weinheim und Basel
Böhlau Verlag Köln · Weimar · Wien
Wilhelm Fink Verlag München
A. Francke Verlag Tübingen und Basel
Paul Haupt Verlag Bern · Stuttgart · Wien
Verlag Leske + Budrich Opladen
Lucius & Lucius Verlagsgesellschaft Stuttgart
Mohr Siebeck Tübingen
C. F. Müller Verlag Heidelberg
Ernst Reinhardt Verlag München und Basel
Ferdinand Schöningh Verlag Paderborn · München · Wien · Zürich
Eugen Ulmer Verlag Stuttgart
Vandenhoeck & Ruprecht Göttingen
WUV Facultas · Wien

Clemens Hillenbrand

Didaktik bei Unterrichts- und Verhaltensstörungen

Mit 14 Abbildungen und 11 Tabellen
2., aktualisierte Auflage

Ernst Reinhardt Verlag München Basel

Prof. Dr. *Clemens Hillenbrand*, Studium und Promotion der Sonderpädagogik, praktische Erfahrungen im Heim und als Sonderschullehrer in verschiedenen Sonderschulformen, von 1994 bis 1998 Lehrtätigkeit an der Universität München, anschließend Vertretung von Professuren der Verhaltensgestörtenpädagogik an den Universitäten Köln und Oldenburg, seit 2000 Professor für Heil- und Sonderpädagogik an der Fachhochschule Bielefeld.

Bibliografische Information der Deutschen Bibliothek

Die Deutsche Bibliothek verzeichnet diese Publikation in der Deutschen Nationalbibliografie; detaillierte bibliografische Daten sind im Internet über <http://dnb.ddb.de> abrufbar.
UTB-ISBN 3-8252-2080-X
ISBN 3-497-01639-X

© 2003 by Ernst Reinhardt, GmbH & Co KG, Verlag, München

Dieses Werk einschließlich seiner Teile ist urheberrechtlich geschützt. Jede Verwertung außerhalb der engen Grenzen des Urheberrechtsgesetzes ist ohne schriftliche Zustimmung der Ernst Reinhardt, GmbH & Co KG, München, unzulässig und strafbar. Das gilt insbesondere für Vervielfältigungen, Übersetzungen in andere Sprachen, Mikroverfilmungen und die Einspeicherung und Verarbeitung in elektronischen Systemen.

Einbandgestaltung: Atelier Reichert, Stuttgart
Printed in Germany
ISBN 3-8252-2080-X (UTB-Bestellnummer)

Ernst Reinhardt Verlag, Postfach 38 02 80, D-80615 München
Net: www.reinhardt-verlag.de Mail: info@reinhardt-verlag.de

Inhalt

Vorwort 13

1   **Einleitung** 19
1.1   Gestörter Unterricht – ein pädagogisches Phänomen   20
1.2   Eine eigene Didaktik? 22
1.3   Unterrichtsstörungen –
       ein Thema allgemeiner Didaktik? 23
1.4   Zum Begriff „Unterrichts- und Verhaltensstörungen"   24

2   **Didaktische Theorien und Unterrichtsstörungen** . . 28
2.1   Erwartungen an didaktische Theorien 28
2.2   Die bildungstheoretische Didaktik 30
2.3   Die lerntheoretische Didaktik 32
2.4   Die kritisch-kommunikative Didaktik 33
2.5   Didaktik heute 35
2.6   Verortung in der kritisch-kommunikativen Didaktik   35
2.7   Der Aspekt des Störfaktors 37
2.8   Störfaktoren und ihre Berücksichtigung
       in der Unterrichtsplanung 38
2.9   Lernfragen 41

3   **Ergebnisse allgemeiner Didaktik** 42
3.1   Unterrichtsplanung 42
3.2   Artikulation des Unterrichts 44
3.2.1   Stufen des Unterrichts 44
3.2.2   Unterrichtsbeispiel 45
3.2.3   Kritik 47
3.2.4   Lernfragen 49
3.3   Gute Schulen – Guter Unterricht 49

3.3.1	Funktion der Schule	50
3.3.2	Merkmale einer guten Schule	51
3.3.3	Merkmale eines guten Unterrichts	54
	Die Sache	55
	Das Ziel	56
	Der Schüler	58
	Die Elementarisierung	59
	Die Sozialisierung	60
	Überblick	61
3.3.4	Lernfragen	62
3.4	Sozialformen und Differenzierung des Unterrichts	62
3.4.1	Sozialformen des Unterrichts	63
3.4.2	Differenzierung des Unterrichts	67
3.4.3	Lernfragen	71
3.5	Problemsituationen des Unterrichts	71
3.5.1	Pädagogische Problemsituationen im Unterricht	71
3.5.2	Klassifikation	73
3.5.3	Bedingungen	74
3.5.4	Handlungsmöglichkeiten	76
3.5.5	Lernfragen	77
4	**Der pädagogisch-didaktische Auftrag des Unterrichts mit schwierigen Schülern**	78
4.1	Das Gutachten zum Deutschen Bildungsrat 1974	79
4.2	Die Empfehlungen der Kultusministerkonferenz vom 6. Mai 1994 „Zur sonderpädagogischen Förderung in den Schulen der Bundesrepublik Deutschland"	80
4.3	Das Bayerische Erziehungs- und Unterrichtsgesetz von 1994 (BayEUG)	82
4.4	Rechtliche Grundlagen in Nordrhein-Westfalen	82
4.5	Ergebnis	84
4.6	Lernfragen	85
5	**Historischer Exkurs: Der Unterricht in den ersten Erziehungsklassen**	86
5.1	Der Auftrag der Volksschule	86

5.2	Störungen von Erziehung und Unterricht	88
5.3	Begründung der E-Klassen	91
5.4	Erziehung und Unterricht	92
5.5	Prinzipien der E-Klasse	93
	Intention der E-Klasse	93
	Organisationsstruktur	94
	Rahmenbedingungen	94
	Erziehung in der E-Klasse	94
	Der Lehrer in der E-Klasse	95
	Elternarbeit	96
	Das Prinzip Re-Integration	96
	Erfolg	97
5.6	Kritik	98
5.7	Lernfragen	98
6	**Konzeptionen schulischer Förderung bei Verhaltensstörungen**	99
6.1	Das Modell gestörten Lernens: Reizreduktion nach Cruickshank	101
6.1.1	Hirngeschädigte Kinder	102
6.1.2	Das Prinzip der Reizreduzierung	104
6.1.3	Strukturierung der Erziehung	105
6.1.4	Strukturierung von Lern- und Arbeitsmitteln	106
6.1.5	Prinzipien des Unterrichts für hyperaktive Schüler	107
6.1.6	Kritik	108
6.1.7	Lernfragen	109
6.2	Das Modell der Verhaltensmodifikation: Der durchstrukturierte Klassenraum nach Hewett und Schumacher	109
6.2.1	Hewetts Konzeption im Überblick	110
6.2.2	Der durchstrukturierte Klassenraum nach Schumacher	111
	Zielsetzungen	112
	Ein statistischer Begriff von Verhaltensstörung	113
	Leitlinien des durchstrukturierten Klassenraums	114
	Hierarchie von Verhaltenssequenzen	115

		Organisation des Unterrichts 117
		Pädagogische Interventionen 120
6.2.3	Evaluation	 121
6.2.4	Kritik	 122
6.2.5	Lernfragen	 123
6.3	Das Modell der Verhaltensmodifikation: Kooperative Verhaltensmodifikation nach Redlich und Schley 124
6.3.1	Die Intention 124
6.3.2	Theoretische Grundlegung und Erweiterung 126
		Klassische Verhaltensmodifikation 127
		Selbstbewertungskonzept 128
		Kooperation 129
		Handlungsstrategie 130
6.3.3	Anwendungsbereiche 131
6.3.4	Beispiele 134
6.3.5	Kritik 134
6.3.6	Lernfragen 136
6.4	Das psychodynamische Modell: Konfliktverarbeitung im Unterricht nach Baulig 136
6.4.1	Intention des Versuchs 137
6.4.2	Ausagierende Schüler verstehen 138
6.4.3	Handlungsansätze 138
		Gestaltung der Lehrer-Schüler-Beziehung 138
		Pädagogische Einwirkung auf Stigmatisierungen . . 139
		Konfliktverarbeitung im Unterricht 140
		Maßnahmen zur Strukturierung und Ich-Stützung . 142
		Prinzipien der Unterrichtsgestaltung 144
		Stärkung des Selbstbewusstseins und Ausbau der Frustrationstoleranz 145
		Förderung der Realitätsorientierung 146
6.4.4	Beispiele 147
6.4.5	Wertung 148
6.4.6	Entwicklung der Gruppe 149
6.4.7	Kritik 149
6.4.8	Lernfragen 151
6.5	Das psychodynamische Modell: Neutralisierung der Lerninhalte nach Sigrell 151

6.5.1	Stützung der Persönlichkeit	152
6.5.2	Neutralisierung	153
6.5.3	Entdramatisierung	154
6.5.4	Beispiel	154
6.5.5	Kritik	155
6.5.6	Lernfragen	156
6.6	Das Psychodynamische Modell: Unterricht als Ermutigung	156
6.6.1	Individualpsychologie und Verhaltensstörungen	157
6.6.2	Individualpsychologische Erziehungsprinzipien	161
6.6.3	Individualpsychologische Gestaltung des Unterrichts	164
6.6.4	Beispiel	165
6.6.5	Kritik	166
6.6.6	Lernfragen	167
6.7	Das Entwicklungs-Modell: Der Entwicklungstherapeutische Unterricht nach Wood und Bergsson	167
6.7.1	Basisannahmen	169
6.7.2	Das Entwicklungscurriculum	170
6.7.3	Diagnostik	172
6.7.4	Unterrichtsgestaltung	173
6.7.5	Pädagogisch-therapeutische Interventionen	176
6.7.6	Team	178
6.7.7	Organisationsstruktur	179
6.7.8	Elternarbeit und Sozialpädagogik	181
6.7.9	Evaluation	181
6.7.10	Kritik	182
6.7.11	Lernfragen	182
6.8	Das Synthese-Modell: Der strukturiert-schülerzentrierte Ansatz nach Neukäter und Goetze	183
6.8.1	Basisannahmen	183
6.8.2	Phasen der Rehabilitation	184
6.8.3	Evaluation	186
6.8.4	Kritik	186
6.8.5	Lernfragen	187
6.9	Neuere Ansätze der Didaktik bei Unterrichts- und Verhaltensstörungen	188

6.9.1 Therapeutisch orientierter Sonderunterricht nach Vernooij ... 189
Das Prinzip TOS ... 189
Lehrerbildung ... 190
Aufbereitung therapeutischer Grundkonzepte ... 191
Kritik ... 192

6.9.2 Sozialdidaktik nach Januszewski ... 193
Grundlegende Annahmen ... 193
Unterricht als Sinngestalten ... 194
Sozialdidaktik ... 195
Kritik ... 196

6.9.3 Alltagsästhetischer Ansatz nach Bröcher ... 196
Kritik an der Pädagogik bei Verhaltensstörungen ... 197
Verhaltensstörungen als Ausdruck von Lebensproblemen ... 198
Alltagsästhetik im Unterricht ... 198
Kritik ... 200

6.9.4 Lernfragen ... 201
6.10 Ergebnis ... 201

7 Prozess und Gestaltung heilpädagogischer Förderung 204

7.1 Rahmenbedingungen der Förderung in besonderen Schulen ... 205
7.2 Der Prozess heilpädagogischer Förderung ... 207
7.3 Gestaltungsprinzipien ... 209
7.4 Fördermaterialien ... 212
7.4.1 Materialien für den primären Einsatzort ... 213
7.4.2 Materialien für den sekundären Einsatzort ... 214
7.4.3 Materialien für den tertiären Einsatzort ... 215
7.5 Der Auftrag der Re-Integration ... 215
7.5.1 Kriterien der Re-Integration ... 216
7.5.2 Phasen der Rückführung ... 217
7.5.3 Erfolgsbedingungen ... 218
7.5.4 Kritik ... 219
7.6 Lernfragen ... 219

Inhalt 11

8	**Reformansätze bei Unterrichts- und Verhaltensstörungen**	220
8.1	Offener Unterricht	220
8.1.1	Zum Begriff „Offener Unterricht"	221
8.1.2	Methodik des Offenen Unterrichts	222
8.1.3	Offener Unterricht als Chance bei Unterrichts- und Verhaltensstörungen	223
8.1.4	Probleme im Offenen Unterricht	224
8.1.5	Evaluation	225
8.1.6	Kritik	227
8.1.7	Lernfragen	229
8.2	Integration: Gemeinsamer Unterricht von Schülern mit und ohne Verhaltensstörungen	230
8.2.1	Der Begriff „Integration"	231
8.2.2	Die besondere Problematik der Integration von Schülern mit Verhaltensstörungen	233
8.2.3	Modelle der Integration	234
8.2.4	Didaktische Fragen der Integration	236
8.2.5	Ergebnis	236
8.2.6	Lernfragen	237
9	**Beratung bei Unterrichts- und Verhaltensstörungen**	238
9.1	Kollegiale Beratung	239
9.2	Handlungsstrategie zur Konfliktlösung	241
9.2.1	Zum Begriff „Konflikt"	242
9.2.2	Handlungsmatrix zur Konfliktlösung	242
9.2.3	Analysebeispiel	246
9.2.4	Kritik	248
9.3	Lernfragen	248
10	**Die Perspektive der Betroffenen**	249
10.1	Die Perspektive der Lehrer	250
10.2	Die Perspektive der Eltern	252
10.3	Die Perspektive der Schüler	255
10.4	Ergebnis	258
10.5	Lernfragen	259

11	**Ergebnis**	260
	Literatur	264
	Sachregister	275

Vorwort

„Schule brutal." „Faustrecht macht Schule." „Erpressung, Prügel, Terror – an deutschen Schulen ist die Hölle los" „Schon jedes dritte Kind ist gestört" – solche Schlagzeilen, aus bekannten Zeitschriften entnommen, sind derzeit wöchentlich zu lesen. Die Publizistik hat das Problem auffälliger Verhaltensweisen von Kindern und Jugendlichen auf die Titelseiten öffentlicher Aufmerksamkeit gerückt. Daran wird deutlich, dass Störungen und Problemsituationen des Unterrichts, Verhaltensstörungen, Erziehungsschwierigkeiten oder wie man das Phänomen bezeichnen mag, ein akutes Problem mit Breitenwirkung darstellen. Die Schule steckt in diesem Zusammenhang in einem mehrfachen Dilemma:

- Einerseits ist sie der Ort, an dem solche Phänomene manifest werden. Die Schule und die hier tätigen Professionellen stehen im Verdacht, eine mitverursachende Rolle zu spielen.
- Die Schule, Schüler und Lehrer, erscheinen zugleich auch als Opfer – hilflose Helfer, denen die Hände gebunden sind, vielleicht auch inkompetente Amateure, die ihr Handwerk nicht verstehen und höchstens noch auf mitleidiges Lächeln hoffen dürfen.
- Gleichzeitig steigen die Erwartungen an die Schule. Der Transfer gesellschaftlicher Probleme auf den Erziehungsauftrag der Schule stellt schon einen Quasi-Mechanismus der öffentlichen Diskussion dar.

Mit den daraus resultierenden Belastungen müssen Lehrer, Schüler und die Schule als Institution jedoch ohne besondere Hilfen fertig werden! Unter diesen Vorgaben befinden sich viele Lehrkräfte unter einem starken Erfolgsdruck, der nicht selten zu einer unablässigen Suchbewegung nach neuen Methoden und Erfolgsrezepten führt.

Die spezialisierte Teildisziplin der Pädagogik, die das Problem der Verhaltensstörungen bearbeitet, fand dabei als Gesprächspartner bisher kaum Beachtung. Diese sonderpädagogische Arbeitsrichtung wurde mit den ihr zugeordneten besonderen Institutionen, den Sonderschulen für Verhaltensgestörte, der Erziehung und dem Unterricht in Heimen, in der Kinder- und Jugendpsychiatrie oder in Jugendstrafanstalten, identifiziert. Die Relevanz ihrer Erkenntnisse für die allgemeine Erziehung geriet aus dem Blick. Einige wenige Zahlen aus diesem Fach verstärken noch die Problembestimmung: Nach anerkannten Kriterien (DSM, ICD) sind ca. 15 % der Schüler als „verhaltensgestört" zu bezeichnen (Myschker 1993), jedoch gibt es nur für ca. 0,3 % der Schüler Plätze in Schulen zur Erziehungshilfe. Mobile Dienste bei Erziehungsschwierigkeiten fallen zahlenmäßig kaum ins Gewicht und sind in aller Regel völlig überlastet. Als Schlussfolgerung lässt sich festhalten, dass die überwiegende Mehrzahl von Schülern mit Verhaltensstörungen in der Grund- und Hauptschule, z. T. auch in weiterführenden Schulen und insbesondere in Berufsschulen, betreut werden. Das Problem gestörten Unterrichts ist also ein gemeinsames Problem!

Vielleicht führt diese Situation jedoch zu einer gegenseitigen Kenntnisnahme und gemeinsamen Diskussion. Erste Schritte werden von Seiten der allgemeinen Didaktik insbesondere durch Arbeiten von Rainer Winkel gemacht und auch der Schulpädagoge Hans Jürgen Apel erkennt die Aufgabe: „Erziehungshilfe als Aufgabe pädagogischen Handelns muss deshalb zunehmend Bestandteil einer schulpädagogischen Theorie werden" (Apel 1996, 6). Er stellt daher die Frage, „welche Bedeutung sonderpädagogische Erkenntnisse für die Theorie und Praxis des pädagogischen Handelns in Schule und Unterricht haben" (Apel 1996, 3). Apel umschreibt damit eine Aufgabe, die hier zu bearbeiten ist: die Darstellung sonderpädagogischer Erkenntnisse der Verhaltensgestörtenpädagogik in didaktischer Perspektive.

Vom systematischen Standort der Pädagogik bei Verhaltensstörungen als Arbeitsrichtung innerhalb der Heilpädagogik (Möckel) ist ein solcher Diskurs seit jeher gedacht und gefordert worden. In der ersten „Heilpädagogik", die Mitte des 19. Jahrhunderts die verschiedensten Bemühungen um bisher vernachlässigte Kinder in einer Theorie zusammenfasst, wird nämlich die enge Verknüpfung von Heilpädagogik und allgemeiner Pädagogik, von besonderen Erziehungsinstitutionen und allgemeiner Schule, von Heilerziehung und sozialem Fortschritt begründet: „Die Heilpädagogik im Ganzen ist ein Zweig der allgemeinen Pädagogik" (Georgens/Deinhardt 1861, 2).

Folglich stellen heilpädagogische Mittel und Methoden, so die

Verfasser der ersten „Heilpädagogik", nichts anderes als Modifikationen allgemeiner Mittel und Methoden dar. Die spezialisierte Heilerziehung verändert das Vorgehen der allgemeinen Erziehung nicht grundlegend. Im Zuge der Arbeitsteilung bildet sie „durch den Heilzweck bedingte Modificationen der Aufgaben und Mittel, welche die allgemeine Pädagogik hat oder haben sollte" (Georgens/Deinhardt 1861, 5), aus. Die Kenntnis heilpädagogischer Handlungsansätze erweitert damit den Horizont für alle erzieherischen Bemühungen!

Daraus ergibt sich die Aufgabe, für einen „Wissenstransfer" zu sorgen. Dabei darf der Begriff Transfer nicht als Transport eines fertigen Inhalts verstanden werden, sondern eher als Aufbau einer gemeinsamen Diskussionsbasis, als „Wissensdialog". Für den Unterricht in Schulen ohne heilpädagogische Unterstützung gilt es daher, wichtige Ergebnisse heilpädagogischer Bemühungen um einen adäquaten Unterricht bei problematischen Erziehungsbedingungen zur Kenntnis zu nehmen. Für die Sonderpädagogen wiederum sind die didaktischen Grundlagen aus der Schulpädagogik und allgemeinen Didaktik häufig nicht geläufig. Zudem zeigte sich in Einführungsveranstaltungen in didaktische Fragestellungen bei Verhaltensstörungen, die von zukünftigen und aktiven Sonderpädagogen mit dem Schwerpunkt Verhaltensgestörtenpädagogik und Lernbehindertenpädagogik besucht wurden, der Mangel eines Lehrbuchs für spezifische Ansätze des Unterrichts bei Verhaltensstörungen. Das vorliegende Werk intendiert daher zweierlei:

1. Angesichts der Probleme mit Störungen des Unterrichts in allen Schulformen bietet es einen Überblick über die Grundlagen, Methoden und Medien didaktischer Konzeptionen bei Verhaltensstörungen an, die das Handlungsrepertoire für Lehrer in allen Schularten erweitern können. Insofern wendet es sich an Studenten aller Lehrämter, aber auch an Referendare und Kollegen in der Fort- und Weiterbildung.
2. Angesichts des fehlenden Studienmaterials in der Sonderschullehrerbildung wird versucht, ein Lehrbuch über zentrale wissenschaftliche Ergebnisse für didaktische Fragen bei Unterrichts- und Verhaltensstörungen zusammenzufassen. Ganz basal gehören dazu allgemeindidaktische Grundlagen, auf deren Basis ein Überblick über die spezifischen unterrichtlichen Konzeptionen und erprobten Handlungsvorschläge für eine heilpädago-

gische Förderung bei Verhaltensstörungen gewonnen werden kann. Insofern wendet sich das Buch an Studenten der Sonderpädagogik, insbesondere mit den Schwerpunkten Lernbehindertenpädagogik und Verhaltensgestörtenpädagogik.

Da die Probleme von Allgemeiner Didaktik und von Didaktik bei Verhaltensstörungen zunehmend als gemeinsame Themen erkennbar werden, soll dieses Lehrbuch insgesamt den Interessenten einen fundierenden Überblick bieten und zugleich eine Anregung zur Belebung des Dialoges leisten.

Ein Vorwort gibt immer auch die Möglichkeit des Dankes. An erster Stelle muss ich die Schüler meiner Klassen in verschiedenen Sonderschulen nennen, die mir manche lehrreiche Lektion erteilten. Besonderen Dank schulde ich meinen Studenten in München und Köln, die durch ihre Nachfragen, Kritik und ihre Geduld in der Verfolgung des Gedankengangs wesentlich zum Entstehen dieses Buches beitrugen. Meiner Frau und meiner Familie habe ich für alle Formen der Unterstützung zu danken, die jeden Tag notwendig war und doch nicht alltäglich ist.

Der im Text verwendete sprachliche Genus schließt immer die andere Form ein. Damit soll eine gute Lesbarkeit des Textes erhalten bleiben.

Zur Arbeit mit dem Buch

Für eine möglichst produktive Arbeit mit dem Buch bieten sich zwei Wege an: die Beantwortung der Lernfragen am Ende eines Abschnitts und die Erstellung von Mind Maps aus den angebotenen Schlüsselbegriffen.

1. Die meisten Lernfragen ermöglichen einerseits die Wiederholung des dargestellten Inhalts. Die Kontrolle der Lösungen kann leicht durch eine nochmalige Lektüre des Textes erfolgen. Viele Fragen regen andererseits zu einer selbständigen Stellungnahme und Diskussion an. Beide Verwendungsmöglichkeiten haben sich in Arbeitsgruppen und zur Vorbereitung auf Prüfungen bereits bewährt.
2. Die Schlüsselbegriffe bieten eine Hilfe für die Erstellung von so genannten Mind Maps. In solchen kognitiven Landkarten werden die gelernten Inhalte, die Verknüpfungen und Zusammen-

hänge graphisch dargestellt. Da jeder Lerner auf individuelle Art den Lernstoff strukturiert, gibt es keine gültigen oder ungültigen Lösungen. Die aktive Erstellung einer solchen Mind Map, insbesondere mit der Verwendung von bildlichen Elementen, fördert auf hervorragende Weise das Verstehen und Behalten des Lerninhalts – und nicht zuletzt macht es meist großen Spaß!

Als Beispiel folgt auf Seite 18 eine Mind Map zu den Sozialformen des Unterrichts (Kap. 3.4), das auf folgenden Schlüsselwörtern basiert:

Schlüsselwörter: Sozialformen • Differenzierung • Passung • Individualisierung des Lernens • Frontalunterricht • Unterrichtsgespräch • Gruppenarbeit • Partnerarbeit • Einzelarbeit.

Buntstifte und ein großes Blatt Papier sollten daher zum Arbeitsmaterial bei der Bearbeitung des Buches gehören. Dabei wünsche ich Ihnen viel Erfolg!

Osnabrück, Köln, im August 1998   Clemens Hillenbrand

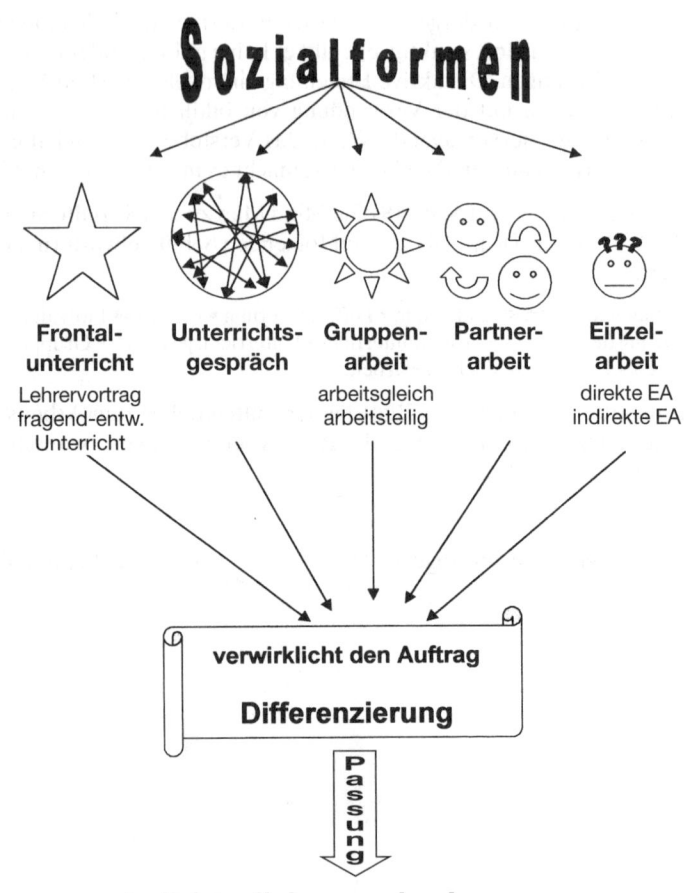

Abb. 1: Beispiel für die Erstellung einer Mind Map: Sozialformen und Differenzierung

1. Einleitung

Eine harmonische Gemeinschaft (von Emöke Beatrice Kovac, 14 Jahre)

Daniel schubste zurück, und zwei Sekunden später hing er so halb und halb über Regensburgers Schulter, und noch eine Sekunde später wurde er per Tae-Kwon-Do-Griff oder so was Ähnlichem auf den PVC-Boden geschleudert, wo er dann hocken blieb und erst mal seine Eingeweide ordnete. Aus seinem linken Nasenloch kam eine ziemliche Menge Blut geschossen. Er kam hoch und nahm sich ein Tempo, das er sich an die Nase hielt. Sie sah ein bißchen krumm aus. Später sagte Vanessa, Regensburger hätte Daniels Nase gar nicht angerührt, der kriegt doch immer Nasenbluten, wenn er Schiß hätte, das wär schon in der Grundschule so gewesen... Auf dem Elternsprechtag sagte die Gabler, unsere Klasse sei gut zusammengewachsen, auch der neue Schüler, Regensburger also, der von der neunten in die achte zurückgegangen war, sei freundlich aufgenommen worden und ein recht beliebter Schüler geworden. Das hat mir meine Mutter erzählt, und dann hat sie noch gesagt, wie schön es doch sei, daß ich trotz der ganzen Berichte über Gewalt an deutschen Schulen, die man dieser Tage lesen müsse, in so einer harmonischen Klassengemeinschaft untergebracht sei. (Teuter, Teuter 1997, 129ff)

Schwierige und gestörte Unterrichtsprozesse bilden massive Belastungen für die Beteiligten, für Lehrer und Schüler. Die Erzählungen der 14jährigen Emöke und ihrer jugendlichen Mitautoren zeigen zugleich, dass Gewalt eine latente Realität für Kinder und Jugendliche in und außerhalb der Schule darstellt. Gestörter Unterricht bildet eine Wirklichkeit für Kinder und Jugendliche, die Lehrerinnen und Lehrern zumindest teilweise verborgen bleibt. Zugleich erleben sich die professionellen Pädagogen in schulischen Institutionen, wenn man Medienberichten glauben kann, durch Störungen verschiedenster Formen und Ursachen zunehmend belastet.

Schlüsselwörter: Unterrichtsstörungen • Verhaltensstörungen • Stigmatisierung • Eigene Didaktik? • wissenschaftlicher Status und Auftrag der Didaktik • Weite des Aufgabenfeldes

1.1 Gestörter Unterricht – ein pädagogisches Phänomen

Die Vielzahl von Berichten in den Medien macht deutlich, dass gestörte Unterrichtssituationen eine brisante Problematik für alle Schulformen darstellen – sie sind keineswegs eine Erscheinung besonderer Institutionen, etwa der Sonderschulen, allein. Eigentlich werden in allen Schulen Kompetenzen für die Bewältigung von Störungen dringend benötigt.

Die Einrichtung von besonderen Schulen für Schüler mit Verhaltensstörungen, die in manchen Bundesländern Schulen zur Erziehungshilfe, Schulen für Verhaltensgestörte oder Schulen für Erziehungshilfe heißen, kann man als eine Maßnahme verstehen, um durch Spezialisierung der pädagogischen Berufe und Institutionen die gestörten Unterrichtssituationen zu beantworten. Die besondere Institution mit eigenen Maßnahmen sollte bessere Hilfen für die Kinder und Jugendlichen und zugleich bessere Handlungsmöglichkeiten für die Lehrer und Erzieher schaffen (Möckel 1988). Die negativen Effekte werden jedoch zunehmend deutlich. Die „Kehrseite" der Spezialisierung, schon zu Beginn der besonderen Förderung auffälliger Schüler durchaus geahnt, ist die Stigmatisierung ihrer Klientel, die Selbstwertproblematik und die Chancenminderung für die betroffenen Schüler. Eine Konsequenz daraus sind die Bemühungen um eine Beschulung solch auffälliger Kinder und Jugendlichen „so normal wie möglich" (Normalisierungsprinzip) und gemeinsam mit allen anderen Schülern (Integration). Mit der integrativen Beschulung stellt sich die Aufgabe, spezialisiertes Handlungswissen in nichtspezialisierte Institutionen, sonderpädagogische Kompetenz in allgemeinpädagogische Kontexte zu implementieren. Eine Zusammenfassung relevanter Erkenntnisse kann einen Überblick über die in der Wissenschaft diskutierten Handlungsansätze für die Lehrerbildung und für die Praxis bieten.

Wenn also der Versuch gemacht wird, eine lehrbuchartige Zusammenfassung pädagogisch-didaktischer Erkenntnisse über das Handeln bei Unterrichtsstörungen, wie sie insbesondere in der Pädagogik bei so genannten „Verhaltensstörungen" fixiert sind, vorzulegen, dann muss eine solche Grundlegung allgemeine Tragfähigkeit für verschiedenste Schulformen besitzen. Damit scheint die Integration von wissenschaftlich-heilpädagogischen Erkenntnissen (Theorie-Ebene) zum ferneren Ziel der besseren Integration von Schülern (Praxis-Ebene) dringend geboten. Einige stichpunktartige Argumente sprechen deutlich für die Verbindung von heilpädagogischen und allgemeindidaktischen Erkenntnissen:

1. Die Mehrzahl der Schüler mit Verhaltensstörungen, deren Anteil auf 12 % bis 16 % geschätzt wird (Myschker 1993, 64ff), wird nicht in heilpädagogischen Einrichtungen gefördert, sondern in der Regelschule betreut. Weit weniger als 1 % der Schüler eines Jahrgangs besuchen eine Schule zur Erziehungshilfe – zugleich bilden Unterrichts- und Verhaltensstörungen eine aktuelle und äußerst belastende Wirklichkeit in allen Schularten.
2. Die zukünftigen Aufgaben von Lehrern mit Kompetenzen in der Verhaltensgestörtenpädagogik werden zunehmend im integrativen Bereich liegen, also von besonderen Institutionen in die Regelschulen verlegt werden und daher allgemeindidaktische Kompetenzen voraussetzen.
3. Die Erfahrungen und Ergebnisse heilpädagogischer Konzeptionen können eine präventive Handlungsweise in allen Schulformen unterstützen und anleiten.

Wenn die Probleme, die traditionellerweise von der Heilpädagogik bearbeitet werden, sich immer deutlicher als Probleme jeder Schulpädagogik zeigen, dann ist die Integration heilpädagogischer Erkenntnisse in die allgemeine Pädagogik und Didaktik notwendig (Möckel 1979). Damit wird eine Verortung der nachfolgenden Überlegungen in der allgemeinen Didaktik und Schulpädagogik notwendig, um spezialisierte, durch Arbeitsteilung gewonnene Erkenntnisse auch tatsächlich für gestörte Unterrichtssituationen möglichst in allen Schularten übergreifend fruchtbar zu machen. Aber welchen Status haben solche Erkenntnisse? Sind es Ergebnisse einer eigenen Wissenschaft? Anders gefragt: Gibt es überhaupt so etwas wie eine eigene „Didaktik" bei Unterrichtsstörungen oder Verhaltensstörungen?

1.2 Eine eigene Didaktik?

Von Studierenden und praktisch tätigen Lehrern wird häufig eine eigenständige, für problematische Unterrichtssituationen funktionierende Unterrichtstechnologie erwartet, ja verlangt. Zur Begründung einer solchermaßen verstandenen „eigenständigen Didaktik" wird auf die Auffälligkeiten der Schüler hingewiesen oder die besondere Institution der Schulen zur Erziehungshilfe, für Verhaltensgestörte oder wie der jeweilige Name lautet, hervorgehoben.

Zutreffend an dieser Erwartungshaltung ist, dass in der Gestaltung des Unterrichts mit schwierigen Schülern von einem Lehrer besonderes Geschick bis hin zur therapeutischen Kompetenz gefordert wird (Hußlein 1983). Dies gilt in besonderem Maße für eine spezialisierte pädagogisch-didaktische Institution, wie sie die Schule zur Erziehungshilfe und andere schulische Formen der Erziehungshilfe darstellen.

Weder diese Erwartungen noch die eigene Institution bilden jedoch hinreichende Argumente für die Begründung der Eigenständigkeit einer Didaktik bei Verhaltensstörungen. Gegenüber solchen Vorstellungen sind eine Reihe von Argumenten anzuführen.

Die *Zielsetzung* eines Unterrichts kann bei Unterrichts- und Verhaltensstörungen nicht grundsätzlich anders lauten als die Zielsetzung jeder Bildungsbemühung, als der reguläre Auftrag. So gilt in der Schule zur Erziehungshilfe der Lehrplan der jeweiligen Bezugsschule. Zudem ist darauf hinzuweisen, dass alle Formen der Förder- oder Sonderschule ausdrücklich zum allgemein bildenden Schulsystem zählen.

Könnte die gezeigte *Störung* eine besondere Didaktik erforderlich machen? Demgegenüber ist festzuhalten, dass die Auffälligkeiten verhaltensgestörter Schüler äußerst divergent sind, so dass in der Konsequenz eine eigene Didaktik bei aggressiven oder ängstlich-gehemmten Schülern, bei hyperkinetischen oder delinquenten, bei entwicklungsgehemmten oder teilleistungsgestörten Schülern bestehen müsste. Daran wird der Charakter des Kontraktionsbegriffs „Verhaltensstörung" deutlich (Hillenbrand 1996a), der sehr unterschiedliche Phänomene zusammenführt.

Die erzieherischen und unterrichtlichen Probleme gestörter Unterrichtsprozesse sind keineswegs nur Aufgabe der besonderen Schulform – vielmehr stellen sie eine Aufgabe aller Teilsysteme des

Schulsystems dar. Schon das Gutachten zum Deutschen Bildungsrat betonte 1974 die Zuständigkeit der Regelschulen. Demnach sind „*Hilfen für Verhaltensgestörte vorrangig Aufgabe der allgemeinen Schulen und Gegenstand der allgemeinen Pädagogik*", in dem „*ein gestuftes Angebot pädagogischer Maßnahmen*" (Bittner et al. 1974, 91, Hervorhebung im Original) notwendig ist. Ein besonderes, eigenständiges Profil von Schulen zur Erziehungshilfe lässt sich zudem empirisch kaum nachweisen (Petermann et al. 1993). Insgesamt steht unterrichtliches Handeln bei erschwerten Bedingungen unter der Anforderung, eine spezielle Methode der Anwendung (Bittner), eine Modifizierung (Speck) oder besondere Akzentuierung (Hußlein) allgemeindidaktischer Grundlagen durchzuführen – und gerade daher lässt sich eine besondere Didaktik auch aus Sicht der Praxis nicht rechtfertigen.

Wichtiger jedoch ist der *wissenschaftliche Status* und der Auftrag der Didaktik. Nach dem griechischen „didaskein" (lehren, unterweisen und lernen, belehrt werden) versteht man unter Didaktik im weiten Sinn „die Theorie des Lehrens und Lernens", im engeren Sinn „die Theorie des (schulischen) Unterrichts" (Böhm 1982, 131). Sie ist eine „*Wissenschaft, die sich mit allen Lern- und Lehrerscheinungen befaßt und sich um die Erfassung aller Vorgänge und Faktoren in diesem Feld bemüht*" (Peterßen 1994, 658, Hervorhebung im Original). Gerade aus diesem weiten Begriff der Didaktik lässt sich begründen, dass Erkenntnisse über gestörte Unterrichtsprozesse in sich einen Teil jeglicher Didaktik bilden. Eine Konzentration auf gelingende, ungestörte Lehr-Lern-Prozesse schneidet wichtige Vorgänge des Feldes aus dem wissenschaftlichen Diskurs heraus und engt die Wahrnehmung ein. Die hier angesprochene Weite des Aufgabenfeldes kann allerdings eine wissenschaftliche Spezialisierung für die didaktische Lehre und Forschung sinnvoll und notwendig machen.

1.3 Unterrichtsstörungen – ein Thema allgemeiner Didaktik?

Die Ausweitung des Aufgabenfeldes erfordert zugleich die Berücksichtigung weiterer den Unterricht überschreitende Dimensionen: Störungen des Unterrichtsgeschehens bilden sich in komplexen Zusammenhängen. Sie stellen nicht nur ein Problem des Unterrichts dar, sondern müssen in einem umfassenderen schulpädagogischen Zusammenhang gesehen und beantwortet werden. „Der Einbezug institutionell-organisatorischer und gesellschaftlicher Bedingungen in das didaktische Denken ist eine wertvolle Blickerweiterung" (Einsiedler 1994, 650) – gerade bei der Frage von Unterrichts- und Verhaltensstörungen.

Die Reflexion gestörter Unterrichtsprozesse stellt einen Themenbereich und einen wissenschaftlichen Arbeitsschwerpunkt innerhalb des weiten Arbeitsgebietes der allgemeinen Didaktik und Schulpädagogik dar. Einerseits ist damit ausgesagt, dass in diesem Arbeitsgebiet die gleichen Prämissen gelten wie in anderen didaktischen Feldern auch. Andererseits stellt eine Spezialisierung didaktischer Forschung keinen Widerspruch dazu dar, sondern wiederholt nur eine normale Entwicklung der modernen Wissenschaften. Die Arbeitsteilung in der Wissenschaft erfordert in der Konsequenz jedoch das Zusammenführen, die Integration von Erkenntnissen – und das kann wiederum nur auf der Basis didaktischer Theorien geschehen.

Arbeitsergebnisse aus der speziellen Reflexion gestörter Unterrichtsprozesse erlauben daher keineswegs die Konstruktion einer eigenständigen Didaktik. Diese Überlegungen führen zur Forderung nach einer allgemeindidaktischen Grundlegung und Einordnung, auf deren Basis spezialisiertere Aussagen verarbeitet werden können.

1.4 Zum Begriff „Unterrichts- und Verhaltensstörungen"

Ein wichtiges Ziel der vorliegenden Darstellung besteht in der Zusammenführung von Erkenntnissen aus unterschiedlichen wissenschaftlichen Arbeitsrichtungen: aus didaktischen Ansätzen zur Förderung von Schülern mit „Verhaltensstörungen" im Rahmen der Sonder- und Heilpädagogik und aus den Überlegungen zum Problembereich „Unterrichtsstörungen" im Rahmen der Schulpädagogik und der allgemeinen Didaktik, die insbesondere durch die kritisch-kommunikative Didaktik (Schäfer/Schaller 1976,

Winkel 1977) angeregt wurden. Die Integration der Ergebnisse verschiedener Wissenschaftszweige vermag die Perspektive zu erweitern – sowohl für die Theorie als auch für die Praxis. Die Verbindung der Arbeitsrichtungen schon ab der ersten Phase der Lehrerbildung könnte einerseits zu einer erweiterten Reflexionsbasis beitragen, andererseits praxisrelevante Handlungsvorschläge unterschiedlicher Herkunft in breitere Praxisfelder einbringen.

Die Integration verschiedener Wissenschaftszweige wird folglich im Begriff „Unterrichts- und Verhaltensstörungen" zum Ausdruck gebracht.

Dabei ist die vielfach diskutierte Problematik der Begriffe, insbesondere des Begriffs „Verhaltensstörung", durchaus bekannt: Etikettierungs- und Stigmatisierungsprozesse, die Verdinglichung personaler Prozesse, die Problematik der Normativität, die mangelnde Objektivität, ja Willkürlichkeit der Begriffsverwendung sind hier anzuführen. Als Resultat der theoriegeleiteten Begriffsanalyse (Hillenbrand 1996a) lässt sich festhalten: Der Begriff Verhaltensstörung ist das Ergebnis einer kommunikativen Konstruktion und fasst unterschiedlichste Verhaltensweisen zusammen. Er signalisiert Probleme im erzieherischen und unterrichtlichen Feld. Er ist zwar ein unscharfer und vager Begriff, wie Schlee (1989) konstatiert, aber damit nicht sinnlos, beliebig oder einfachhin verzichtbar. Er erfüllt vielmehr wichtige Funktionen, etwa die (finanzpolitische) Legitimation von besonderen Formen der Hilfe. Es widerspricht seiner kommunikativen Funktion, die Kriterien naturwissenschaftlich-empirischer Begriffsbildung an ihn zu stellen, die er gar nicht erfüllen kann (Hillenbrand 1996a, 197). Der Terminus Verhaltensstörung findet hier Verwendung als Zentralbegriff einer sonderpädagogischen Teildisziplin und der von ihr erarbeiteten didaktischen Vorschläge, Befunde und Ergebnisse. Im unterrichtlichen Rahmen treten Verhaltensstörungen dann als Störungen des Unterrichts auf.

Verhaltensstörungen in didaktischer Perspektive sind Unterrichtsstörungen.

Zwischen noch akzeptablen Störungen und heilpädagogische Hilfe verlangenden Problemen bestehen fließende Grenzen und sensible Gleichgewichte, die nicht zuletzt von der psychosozialen Belastbarkeit des Lehrers abhängen. Um diese fließenden Übergänge und die Notwendigkeit der Integration heilpädagogischer Kompetenzen in jede Form von Unterricht auszudrücken, findet der

Begriff „Unterrichts- und Verhaltensstörungen" Verwendung. Er steht für die Tatsache, dass Störungen des Unterrichts alltäglich sind. Sie entstehen in einem Beziehungsgeflecht, ihre Verursachung ist häufig nicht zu klären und die Frage der Ätiologie ist zudem oftmals ohne Relevanz für die Gestaltung von Erziehung und Unterricht. Von dieser Problemlage sind alle Personen mit Erziehungs- und Bildungsauftrag betroffen (z. B. Berufsschullehrer, Grundschullehrer, Hauptschullehrer, Förderlehrer, heilpädagogische Unterrichtshilfen, Zivildienstleistende, Sonderschullehrer an Schulen für Lernbehinderte oder Verhaltensgestörte und viele andere mehr).

Auch wenn der Lehrer einzelne Schüler als Verursacher von Störungen auszumachen glaubt, so lässt sich eine Störung doch niemals vom sozialen Rahmen, also dem Unterrichtsprozess und der Unterrichtssituation, trennen. Die Abkehr von einer nur eindimensionalen, personenbezogenen Ursachenvermutung soll in diesem Begriff ebenfalls zum Ausdruck gebracht werden.

„Eine Unterrichtsstörung liegt dann vor, wenn der Unterricht gestört ist, d. h. wenn das Lehren und Lernen stockt, aufhört, pervertiert, unerträglich oder inhuman wird" (Winkel 1996, 31, Hervorhebung im Original). Es ist der Versuch, Störungen „vom Unterricht her zu kennzeichnen" (Winkel 1996, 31).

Die vorliegende Darstellung will daher in Studium, Fort- und Weiterbildung den Kollegen aller Lehrämter dienen, die sich mit problematischen, gestörten und konfliktträchtigen Unterrichtssituationen und den darin verwickelten Personen auseinander zu setzen haben. Einen wichtigen Adressatenkreis stellen insbesondere die Studierenden für das Lehramt an Sonderschulen mit den Fachrichtungen Verhaltensgestörten- bzw. Erziehungsschwierigenpädagogik und Lernbehindertenpädagogik dar. Aus diesen Intentionen heraus werden folgende Themen bearbeitet:

1. zur Grundlegung ein Überblick über die in der Allgemeinen Didaktik wichtigen Theorien;
2. relevante Ergebnisse aus der Allgemeinen Didaktik;
3. der besondere Auftrag der Förderung bei Verhaltensstörungen;
4. ein geschichtlicher Exkurs;
5. spezielle Konzeptionen heilpädagogischer Förderung bei Verhaltensstörungen im Kontext Schule und Unterricht;
6. der Prozess und die Gestaltung der heilpädagogischen Förderung;

7. Reformansätze bei Unterrichts- und Verhaltensstörungen;
8. Beratung bei Unterrichts- und Verhaltensstörungen und
9. die Perspektive der Betroffenen, also von Lehrern, Schülern und deren Eltern in Schulen zur Erziehungshilfe.

Der Leser gewinnt daraus einen Überblick über wissenschaftliche Reflexionen zum Thema Unterrichts- und Verhaltensstörungen, der zu eigenen Entscheidungen und weiterführenden Bildungsbemühungen befähigen kann.

2 Didaktische Theorien und Unterrichtsstörungen

Unterricht stellt ein komplexes Phänomen dar. Jeder Ansatz didaktischer Theoriebildung unterliegt daher der Notwendigkeit, diese Komplexität zu reduzieren. Dies geschieht durch zusammenfassende Begriffe und Kategorien, die wiederum zu Aussagesätzen verknüpft werden. Wichtiges wird von Unwichtigem unterschieden, Zusammenhänge werden vermutet und untersucht, Erkenntnisse formuliert, kritisiert und korrigiert – kurz: Theorien werden gebildet. Didaktische Theorien versuchen also, Struktur und (rationale) Ordnung in ein hochkompliziertes Alltagsphänomen zu bringen.

Schlüsselwörter: Didaktische Theorien • Erwartungen • Komplexität • Praxis • differente Theorien der Didaktik

2.1 Erwartungen an didaktische Theorien

Damit aber müssen die Erwartungen an jede Form didaktischer Theorie kontrolliert und reflektiert werden. Der häufig vorhandene Wunsch nach Handlungsanleitung durch „Didaktik" und insbesondere nach Lösung der akuten Schwierigkeiten gestörter Unterrichtsprozesse ist aufgrund des Problemdrucks in praktischen Handlungssituationen nur zu verständlich. Im Sinne einer „Rezeptologie", etwa der Art: „bei dieser Störung benutze man jene Technik oder jene Therapie", können solche Erwartungen jedoch nur enttäuscht werden.

Bleidick (1987) hat aus sonderpädagogischer Sicht die Gründe für die bleibende und unvermeidliche Differenz von Theorie und Praxis nachgewiesen. Die Theorie sucht nach typischen Vorgängen, untersucht einen Aspekt mit dem Ziel einer genauen Identifizierung der Probleme und Begriffe, um daraus eine konsequente Ordnung und Struktur des begrifflichen Systems unter Ausschaltung situativer Variablen zu konstruieren. Sie reduziert dafür Beziehungen auf formale Konstanten, ihre Erkenntnis wird durch eine Methode angeleitet und – nicht zu vergessen – dies alles geschieht unter Eliminierung von Zeit und ohne Handlungsdruck. Der unterrichtlich Handelnde, der „Praktiker", ist dagegen in einen Gesamtprozess eingebunden, der von vielen situativen Variablen bestimmt wird, die sein Handeln unter Zeit- und Erfolgsdruck setzen.

Ist didaktische Theorie also „nutzlos" – was übrigens nicht gleichbedeutend mit sinnlos wäre? Die Problematik des Zusammenhangs von Theorie und Praxis in Pädagogik und Didaktik kann hier nicht eingehender diskutiert werden. Aber ich möchte auf zwei weiterführende Lösungsansätze hinweisen. Winfried Böhm (1985) trifft in Anlehnung an Aristoteles die wichtige Unterscheidung zwischen „Theorie", „Praxis" und „Poiesis": Während „Praxis" die situative Klugheit und Bildung des Handelnden im Entscheidungsprozess verlangt, die prinzipiell offen und nie nur zweidimensional, etwa richtig oder falsch ist, verlangt „Poiesis" die Anwendung einer Technik oder eines handwerklichen Machens. Didaktisches Handeln lässt sich in seiner Struktur als praktisches Handeln, damit dem politischen Handeln ähnlich, identifizieren. Für ein solches Handeln aber entspricht die Anwendung einer Technologie nicht der geforderten Struktur. Jürgen Oelkers (1984) sieht den Zusammenhang von Theorie und Praxis als unterschiedene Ebenen eines Diskurses, in dem die teilnehmenden Personen unterschiedlichen Anforderungen ausgesetzt sind. Auch der „Praktiker" muss sich verantworten und reflektieren – und das verlangt nach Wissenschaft. „Theorie" kann ihm neue Verstehenszusammenhänge und Handlungsalternativen aufzeigen, die er dann in einem auf professioneller Bildung basierenden Entscheidungsprozess auswählen und erproben kann.

Eine solche, eher ernüchterte Erwartungshaltung ist der Auseinandersetzung mit didaktischer Theorie zugrunde zulegen. Die Ernüchterung wird noch verstärkt durch die Beobachtung, dass differente Theorien der Didaktik vorliegen, die z. T. in prononcierter Konkurrenz zueinander stehen. Die Unterschiede resultieren im wesentlichen aus einem unterschiedlichen Verständnis von Wissenschaft. In diesem Rahmen beschränke ich mich auf drei didaktische Theorien: die bildungstheoretische, die lerntheoretische und die kritisch-kommunikative Didaktik. Diesen Ansätzen liegen ein geisteswissenschaftliches, analytisches bzw. kritisches Verständnis von Wissenschaft und Theorie zugrunde. Die verschiedenen Ansätze haben sich jedoch in den Diskussionen der letzten zwei Jahrzehnte deutlich aufeinander zu bewegt. Eine detailliertere Darstellung und einen Überblick zu weiteren wichtigen Didaktiken, insbesondere zur kybernetischen Didaktik oder zur curricularen Didaktik, bietet das Lehrbuch von Peterßen (1989).

2.2 Die bildungstheoretische Didaktik

Die älteste und dennoch aktuelle Konzeption von Didaktik ist die bildungstheoretische Didaktik. Führende Vertreter sind Herman Nohl, Erich Weniger und Wolfgang Klafki. Sie entwickelte sich aus der Reflexion reformpädagogischer Schul- und Unterrichtsreformen mit ihren zentralen Motiven der Arbeitsschule, der Entwicklungsgemäßheit und der Gemeinschaft. Damit stellte sie sich in dezidierten Gegensatz zur Herbartschen Formalstufenlehre (vgl. Kap. 3.2.1).

Der hier zentrale Begriff der „Bildung" wird verstanden als Prozess und Ergebnis der Menschwerdung, als innere Haltung und Geformtheit des Menschen (Klafki, z.B. 1985). Die innere Formung des jungen Menschen geschieht durch seine Begegnung mit der kulturellen Wirklichkeit. Dieser Prozess erfordert Anregung, Hilfestellung und Förderung – dazu ist Unterricht und Lehren notwendig. Demnach besitzt jeder Bildungsprozess zwei Seiten: Durch Bildung wird die Wirklichkeit dem Menschen und der Mensch für die Wirklichkeit erschlossen. Diese doppelseitige Erschließung charakterisiert Bildungsprozesse, andere Lernprozesse finden keine Beachtung. Bildung besitzt einen materialen (Inhalte, Wissenserwerb) und einen formalen (Fähigkeiten, Methoden) Aspekt. Die Verknüpfung beider Aspekte in ausgewählten Bildungsinhalten führt zu einer Formung und Veränderung der Kenntnisse wie der Fähigkeiten des werdenden Menschen – sie ist „kategoriale Bildung", wie Klafki in seiner Dissertation herausgearbeitet hatte.

Die Aufgabe der Didaktik ist nun die Auswahl derjenigen Bildungs*inhalte,* die für diese Erschließung repräsentativ und für das Kind angemessen sind. In den Bildungsinhalten begegnet der Zögling der Wirklichkeit, wenn ein Inhalt für viele andere Kulturinhalte stehen kann. Damit aber steht für die bildungstheoretische

Didaktik der Inhalt an erster Stelle vor der Methode. Es werden sieben verschiedene Grundformen der kategorialen Bildung identifiziert, z.b. das Fundamentale, das Exemplarische, das Typische, das Klassische oder das Repräsentative. Didaktische Theorie beschäftigt sich mit der Auswahl und Anordnung der bildenden Kulturinhalte. Als Handlungsanleitung für die Unterrichtsvorbereitung entwickelte die bildungstheoretische Didaktik die „didaktische Analyse", in der der Lerninhalt auf seinen Bildungsgehalt hin untersucht wird.

Um einen Überblick über die didaktischen Theorien und ihre Strukturen zu gewinnen, werden die Grundlagen jeweils in einer Tabelle dargestellt. Entscheidend ist dabei

- das Verständnis der Bedingungen, unter denen didaktische Prozesse stattfinden,
- die der Theorie zugrundeliegende Absicht oder Intention,
- die angenommenen Entscheidungsfelder,
- die herausgearbeitete Struktur des Lehr-Lern-Prozesses und
- das für den Lernenden postulierte Ziel von Lernprozessen.

Anhand dieser Kategorien lassen sich die drei wichtigsten Entwürfe allgemeiner Didaktik vergleichen.

Tab. 1: Bildungstheoretische Didaktik

Bedingungsfeld:	Mensch – Kultur – Geschichte
Intention:	kategoriale Bildung
Entscheidungsfelder:	Bildungsinhalte – Gestaltung der Begegnung
Struktur:	Primat der Didaktik i. e. S. (Lernziel und Lerninhalt), davon ist der Unterricht und seine Gestaltung (Methoden und Mittel) abhängig
Ziel:	Erschließen der Wirklichkeit/des Menschen für die Wirklichkeit

Schlüsselwörter: bildungstheoretische Didaktik • Zentralbegriff Bildung • Didaktik – Bildungsprozess • Geschichtlich-kulturelle Wirklichkeit • materialer/formaler Aspekt der Bildung • kategoriale Bildung • Bildungsinhalte • didaktische Analyse

2.3 Die lerntheoretische Didaktik

Auf der Basis eines empirisch-analytischen Wissenschaftsbegriffs tritt in den 60er Jahren die lerntheoretische Didaktik in Konkurrenz zum bildungstheoretischen Ansatz. Vertreter sind P. Heimann, G. Otto und W. Schulz. Bei diesen Didaktikern steht der Begriff des Lernens – allerdings nicht auf behavioristischer Grundlage – im Zentrum. Im Gegensatz zum ideologiebelasteten Terminus Bildung soll „Lernen" realitätsnäher und wertneutral sein. Als Forschungsgegenstand erkennt die lerntheoretische Didaktik folglich das „Lernen und Lehren" und die Erfassung aller dafür relevanten Faktoren. Die Aufgabe didaktischer Reflexion wird ausgeweitet und Didaktik wird zur Theorie des Unterrichts, des Lehrens und Lernens überhaupt. Dieser umfassenden Aufgabe versucht die lerntheoretische Didaktik gerecht zu werden, indem sie dem Lehren und Lernen zugrundeliegende Strukturen aufdeckt und im so genannten Berliner Modell der Didaktik zusammenfasst.

Dabei werden zwei Bedingungsfelder, also dem Unterricht vorgegebene Strukturen, und vier Entscheidungsfelder, die Handlungsmöglichkeiten des Lehrers, unterschieden. Zu den Bedingungsfeldern, denen Lehren und Lernen unterliegt, zählen die *soziokulturellen Voraussetzungen,* etwa die in der Gesellschaft bestehenden Werte und Normen, das Bildungssystem, die Wirtschaftsordnung. Dazu gehören außerdem die *anthropologisch-psychologischen Voraussetzungen,* etwa das Alter, der Entwicklungsstand, die Vorkenntnisse oder die soziale Herkunft. Diese Bedingungen sind für das Ziel einer möglichst optimalen Gestaltung des Unterrichts zu berücksichtigen. Der Lehrende hat unter diesen Bedingungen vier Entscheidungen zu treffen, über

1. die *Intentionen*, gegliedert in kognitive, affektive und pragmatische Lernziele;
2. die *Inhalte*, also Erkenntnisse der Wissenschaften oder grundlegende Techniken wie Lesen, Schreiben und Rechnen, die im Unterricht zu vermitteln sind;
3. die *Methoden*, etwa das Verfahren bei der Motivierung, Darbietung oder Lernzielkontrolle, und
4. die *Medien*, die zur Vermittlung der Lerninhalte herangezogen werden.

Zwischen diesen Entscheidungen besteht ein innerer Bedingungszusammenhang, sie beeinflussen und verändern sich gegenseitig – die Entscheidungsfelder stehen in gegenseitiger „Interdependenz". Die Interdependenz der Entscheidungsfelder weist daher die These vom Primat der Didaktik i. e. S. zurück. Mit der ausdrücklichen Untersuchung der Bedingungen des Unterrichts sollen ideologisch-politische Instrumentalisierungen aufgedeckt und zurückgewiesen werden können. Zur Handlungsanleitung für die Unterrichtsvorbereitung entwickelte die lerntheoretische Didaktik das 4-Spalten-Schema, in dem die vier Entscheidungsfelder nebeneinander stehen und das in unendlichen Variationen immer noch weite Verbreitung für die Planung von Unterricht besitzt.

Tab. 2: Lerntheoretische Didaktik

Bedingungsfelder:	Soziokulturelle und anthropologisch-psychologische Voraussetzungen
Intention:	Optimale Gestaltung des Unterrichts
Entscheidungsfelder:	Intention (kognitiv, affektiv, instrumentell) – Inhalt – Methode – Medien
Struktur:	Interdependenz der Entscheidungsfelder, Berücksichtigung der Voraussetzungen
Ziel:	anthropologisch: Erwerb neuer Fähigkeiten und Kenntnisse; soziokulturell: Innovation und Stabilität

Schlüsselwörter: lerntheoretische Didaktik • Zentralbegriff Lernen • Didaktik – Unterricht • Berliner Modell • Bedingungen • soziokulturelle Voraussetzungen • anthropologisch-psychologische Voraussetzungen • optimale Gestaltung des Unterrichts • Entscheidungsfelder • Interpendenz

2.4 Die kritisch-kommunikative Didaktik

Im Gefolge der Studentenbewegung Ende der 60er Jahre und ihrer Rezeption der Kritischen Theorie der Frankfurter Schule entwickelte sich in der Pädagogik die Kritische Erziehungswissenschaft (Mollenhauer), deren didaktisches Pendant die „Kritisch-kommunikative Didaktik" darstellt. Hauptvertreter sind K.-H.

Schäfer, K. Schaller und R. Winkel. Kritisch-kommunikative Didaktik basiert auf dem kritisch-aufklärerischen Wissenschaftsbegriff der Frankfurter Schule (Horkheimer, Adorno, Habermas), der durch Ideologiekritik eine Aufklärung über gesellschaftliche Verhältnisse und die Reform der Herrschaftsverhältnisse anstrebt. Das Ziel der Erziehung wie des Lernens besteht demnach in der „Emanzipation", der Befreiung des Menschen aus ungerechten, repressiven Verhältnissen.

Unterricht in kritisch-kommunikativer Perspektive soll zu einer solchen, gerechteren Gesellschaft beitragen. Unterricht gilt als kommunikativer Prozess, der durch eine *Inhalts-* und eine *Beziehungsdimension* geprägt wird, wobei letztere Priorität besitzt. Während auf der Inhaltsebene vor allem ideologiekritische Arbeit geleistet werden sollte, verlangt die kritisch-kommunikative Didaktik eine repressionsfreie Gestaltung der Beziehungsebene als Bedingung für eine Ermöglichung von Emanzipation der Lernenden. Durch Metakommunikation, also Kommunikation über die ablaufende Kommunikation und ihre Strukturen, sollen die Schüler eine gleichberechtigte Gestaltungsmöglichkeit von Unterrichtsprozessen erhalten. Die Forderung nach rationalem Diskurs und symmetrischer Kommunikation stellt zugleich eine grundlegende Kritik an den älteren Didaktik-Modellen dar.

Handlungsanleitende Entwürfe und beispielhafte Unterrichtsplanungen, die die Realisierung so hoher Ansprüche verdeutlichen, blieb die kritisch-kommunikative Didaktik lange schuldig. Sie sind erst ansatzweise verwirklicht. Die kritisch-kommunikative Didaktik hat vielmehr auf Kategorien und Handlungsvorschläge der früheren Ansätze zurückgegriffen, diese kritisch diskutiert und mit eigenen inhaltlichen Schwerpunkten versehen.

Tab. 3: Die kritisch-kommunikative Didaktik

Bedingungsfelder:	Soziokulturelle und anthropologisch-psychologische Voraussetzungen
Intention:	Emanzipation als Voraussetzung und Ergebnis des Unterrichts
Entscheidungsfelder:	Inhaltsdimension und Beziehungsdimension
Struktur:	Unterricht als Kommunikationsprozess mit der Möglichkeit der Metakommunikation
Ziel:	Emanzipation

Schlüsselwörter: kritisch-kommunikative Didaktik • Frankfurter Schule • Ziel „Emanzipation" • Inhalts- und Beziehungsdimension • Metakommunikation • rationaler Diskurs • systematische Kommunikation

2.5 Didaktik heute

Zwischen diesen verschiedenen Modellen lassen sich deutliche Weiterentwicklungen und Annäherungen erkennen (Peterßen 1989). Klafki (1987) bspw. nennt seine didaktische Konzeption inzwischen ein „kritisch-konstruktives" Modell, Schulz berücksichtigt in seinem Hamburger Modell nunmehr ebenfalls gesellschaftspolitische Zusammenhänge und fordert eine partnerschaftliche Gestaltung des Unterrichts. Die kritisch-kommunikative Didaktik greift ausdrücklich die Kategorien der anderen Didaktik-Modelle auf (Winkel 1992a).

Welche der didaktischen Konzeptionen eignet sich nun in besonderer Weise für die Reflexion von gestörten Unterrichtsprozessen? Welche didaktische Theorie berücksichtigt die Probleme des Unterrichtens von Schülern mit Verhaltensstörungen?

Schlüsselwörter: Didaktik heute • Kritisch-konstruktive Didaktik • Hamburger Modell • Kommunikative Didaktik • Vertreter der Richtungen

2.6 Verortung in der kritisch-kommunikativen Didaktik

Nur in der kritisch-kommunikativen Didaktik kommt die Problematik gestörter Unterrichtsprozesse zu systematischer Geltung. Von diesem Ansatz gehen auch relevante Forschungsaktivitäten zum Themenbereich Unterrichtsstörungen, auffälliges Schülerverhalten oder didaktisches Handeln unter erschwerten Bedingungen aus (Benikowski 1995; Mand 1995, Winkel 1994, 1995). Aufgrund der ausdrücklichen Thematisierung von solchen Problemsituationen liegt es nahe, die folgenden Überlegungen auf diese Konzeption einer kritisch-kommunikativen Didaktik zu stützen. Daher ist ein Überblick über grundlegende Kategorien dieser didaktischen Theorie hilfreich für eine Grundlegung zur Didaktik bei Unterrichts- und Verhaltensstörungen. Unterrichtsprozesse sind demnach durch vier Aspekte strukturiert:

1. der Vermittlungsaspekt: die Lernakte, Medien, Methoden, Artikulation und Organisation des Unterrichts;
2. der Inhaltsaspekt: Lehrplan, Sache, Sacherfahrung;
3. der Beziehungsaspekt: Formen, Richtungen und Elemente der Interaktion;
4. der störfaktoriale Aspekt: Störungsarten, Festlegungen von Störungen, Störungsrichtungen, Störungsfolgen und Störungsursachen.

Diese strukturellen Kategorien stehen nach Winkel in einem Interdependenzverhältnis, wie es die lerntheoretische Didaktik für die vier Entscheidungsfelder formulierte. Die Bedingungen und Entscheidungen in einem Bereich führen zu Konsequenzen in den anderen Bereichen, sie bedingen und beeinflussen sich gegenseitig. Die kritisch-kommunikative Didaktik berücksichtigt erstmals auch den Faktor der Störung. Damit gewinnt die Unterrichtsstörung eine vergleichbare Bedeutung für die Analyse und Planung von Unterricht (Winkel 1987).

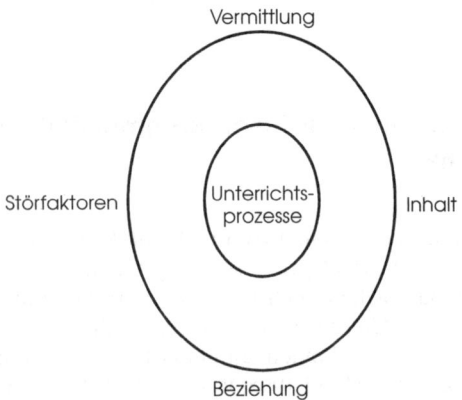

Abb. 2: Unterrichtsstrukturen gemäß kritisch-kommunikativer Didaktik (Winkel 1987, 85)

Schlüsselwörter: Verortung • 4 Aspekte des Unterrichtsprozesses • Analyse • Planung

2.7 Der Aspekt des Störfaktors

Wie versteht die kritisch-kommunikative Didaktik den Aspekt des Störfaktors? Erfolgt eine einseitige Ursachenzuschreibung an die Schüler? Also ist hier der verhaltensgestörte Schüler die Ursache des gestörten Unterrichts?

Schon vom Ansatz her betont die kritisch-kommunikative Didaktik die Interaktion, die prinzipiell sensibel und störanfällig ist, meist ohne dass man *eine* Ursache erkennen oder *einen* Interaktionspartner verantwortlich machen kann. Vielmehr unterliegen die Unterrichtsprozesse bestimmten Bedingungen, die eben auch zu Störungen führen können. Die Prozesse selbst können in unerwünschter Weise eine Eigendynamik entwickeln. Auch die möglicherweise störenden Interaktionsformen der beteiligten Partner stellen Komplikationsfaktoren dar. Störungen sind damit nie eindimensional oder nur vom Schüler verursacht – die pädagogisch-didaktische Kompetenz des Lehrers gehört mit zum Prozess des gestörten Unterrichts! Auch psychische Erkrankungen, Störungen aus dem Außenbereich, Störungen durch schlechten Unterricht, durch gesellschaftliche oder institutionelle Verursachungen werden ausdrücklich berücksichtigt (Winkel 1987). Insbesondere Rainer Winkel bearbeitete diesen Problembereich eingehend (Winkel 1988, 1989, 1994, 1995).

So sehr aus der Sicht der Pädagogik bei Verhaltensstörungen die Untersuchung des Störfaktors zu begrüßen ist, muss doch andererseits auch Kritik geübt werden. Die wissenschaftliche Basis, die zur Thematisierung von Unterrichtsstörungen herangezogen wird, erscheint veraltet und einseitig. So sind nicht nur tiefenpsychologische und gesellschaftskritische Erkenntnisse von Bedeutung, wie sie etwa in der „Pädagogischen Psychiatrie" dominieren (Winkel 1995), vielmehr gibt es eine ganze Reihe wichtiger Erkenntnisse aus anderen theoretischen Richtungen (Juul 1978).

Nicht nur aus der Sicht der Pädagogik bei Verhaltensstörungen sondern auch aus der Perspektive der Didaktik trifft der Aspekt des Störfaktors auf Kritik. Klafki erkennt durchaus an, dass dieser Faktor eine wichtige Bereicherung didaktischer Reflexion darstellt. Aber die entscheidende Frage nach der Position und Bedeutung dieses Faktors bleibt weitgehend unbeantwortet:

> „Darüber hinaus ist mir auch noch nicht ganz klar, welchen systematischen Stellenwert der Aspekt ‚Störungselemente im Unterricht' eigentlich in einer Planungstheorie haben muß; es scheint mir aber eine notwendige theoretische Aufgabe, dies zu bestimmen." (Klafki in Gudjons 1987, 108)

Die Position dieses wichtigen Faktors ist also noch nicht systematisch geklärt. Dennoch bleibt es das Verdienst der kritisch-kommunikativen Didaktik, damit den Blick von der Illusion optimaler Lernprozesse weg auf die Realität gestörter Unterrichtsprozesse gelenkt zu haben. Wie solch eine veränderte, wissenschaftlich reflektierte Didaktik aussehen könnte, soll anhand neuerer Erkenntnisse der Pädagogik bei Verhaltensstörungen demonstriert werden.

Schlüsselwörter: Störfaktor • Komplikationsfaktoren • didaktische Reflexion • systematische Position

2.8 Störfaktoren und ihre Berücksichtigung in der Unterrichtsplanung

Bereits in der Planung von Unterricht können und sollen folglich störende Faktoren berücksichtigt werden. Dazu benötigt der Lehrer einen Überblick über relevante Forschungsergebnisse. Anhand von drei Forschungsergebnissen aus der Verhaltensgestörtenpädagogik soll nun dargelegt werden, wie solche Störfaktoren im einzelnen aussehen können und welche didaktischen Konsequenzen im Blick auf eine bestimmte Lerngruppe möglicherweise zu ziehen sind. Dafür werden die psychischen Belastungen, auch aus schulischen Vorerfahrungen, und die Motivation von Schülern mit Verhaltensstörungen sowie die schulorganisatorischen Bedingungen von Schulen zur Erziehungshilfe thematisiert.

Reinhard et al. (1995) untersuchten mittels eines Fragebogens,

Störfaktoren und ihre Berücksichtigung in der Unterrichtsplanung 39

des Youth Self Report der Child Behavior Checklist (Achenbach), 100 Kinder und Jugendliche, die die Schule zur Erziehungshilfe in Leipzig besuchten. Die Ergebnisse weisen auf problembelastete *Vorerfahrungen* hin:

- die Probanden sind zu über 80% Jungen,
- zu über 80% bereits seit 2 oder mehr Jahren in der Schule zur Erziehungshilfe,
- haben meist schon mehrfache Schulwechsel wegen Verhaltensproblemen (»Karrieren«) hinter sich,
- sind zu über 80% bereits in kinder- und jugendpsychiatrischer Behandlung,
- die selbst erlebte Auffälligkeit ist deutlich höher als bei anderen Schülern und übertrifft sogar Patientenpopulationen und
- ein Drittel der Schüler zeigt klinisch auffällige Gesamtwerte.

In der Diskussion der Untersuchungsergebnisse heben Reinhard et al. hervor, dass in der Schule zur Erziehungshilfe nicht nur schwierigste Erziehungsprobleme, „sondern auch behandlungsbedürftige psychische Störungen" (Reinhard 1995, 142) als pädagogisch-therapeutische Aufgabe auftreten! Dabei stehen externalisierende Störungen mit aggressiven, dissozialen und hyperkinetischen Verhaltensweisen im Vordergrund, die sich meist als sehr stabile Verhaltensmuster mit schlechter Prognose erweisen. Die Untersuchung weist also auf die besondere Problematik der pädagogischen, didaktischen und notwendigerweise auch therapeutischen Arbeit an Schulen zur Erziehungshilfe hin.

Auf welches *Interesse* trifft die Schule bei diesen Kindern und Jugendlichen? Burchert (1993) untersucht anhand verschiedener Befragungen die motivationalen Prozesse von Schülern mit Verhaltensstörungen und gelangt dabei zu einem positiven Resultat.

> „Die Ergebnisse zeigen, daß sich verhaltensgestörte Schüler in ihrer Motivstruktur nur unwesentlich von gleichaltrigen sogenannten Normalschülern unterscheiden. Unterschiede treten insbesondere beim Erkenntnis- und beim Gemeinschaftsmotiv auf" (Burchert 1993, 221).

Bei jüngeren Schülern mit Verhaltensstörungen sind insbesondere personenbezogene Motive dominant. Der Lehrer sollte hier also bewusst als Modell handeln und hohe Maßstäbe an sich und die Schüler stellen. Bei älteren Schülern scheint sich dagegen „das materielle Motiv durchzusetzen" (Burchert 1993, 221), was mit den Erfahrungen in ihrem soziokulturellen Milieu erklärt wird. Wie sind die entsprechenden Institutionen darauf eingerichtet? Petermann et al. (1993) untersuchten die Arbeitsbedingungen von 21 Schulen zur Erziehungshilfe in Deutschland und konfrontierten diese mit anerkannten Konzeptionen schulischer Förderung verhaltensgestörter Schüler, die als bewährte Strukturen gelten. Deutlich wurde, dass die organisatorischen, personellen und unterrichtlichen Gegebenheiten zwischen den Schulen sehr divergent sind und kaum die optimalen Bedingungen erfüllen. So gibt es relativ selten die Form der Ganztagsschule, kaum ein 2-Lehrer-System, sehr wenig Möglichkeiten zu Kooperation, zur Supervision oder zur Elternarbeit. Zu über 50 % leben die verhaltensgestörten Schüler in einem angeschlossenen Heim.

Solche Ergebnisse können, ja sollen gemäß der kritisch-kommunikativen Didaktik die Planung und Reflexion des Unterrichts entscheidend prägen. Aus den angeführten Forschungsergebnissen wären Konsequenzen für die pädagogisch-therapeutische Gestaltung des Unterrichts (klare Strukturen, emotionale Entlastungen, psychotherapeutische Hilfen), für die Motivierung im Unterricht (personales Angebot durch den Lehrer, Lernen mit Erfolg) und für die konkrete Gestaltung einer Unterrichtseinheit (Zusammenarbeit mit dem Heimbereich, außerunterrichtliche Handlungs- und Erlebensmöglichkeiten) zu ziehen. Das kann natürlich nur im Hinblick auf die konkrete Klasse und die je konkreten Gegebenheiten geschehen. Die vorgestellten Forschungsergebnisse weisen aber immerhin auf Problemfelder und Handlungsmöglichkeiten hin.

Schlüsselwörter: Überblick über relevante Forschungsergebnisse • psychische Belastungen • Vorerfahrungen • Motivation • Interessen der Schüler • Problemfelder • Handlungsmöglichkeiten

2.9 Lernfragen

- Was ist Aufgabe der Didaktik als wissenschaftlicher Disziplin?
- Welche Kategorien sind für Planung und Analyse von Unterricht zu beachten?
- Diskutieren Sie die Frage einer eigenen „Didaktik bei Verhaltensstörungen"!
- Welche (weiteren) störfaktorialen Aspekte sind Ihnen bekannt? Wie könnten die möglichen Störungen bereits in der Planung von Unterricht berücksichtigt werden?

3 Ergebnisse allgemeiner Didaktik

Nach der ausdrücklichen Verortung in einer kritisch-kommunikativen Konzeption der Didaktik können relevante Ergebnisse allgemein didaktischer Forschungen und Diskussionen herangezogen werden. Die Didaktik bietet grundlegende Strukturen und Prinzipien zum Handeln des Lehrers an, die gerade auch bei auftretenden Unterrichts- und Verhaltensstörungen von Bedeutung sind.

Dazu gehören fundierte Vorschläge zur Unterrichtsplanung und Artikulation des Unterrichts, Kriterien für gute Schulen und guten Unterricht, die Strukturierung des Unterrichts in Sozialformen und Differenzierungsmaßnahmen sowie Ansätze zur Reflexion über Unterrichtsstörungen. Diese Themen erhalten grundlegende Bedeutung für die Handlungskompetenz bei Unterrichts- und Verhaltensstörungen.

3.1 Unterrichtsplanung

Basierend auf Erkenntnissen zu den *Bedingungsfeldern* des Unterrichts ergeben sich Hinweise für die unterrichtlichen *Entscheidungsfelder*. Die Entscheidungen über Ziele, Inhalte, Methoden und Medien, aber auch über sonderpädagogische Fördermaßnahmen werden von bestimmten Bedingungen beeinflusst. Zugleich bildet der Lehrplan oder das Curriculum, die ja auch didaktische Entscheidungen vorbestimmen, gewisse Pflichten, oft auch Möglichkeiten der Unterrichtsgestaltung ab.

Welche Erwägungen dabei im einzelnen zu berücksichtigen sind, stellt Schorch ausführlicher dar (Schorch 1994). Die heilpädagogischen Akzentuierungen lassen sich aus den Anforderungen an eine „Besondere Unterrichtsvorbereitung", also eine ausführliche Unterrichtsplanung im Rahmen der Zweiten Phase der Sonderschul-

Unterrichtsplanung 43

Gliederung einer „Besonderen Unterrichtsvorbereitung"

1. Klärung der Voraussetzungen in Bezug auf die Klasse und den Schüler
1.1. Die Situation der Klasse (Geschlecht, Altersstruktur, soziale Prozesse)
1.2. Lernvoraussetzungen (Sozial-, Leistungs-, Arbeitsverhalten)
1.3. Individuelle Besonderheiten (erkennbare Besonderheiten der Schüler/Gruppe)

2. Klärung der Ziele und Inhalte
2.1. Lehrplan (Fach, Lernbereich, Jahrgangsstufe, Grobziel und Inhalt des Themas)
2.2. Sachanalyse und Sachstruktur des Lerngegenstandes (fachliche Klärung)
2.3. Lernvoraussetzungen (Lern- und Leistungsstruktur der Klasse, Vorwissen und Erfahrungen, notwendige Arbeitsformen, individuelle Besonderheiten)
2.4. Formulierung der Lernziele (Grobziel und Operationalisierung in Feinziele)
2.5. Begründung der Lernziele (Erwerb von Wissen und Können, fachliche Arbeitsweisen, exemplarische Einsichten, Bezug zum Leben, didaktische Absichten)

3. Planung und Begründung des methodischen Entwurfs
3.1. Grobgliederung der Sequenz
3.2. Grobgliederung der Stunde (mit Flussdiagramm, Artikulation und Feinzielen)
3.3. Sonderpädagogische Maßnahmen (Berücksichtigung der emotionalen, sozialen, kognitiven Voraussetzungen und Bedürfnisse, Interaktionen, individuelle Passung, Aktivierung der Schüler, motorische Entfaltung, Darstellungsformen, gezielte Hilfen)
3.4. Methodische Überlegungen (Motivation und Schülerinteressen, verwendete Methoden, Medien und Sozialformen, besondere Akzentuierung des Unterrichts, Teilschritte, Isolierung besonderer Schwierigkeiten, Lernzielkontrollen)

4. Plan der Durchführung
4.1. 4-Spalten-Schema:
Zeit – Artikulation – Geplanter Unterrichtsverlauf (Lehrerhandlung, erwartetes Schülerverhalten) Medien (evt. mit Sonderpädagogischen Maßnahmen). Dabei sind „Gelenkstellen" des Unterrichts auszuformulieren (Arbeitsanweisungen, Impulse, Fragen, Zusammenfassende Ergebnisse, Tafelanschrift)
4.2. Verwendete Medien: Zusammenstellung der benutzten Medien und Materialien

5. Anhang
5.1. Tafelbild, Folie, Arbeitsblätter, Material
5.2. Literaturverzeichnis

Gliederung einer „Besonderen Unterrichtsvorbereitung" im Rahmen der Zweiten Phase der Lehrerbildung

lehrerbildung, ablesen. Eine solche Gliederung dokumentiert die vielfältigen Aspekte und die spezifisch heilpädagogischen Schwerpunkte, die in der Planung und Vorbereitung von Unterricht zu beachten sind.

An dieser Strukturierung wird zugleich die in der Ausbildungspraxis vorherrschende Synthese der angeführten didaktischen Theorien deutlich. Die Sachanalyse aus der bildungstheoretischen oder das 4-Spalten-Schema aus der lerntheoretischen Didaktik gehören ebenso dazu wie die Orientierung an Interessen und Fähigkeiten der Schüler gemäß kritisch-kommunikativer Didaktik.

Von besonderer Bedeutung für die Unterrichtsplanung ist die Strukturierung und der geplante Verlauf einer Unterrichtsstunde, wie sie im Flussdiagramm und im 4-Spalten-Schema fixiert werden. Diese wichtige Aufgabe innerhalb der Unterrichtsplanung wird als „Artikulation des Unterrichts" bezeichnet.

Schlüsselwörter: Unterrichtsplanung • Bedingungsfelder des Unterrichts • Entscheidungsfelder • Besondere Unterrichtsvorbereitung • Synthese der didaktischen Theorien

3.2 Artikulation des Unterrichts

Der Begriff Artikulation meint „deutlich sprechen", aber auch „gliedern". Für die Gliederung des Unterrichts stellen die didaktischen Überlegungen der Herbart-Schule den Beginn und einen bis heute wichtigen Beitrag dar.

Schlüsselwörter: Begriff Artikulation • Strukturierung • Stufen des Unterrichts • Herbart: 4 Stufen • Rein: Formalstufen • Roth: Lernstufen • Basismodelle des Unterrichts • Kritik

3.2.1 Stufen des Unterrichts

Johann Friedrich Herbart, der Nachfolger Kants in Königsberg, formulierte vier Stufen, die seiner Ansicht nach in jedem Erkenntnisprozess erfolgen sollten. Die Stufen seiner Erkenntnistheorie lauten Klarheit, Assoziation, System und Methode. Ausgehend von einer klaren Anschauung erfolgt die Verknüpfung mit dem bestehenden Wissen, die Einordnung in das vorhandene System des Wissens, um anschließend als Methode zur Anwendung und Durchführung zu gelangen.

Die (pädagogischen) Schüler Herbarts leiteten aus diesen Stufen jeder *Erkenntnis* eine Struktur für jeden *Unterricht* ab. Wilhelm Rein etwa formulierte 1890 fünf Formalstufen des Unterrichts, die er auch an seiner Universitätsübungsschule in Jena vorexerzieren und einüben ließ. Vorbereitung, Darbietung, Verknüpfung, Zusammenfassung und Anwendung lauten die Schritte des Unterrichts.

Diese Strukturierung jeden Unterrichts setzte sich in allen Schularten, besonders jedoch in den Volksschulen durch. Allerdings zeigte sich eine starke Tendenz zur Verfestigung und Schematisierung, so dass schließlich die Reformpädagogen mit der Betonung der Lebensnähe und Offenheit jeden Unterrichts gegen die Formalstufenlehre ankämpften.

Eine Wiederbelebung der Formalstufen auf lernpsychologischer Basis stellt die Strukturierung des Unterrichts nach Heinrich Roth (1960) dar. Motivation, Schwierigkeiten, Lösung, Tun und Ausführen, Behalten und Einüben sowie das Bereitstellen, Übertragen und die Integration der Erkenntnis gliedern demnach den Unterrichtsprozess.

Diese sehr allgemeinen Strukturen des Unterrichts wurden zudem in den einzelnen Unterrichtsfächern, in deren unterschiedlichen Lernbereichen oder in speziellen thematischen Zusammenhängen weiter differenziert. Das realisierte Strukturmodell einer Geometriestunde zeigt die fach- und lernbereichspezifische Umsetzung der Artikulation in einem Unterrichtsbeispiel.

3.2.2 Unterrichtsbeispiel

In der Unterrichtsplanung auf Seite 46 sind die in der Fachdidaktik entwickelten Artikulationsstufen eines Geometrieunterrichts exemplarisch realisiert.

Unterrichtsbeispiel

8. Jahrgangsstufe, Fach Mathematik, Lernbereich Geometrie

Thema:
Bei welcher Milchtüte kann man Verpackungsmaterial einsparen?

Lernziel:
Die Schüler erkennen, dass Körper mit gleichem Volumen unterschiedliche Oberflächen haben können.

Flußdiagramm des Unterrichtsverlaufs

Einstieg:

Anknüpfung:	Milchtüte -> Ss beschreiben die geometrische Form.
Problemstellung:	Text des BUND zur Einsparung von Verpackungsmaterial. Gegenüberstellung mit Würfel. Erste Hypothesen.
Problemformulierung:	Bei welcher Milchtüte kann man Verpackungsmaterial einsparen? (TA)

Erarbeitung:

eff. Operieren:	Handeln mit Milchtüte und Würfel, Klären der geometrischen Eigenschaften von Würfel/ Quader, Demonstration der Volumengleichheit (umfüllen von 1 Liter), Auseinanderschneiden der Objekte und anheften an der Tafel, farbige Kennzeichnung gleicher Strecken, Messen von Grundlinie und Höhe der Rechtecke in Gruppen;
zeichner. O.:	Zeichnen des Netzbildes beider Figuren ins Heft, Wiederholung der Problemformulierung;
gedankl. O.:	Zerlegen der Verpackung in Teile,
Problemlösung:	Formulieren des Lösungsplans an der Tafel: 1. Oberfläche des Quaders: a) Grundfläche b) Mantel c) Gesamtfläche 2. Oberfläche des Würfels: $O = a \times a \times 4$ 3. Vergleich

Ergebnis:

rechner. O.:	Schätzen des Ergebnisses, Berechnen der Oberflächen, Vergleich und Kontrolle der Ergebnisse, Vergleich: (1) — (2) = ?
-sprachl. O.:	Hinweis auf die Frage -> Formulieren der Antwort: Die Milchtüte in der Würfelform würde ? cm^2 Verpackungsmaterial sparen.

Anwendung:

- Diskussion:	Warum gibt es die Milch nur in Quaderform-Packungen?
- Hausaufgabe:	Schätze zunächst, wieviel Verpackungsmaterial du für die 1/2-Liter-Milchtüte brauchst. Berechne dann!

Unterrichtsbeispiel aus der Hauptschulstufe

Diese Anwendung verdeutlicht den Wert solcher Artikulationsschemata, wie sie in vorzüglicher Weise von Davidson und Jenchen zusammengestellt wurden (Davidson/Jenchen 1980). Eine gute Artikulation des Unterrichts bildet eine fundamentale Voraussetzung für erfolgreichen Unterricht, insbesondere für einen Unterricht mit schwierigen Schülern. Prinzipiell gelten für spezielle Schulen zur Erziehungshilfe wie auch für den Unterricht mit schwierigen Schülern innerhalb der Regelschule die gleichen Anforderungen an Didaktik und Methodik wie unter so genannten „normalen" Bedingungen.

„Bei der Gestaltung des Unterrichts an der Schule für Verhaltensgestörte besteht kein Grund, auf die allgemeinen didaktischen und methodischen Prinzipien verzichten zu sollen" (Hußlein 1993, 481).

Insofern stellt die sach- und schülergemäße Artikulation eine Basis, ein elementares Handwerkszeug des Lehrers gerade bei Unterrichts- und Verhaltensstörungen dar.

3.2.3 Kritik

Dabei sind die formulierten Stufen keineswegs empirisch abgesichert, sie stellen eher das Resultat einer langen Tradition in der Lehrerbildung und didaktischen Diskussion dar. Man kann sie mit *Wolfgang Schulz* (z. B. 1980, 1987), einem Vertreter der lerntheoretischen Didaktik, eher als Vermutungen über die Phasen des Lernens bei Schülern ansehen, denen der Lehrer dann bestimmte Lernhilfen zuzuordnen versucht. Von anderen Theoretikern der Didaktik sind die Artikulationsschemata noch schärfer kritisiert worden:

„Die Annahme, daß jeder Unterricht nach einem bestimmten Schema ablaufen könne, muß als Fehlannahme bezeichnet werden. Allein die Vielzahl möglicher Artikulationsschemata deutet auf ihre Fragwürdigkeit hin; sie erscheinen kaum handlungsrelevant. Es wird zu zeigen sein, daß es kein Schema gibt und keines geben darf, das verbindlich gemacht werden könnte. Statt dessen wird empfohlen, die jeweiligen Lernvoraussetzungen, den Lerninhalt und mögliche Lernziele in den Blick zu nehmen, das Lernvermögen der Schüler und die zur Verfügung stehende Zeit zu berücksichtigen, um dann eigenständig eine Lehr-Lern-Folge zu konzipieren." (Becker 1989, 171).

Und Hilbert Meyer formuliert knapp und klar:

„Es gibt kein überzeitlich und überfachlich gültiges Stufenschema. Der Stufenaufbau des Unterrichts muß im Blick auf die Struktur des Unterrichtsinhalts, auf die Ziele und die institutionell-organisatorischen Rahmenbedingungen jeweils neu bestimmt werden." (Meyer 1985, 340).

Damit wird jedoch der Ertrag der Artikulationsschemata meines Erachtens zu gering angesetzt. Entscheidend ist wohl der Umgang mit diesen Strukturierungsvorschlägen: Für die zweite Ausbildungsphase beispielsweise erscheint die Anregung und Orientierungshilfe durch solche Artikulationsschemata für die Gliederung des komplexen Prozesses Unterricht sehr wertvoll – sofern man nicht eine perfekte Technologie erwartet. Gerade in den ersten Berufsjahren ist vielleicht ein wichtiger Arbeitsschritt unbekannt, der Überblick über die Unterrichtsstunde als Gesamtprozess geht verloren oder ein zu komplizierter und umständlicher, für die Schüler verwirrender Unterrichtsablauf wird konzipiert. Das Bewusstsein von der Begrenztheit der Schemata erlaubt den freien Umgang mit solchen Modellen – und ermöglicht damit eine Konzentration auf spezifische Maßnahmen zur individuellen Förderung wie zur Gestaltung sozialer Bedingungen. Das bedeutet aber, dass eine Artikulation des Unterrichts sehr wohl und ganz berechtigterweise anders aussehen kann, als sie ein solches Schema vorschlägt. Dann aber dienen Artikulationsvorschläge zur Reflexion und Begründung der eigenen Planungen.

Interessanterweise gelangen die Forschungen von Fritz Oser zu den „Basismodellen des Unterrichts" zu ganz ähnlichen Ergebnissen: Schritte des Lernens dienen der Sequenzierung des Unterrichts und damit der Erleichterung des Lehr-Lern-Prozesses (Oser/Sarasin 1995). Wichtig ist dabei die Erkenntnis, dass von verschiedenen Basismodellen des Lernens auszugehen ist, die jeweils unterschiedliche Lernschritte verlangen. Die flexible Anordnung einzelner Schritte gehört zum professionellen Repertoire des Lehrers und erlaubt unterschiedliche „Choreographien unterrichtlichen Lernens" (Oser 1996). Die Gefahr einer mechanisierten und fixierten Anwendung, also ein Missbrauch solcher Ergebnisse und Erfahrungen, lässt sich allerdings nicht vermeiden – es kann nur vor falschen Erwartungen gewarnt und zu Offenheit und Lernbereitschaft des Lehrers aufgefordert werden.

3.2.4 Lernfragen

- Versuchen Sie, stichpunktartig die Gliederungspunkte einer „Besonderen Unterrichtsvorbereitung" im Hinblick auf eine Ihnen bekannte Lerngruppe oder einen Schüler zu beantworten.
- Wenden Sie die Strukturierung des Lernprozesses nach Roth (Motivation, Schwierigkeiten, Lösung, Tun und Ausführen, Behalten und Einüben) auf eine beliebige Situation an (Einführung und Erklärung eines neuen Spiels, einer sportlichen Übung o. ä.).
- Analysieren Sie einen Stundenverlauf (z.B. von Freunden oder aus den praxisnahen Zeitschriften) nach den hier vorhandenen Artikulationsstufen. Erkennen Sie eventuelle Brüche im Ablauf?
- Planen Sie in Ihrem nächsten Praktikum einmal eine Stunde nach einem solchen Schema.
- Diskutieren Sie die Grenzen dieser Strukturierungsvorschläge. Wie lässt sich die starke Lehrerzentrierung auflösen?

3.3 Gute Schulen – Guter Unterricht

Für die Förderung von Schülern mit Verhaltensstörungen, sei es nun in der Schule zur Erziehungshilfe wie auch in Regelschulen und anderen Schulformen, bildet die möglichst optimale Gestaltung von Schule und Unterricht gewissermaßen die Startbedingung. Nur auf der Basis eines möglichst guten Unterrichts in einem möglichst positiv gestalteten Schulleben kann eine gezielte Förderung bei vorhandenen Problemlagen gelingen. Was bedeutet aber „gute Schule" und „guter Unterricht«? Wie lässt sich die Idealnorm didaktischen Handelns beschreiben?

Das gesteckte Idealziel bleibt aufgrund der Widrigkeiten des erzieherischen und unterrichtlichen Alltags leider und zugleich selbstverständlicherweise unerreichbar. Man sollte aber schon wissen, in welche Richtung sinnvolle Bemühungen lohnen. Darum erscheint mir die Kenntnis von Forschungsergebnissen zu „guten Schulen" und die Berücksichtigung von Prinzipien „guten Unterrichts" von besonderem Interesse. Aus diesen Erkenntnissen können Orientierungen zur Reform vor Ort, zur Schulkonzeptionsentwicklung und personellen Qualifikation gewonnen werden. Zunächst sollen Ergebnisse empirischer Forschung zur Qualität von Schulen vorgestellt werden, bevor auf verbreitete Prinzipien guter Unterrichtsgestaltung eingegangen werden kann. Denn Schule als Institution und Lebensraum bildet den Rahmen für die Gestaltung des Unterrichts.

Schlüsselwörter: Gute Schule • Schlüsselfaktoren • Kompetenz der Lehrer • positives Ethos • Unterrichtsführung • Lernerfolge der Schüler • Lehrer-Schüler-Interaktion • Guter Unterricht • Prinzipien guten Unterrichts • Vermittlung • Kriterien • Sache • Ziel • Schüler • Elementarisierung • Sozialisierung

3.3.1 Funktion der Schule

Die Vorstellungen darüber, was eine gute Schule ausmacht und worauf ihre Qualität beruht, sind abhängig von Geschichte, Bildungspolitik und Erwartungshorizonten. Während Pestalozzi die Schule nach dem Vorbild der familiären Wohnstube primär als Feld sittlicher Erziehung konzipierte und sie im Verlauf des 19. Jahrhunderts vor allem als Stätte nationaler Bildung (Fichte) eingeführt wurde, stellte sie für Maria Montessori die pädagogisch vorbereitete Umgebung für eine entwicklungsgerechte Entfaltung gemäß dem inneren Bauplan dar. Gegenüber solchen eher pathetisch-fordernden Umschreibungen stellt die aktuelle Diskussion die Frage der Funktion von Schule in den Mittelpunkt. Jürgen Oelkers, der auf die Analytische Erziehungsphilosophie aus den angelsächsischen Ländern zurückgreift, sieht in der Vermittlung von „Öffentlicher Bildung" den zentralen Auftrag von Schulen. Was ist damit gemeint?

„‚Öffentliche Bildung' läßt sich als Initiation in Felder des Wissens und Könnens verstehen, die in alltäglichen Lernprozessen nicht repräsentiert sind, aber für Kompetenzen künftiger Bürger, insbesondere für Verstehenskompetenzen, als unabdingbar angesehen werden. Dabei sind langwierige oder zumindest längerfristige Lernprozesse unumgänglich, einfach weil anspruchsvolles und komplexes Wissen nicht durch triviale Elementarisierung abgebildet werden kann. Die Didaktik ist auch hier der *Prozeß*, wobei eine gewisse paternale Stellvertretung gerade dann notwendig ist, wenn öffentliche Bildung mit kritischem Denken in Verbindung gebracht wird." (Oelkers 1994, 245, Hervorhebung im Original)

Mit dieser nüchternen Beschreibung werden einerseits emphatisch-reformpädagogische Überhöhungen und andererseits technologische Erwartungen zurückgewiesen. Die gute Schule erfüllt damit den Auftrag, die Schüler zur Teilhabe an öffentlichen Prozessen des Wissens und Verstehens zu befähigen. Sie hat höchstwahrscheinlich auch Wirkungen, die über diesen Auftrag hinausgehen (persönlichkeitsbildende, therapeutische o. ä.). Aber diese Wirkungen bestimmen nicht die Funktion der Schule, sie sind zudem kaum bewusst und effektiv durch Lehrpersonen herbeizuführen. Eine solche Funktionsbestimmung erlaubt zudem eine sachlichere Auseinandersetzung über die Qualität von Schule und Unterricht.

3.3.2 Merkmale einer guten Schule

Im Gefolge der Bildungsreformen in den 70er Jahren, die in Deutschland besonders unter dem Stichwort Gesamtschule diskutiert wurden, versuchten pädagogische Wissenschaftler, Kriterien für die „gute Schule" in verschiedenen Untersuchungen zu bestimmen.

Rutter veröffentlichte 1979 (übersetzt 1980) seine Untersuchungen, die er an 12 Sekundarschulen in London durchgeführt hatte. Die Qualität einer Schule spiegelt sich demnach in so verschiedenen Faktoren wie Unterrichtsleistungen, Einstellungen und Verhalten der Schüler, aber auch im Schul- und Unterrichtsgeschehen wider, die durch systematische Beobachtungen erfasst wurden. Die Ergebnisse zeigen, dass Schulen gleichen Typs, die sich in der Ausstattung, Größe und Schülerzahl ähneln, in ihren Erfolgen sehr unterschiedlich sein können. Die Bedingung dafür bildet das Lehrerverhalten, die fachliche Kompetenz der Lehrer in ihren Schulfächern, eine gewisse Klarheit und Gemeinsamkeit des Kollegiums in ihren Zielen, die als realisierbar angesehen werden und ein Umgang mit Schülern, der geprägt ist von Vertrauen und Fairness.

Rutters Mitarbeiter Mortimore führte die Intention der Studie fort. Er leitete folgende Schlüsselfaktoren für die Qualität einer Schule ab:

1. die zielbewusste Führung des Kollegiums der Schule durch den Schulleiter (erkennen von Bedürfnissen der Schule, Führungs-

kompetenz und Zusammenarbeit, Bemühen um Lehrerfortbildung, Wertschätzung des einzelnen Schülers);
2. Einbeziehung des stellvertretenden Schulleiters;
3. die Einbeziehung der Lehrer in allgemeine Aufgaben der Schule, die Anerkennung eines eigenen Schulklimas als gemeinsame Aufgabe;
4. eine geringe Fluktuation der Lehrkräfte;
5. ein strukturierter Schulalltag mit klarem Rahmen und darin enthaltener Freiheit des Schülers;
6. ein intellektuell anspruchsvoller Unterricht, orientiert an der Eigentätigkeit und Lernkompetenz der Schüler, die dadurch größere Lernfortschritte erreichen;
7. die bewusste Berücksichtigung der schulischen Umgebung und deren Mitgestaltung durch die Schüler;
8. die phasenweise Konzentration auf einen Lernbereich zur Förderung von Lernfortschritten;
9. ein bestehendes Maximum an Kommunikation zwischen Schülern und Lehrern, die die Balance zwischen Berücksichtigung der Klassengemeinschaft und den einzelnen Schülern halten können;
10. das Führen von Schülerberichten, die dann zur Planung und Bewertung herangezogen werden;
11. Engagement der Eltern, auch durch Mithilfe im Unterricht, bei Schulveranstaltungen (Feste) und Zusammenkünften;
12. ein positives Schulklima: angenehm, freundlich, eher Lob und Anerkennung als Strafe, die Freude der Lehrer am Unterricht und ihr Interesse am einzelnen Schüler. (Rutter et al. 1980, 180)

Eine gute Schule ist nach diesen Untersuchungen durch ein positives Ethos geprägt, das sich insbesondere in den Dimensionen *Unterrichtsführung*, *Lernerfolge der Schüler*, vielfältige *Lehrer-Schüler-Interaktionen*, in der *Zusammenarbeit* zwischen Kollegen und Schulleitung sowie in der *Elternarbeit* ausprägt.

Aurin (1990) kommt in seiner Bearbeitung weiterer Studien zur „guten Schule" zu einigen wichtigen Konsequenzen, die für die Gestaltung und Reform schulischer Institutionen handlungsanleitend sein können:

- eine gelingende Kooperation von Schulleitung, Kollegium, Klassenlehrer und Schüler gilt als Kennzeichen einer guten Schulkultur,

- in der Schule bestehen klare Ordnungen und Regeln, die Sicherheit und Freiraum geben, dadurch soziales Lernen ermöglichen und fehlertolerant gehandhabt werden,
- die Gestaltung grundsätzlich positiver Beziehungen in einem mitmenschlichen Umgang bestimmen den Schulalltag, auch unter Leistungsanforderungen,
- unterrichtliches Fördern und Fordern dient der Entwicklung von Kompetenzen des Schülers und hat erzieherische Effekte,
- Unterricht intendiert sehr bewusst und mit adäquaten didaktischen Hilfen hohe Lernleistungen,
- die Schule will erfolgreiches, sinnvolles Lernen ermöglichen, setzt für die Freude am Lernen aber Bereitschaft zur Anstrengung voraus,
- erzieherische Zusammenarbeit zielt auf eine Verschränkung der Lernwelten Familie, Freizeit und Schule bei gleichzeitiger Klärung der spezifischen Schwerpunkte. (Aurin 1990)

Damit wird deutlich: Leistungsanforderungen, Kultur und Klima einer Schule prägen entscheidend die Verhaltensweisen der hier tätigen Personen, vom Schulleiter bis zum Erstklassschüler. Gerade für Schüler mit Verhaltensstörungen bilden solche Rahmenbedingungen eine hervorragende Chance zum Erwerb adäquater Kompetenzen. Während die Gestaltung positiver Beziehungen und die Pflege eines positiven Schulklimas recht verbreitete Ansatzpunkte heilpädagogischer Schulen darstellen, bilden die positiven Wirkungen von Leistungsorientierung, die Verschränkung von Lernwelten und die Bedeutung der Schulleitung eher weniger beachtete Faktoren. Auffällig sind die Parallelen zu den Gestaltungsprinzipien wichtiger reformpädagogischer Schulen, insbesondere zu den Jena-Plan-Schulen. Nicht aus Zufall übernehmen viele reformpädagogische Schulen zunehmend heilpädagogische Aufgaben, indem sie schwierige Schüler von anderen Schulen aufnehmen (Klinke 1995).

Peter Petersen entwickelte in den zwanziger Jahren dieses Jahrhunderts die Schulkonzeption des Jena-Plans. Darin führt er die verschiedenen reformpädagogischen Ansätze zu einem überzeugenden Rahmenmodell für die öffentliche Schule zusammen.

- Die Klassen werden in jahrgangsübergreifende Stammgruppen aufgelöst, in denen projektartige Gruppenarbeit im Vordergrund steht.

- In diesen Gruppen gibt es keine Klassenwiederholung (Sitzen bleiben).
- Zur Einführung in grundlegende Arbeitsweisen einzelner Fächer besteht ein Kurssystem.
- Gespräch, Spiel, Arbeit und Feier bilden die Grundformen des Bildungsprozesses (vgl. Dietrich 1995).

Den Ertrag des Jena-Plans für die schulische Arbeit bei Unterrichts- und Verhaltensstörungen erprobte Kluge schon 1969 – leider ohne eine große Verbreitung zu erreichen. Viele der didaktischen Ansätze im Jena-Plan mussten daher in den letzten Jahrzehnten im Rahmen der integrativen Schulformen „neu erfunden" werden.

3.3.3 Merkmale eines guten Unterrichts

Die möglichst gute Schule bildet den Rahmen, in dem ein möglichst guter Unterricht stattfinden soll. Guter Unterricht wiederum stellt die basale Bedingung für ein pädagogisch verantwortetes Handeln bei Unterrichts- und Verhaltensstörungen dar. Nur im Rahmen eines solchen Unterrichts erhalten Schüler mit Verhaltensstörungen eine adäquate Förderung ihres Lernens und zugleich eine heilpädagogische Hilfestellung in ihrer erschwerten Lebenssituation.

Die Vorstellungen von gutem Unterricht sind jedoch nicht eindeutig. Es fällt auf, dass von einer recht großen Anzahl von Autoren eine noch größere Zahl an „Prinzipien", „Grundsätzen" und „Leitlinien" als Kriterien eines guten Unterrichts vorgeschlagen werden. Oskar Seitz legt dazu systematische Überlegungen vor (Seitz 1992), die zugleich theoretisch und methodisch reflektiert sind.

Jegliche Überlegungen zu einem guten Unterricht setzen eine Klärung des zugrundeliegenden Begriffs „Unterricht" voraus. Er wird allgemein verstanden als „planmäßige, absichtsvolle, meist professionalisierte Übermittlung von Kenntnissen, Einsichten, Fähigkeiten und Fertigkeiten" (Böhm 1982, 530), für die oftmals spezielle Institutionen, nämlich Schulen, eingerichtet werden. Seitz betont in seiner Bestimmung von Unterricht die Mittlerfunktion: „*Unterricht* ist *Vermittlung*" (Seitz 1992, 46, Hervorhebung im Original). Im Gegensatz zum Alltagsverständnis des Ausdrucks Vermittlung beinhaltet er hier nicht nur die lehrende Aktivität, sondern zugleich den Prozess der Aneignung. Vermittlung ist damit abhängig von einer zu vermittelnden Sache, dem intendierten Ziel, den Adressaten des Vermittlungsprozesses, dem lehrenden Subjekt und dem Medium der Vermittlung (Unterrichtsmaterial und Methode).

> „Unterricht ist also die zielorientierte Vermittlung eines didaktisch reflektierten und präsentierten Gegenstands durch einen Lehrenden an einen Lernenden in einer konkreten Lehr-Lern-Umwelt" (Seitz 1992, 50).

Anhand dieser Bestimmung entfaltet Seitz die *Kriterien guten Unterrichts*.

Die Sache

Guter Unterricht vermittelt demnach eine Sache zutreffend und unverfälscht – der Unterricht erfolgt *sachgemäß*. Dazu muss er auf die Ergebnisse wissenschaftlicher Erkenntnis zurückgreifen und deren Wahrheit oder Gültigkeit anerkennen. Damit ist Unterricht letztlich ein Produkt der historischen Epoche der Aufklärung. Denn die Befreiung des Menschen aus der selbstverschuldeten Unmündigkeit, also die „Emanzipation" (Kant) von falschem Wissen und Denken, benötigt die Vermittlung des richtigen, vor der Vernunft verantworteten Wissens für die Autonomie des Menschen. Da aufgrund der Fülle wissenschaftlicher Forschungsergebnisse nicht jede Erkenntnis zur Sache des Unterrichts gemacht werden kann, sind Inhalte nach bestimmten Kriterien auszuwählen, wie sie die bildungstheoretische Didaktik entwickelt hat. Inhalte sollen demnach

- *exemplarisch* sein, also für zentrale Inhalte, Methoden und Arbeitsweisen stehen;
- *fundamental* für weitere Inhalte, für den Aufbau weiteren Wissens sein;
- *elementar* das Allgemeine und Wesentliche darstellen;
- und schließlich als *kategoriale Bildung* (Klafki) sowohl den Erwerb von Fähigkeiten (formale Bildung) als auch wesentlicher Inhalte (materiale Bildung) ermöglichen.

Das Lernen des Lernens selbst wird zunehmend als Kriterium für die Sachauswahl von Bedeutung: Aufgrund der Explosion des Wissens erweist sich das lebenslange und zunehmend selbständige Lernen als Bedingung gesellschaftlicher Existenz – und sollte daher auch im Unterricht an geeigneten Inhalten vermittelt werden.

Das Ziel

Eine spezifisch didaktische Frage bildet die *Zielgemäßheit* des Unterrichts. Während die Fachwissenschaften die Inhalte bereitstellen, hat die Didaktik und insbesondere die jeweilige Fachdidaktik das Telos, das Ziel des Unterrichtens zu klären. Denn das zu erlernende Wissen ist kein Selbstzweck, sondern dient anderen Zusammenhängen.

> „Wir fragen nach dem Wissen für, nach dem Können für, verlassen damit die tautologische Ebene der Sache als ihr Ziel" (Seitz 1992, 59).

Da Unterricht nicht alle möglichen Inhalte vermitteln kann und zugleich der Initiation in öffentliche Formen des Wissens und Verstehens (Oelkers) dient, intendiert der Unterricht folglich Lernziele, die zu einer solchen Teilnahme befähigen. Ziele des Unterrichts stellen Wertentscheidungen dar, die in einem Diskurs zwischen Interessengruppen, Fachleuten und Funktionsträgern gefunden werden sollen. Dabei finden durchaus auch aktuelle und brisante Themen der öffentlichen Diskussion Berücksichtigung. So hat die moralische Erziehung nach einem Vierteljahrhundert der Ächtung als Antwort auf zunehmende Gewalttätigkeit Jugendlicher neuerdings wieder an Bedeutung für die Zielperspektiven des Unterrichts gewonnen (Speck 1997). Entscheidungen über Lernziele sind damit ethische Fragestellungen:

> „So erweist sich die Pädagogik als zutiefst moralisch begründete Wissenschaft auf der Basis einer wissenschaftlich begründeten Moral" (Seitz 1992, 60).

Als Leitmotive solcher Entscheidungsprozesse können zwei Pole markiert werden: das Prinzip Lebensnähe oder das Prinzip Bildung. Nach einer Zeit der Wissenschaftsorientierung scheint nunmehr verstärkt die Orientierung an der Lebensnähe die Sympathien der didaktischen Diskussion zu gewinnen. Dabei darf jedoch nicht aus dem Blick geraten, dass „Leben" immer auch ungewollte Wirkungen besitzt, „keinen systematischen Wissenserwerb" (Seitz 1992, 61) erlaubt und Schule gerade dadurch ihre *Existenzberechtigung* besitzt, dass sie – von der unmittelbaren Lebenswirklichkeit abgehoben – überhaupt erst die Vermittlung anspruchsvollen Wissens ermöglicht (Oelkers). Davon unbenommen bleibt die Forderung an die didaktische *Gestaltung* des konkreten Unterrichts, Anknüpfungspunkte und Anwendungsmöglichkeiten der Ziele aufzugreifen und intensiv zu nutzen. Die Abstraktion von der Lebenswirklichkeit bietet zugleich die Chance, einen Beitrag zur Emanzipation von Zwecken und Zwängen des Alltags zu leisten. Die Gestaltung der Schul- und Unterrichtspraxis sieht sich jedoch vor die höchst anspruchsvolle Aufgabe gestellt, eine Lösung und Vermittlung zwischen diesen Polen zu erreichen.

Die formulierten Lernziele bestimmen die Unterrichtsplanung und erweisen sich damit als notwendiges Regulativ zur Gestaltung aller anderen Faktoren.

> „Guter Unterricht konzentriert sich in der Praxis der Unterrichtseinheit auf ein Unterrichtsziel. Dies versucht er über wenige Teilziele zu erreichen." (Seitz 1992, 62)

Wenn Inhalt, Methode, Arbeitsmittel und Arbeitsform in Interdependenz zum Ziel stehen (Lerntheoretische Didaktik), dann fordert das Ziel des Unterrichts eine zielgemäße Auswahl auch dieser Elemente des Unterrichts: „alle Tätigkeiten haben sich dem Ziel unterzuordnen" (Seitz 1992, 62).

Die Forderung nach *Operationalisierung*, also einer durch Beobachtung objektiv überprüfbaren Formulierung des Lernziels, wurde in der jüngeren Vergangenheit in den Vordergrund gestellt. Die sichere Anwendung von Taxonomien (Bloom), also von Schemata, die Lernziele auf verschiedenen Ebenen klassifizieren und operationalisieren, galt zeitweilig als Handwerkszeug des guten Lehrers. Demgegenüber lässt sich heute eine größere Freiheit in der Formulierung von Lernzielen, eine stärkere Berücksichtigung von affektiven und instrumentellen Dimensionen sowie eine bessere Rhythmisierung des Unterrichts nach der Lernkapazität der Schüler beobachten. Diese positiven Entwicklungen hin zu größerer Schülergemäßheit dürfen nicht den Ertrag der Operationalisierung von Lernzielen verdrängen: das Erreichen der Lernziele ist zu überprüfen und Rechenschaft über Erfolg und Misserfolg des Lehr-Lern-Prozesses zu geben. Eine solche Kontrolle ist auch dem Schüler zu ermöglichen, der dadurch erfolgreiches Lernen oder eine realistische Bestandsaufnahme des Erfolgs seiner Lernbemühungen erfahren kann. Anspruchsvoller Unterricht, in dem Schüler positive Ergebnisse ihrer Lernbemühungen erleben, bildet ja ein Merkmal einer guten Schule und dient zugleich der Prävention von Unterrichtsstörungen.

Der Schüler

Der Unterricht dient dem Lernen des Schülers, daher müssen sich die bisher genannten Aspekte auf ihre Eignung für den Schüler befragen lassen. Didaktisch ausgedrückt: die „Passung" von Lerngegenstand und Schüler ist anzustreben. Daraus ergibt sich aber eine grundlegende Begrenzung für das Handeln des Lehrers, da nämlich

> „Aneigung kein passiver Akt, nicht Eingießen oder Auffüllen, sondern aktives Ergreifen der Sache ist. Dieser kann sich der Schüler verschließen. Unterricht ist deshalb immer prekär, es gibt keine Garantie für sein Gelingen; er kann immer nur Absicht sein, Angebot."
> (Seitz 1992, 64)

Dieses Versuchshandeln des Lehrers impliziert, dass das Gelingen des Unterrichtsprozesses letztlich nicht in seiner Hand allein liegt. Die unauflösbare Spannung im unterrichtlichen Geschehen kann auch durch eine möglichst schülergemäße Gestaltung des Unterrichts nicht aufgelöst werden. Dennoch sind die einzelnen Aspekte der Schülergemäßheit sinnvolle Orientierungspunkte.

Die *Differenzierung* des Lehr-Lern-Angebotes, also ein unterschiedliches Lernarrangement für Untergruppen bis hin zur *Individualisierung,* kann die Aneignungsprozesse dadurch verbessern, dass dabei die spezifischen Lernbedingungen und -möglichkeiten des Schülers berücksichtigt werden können. Die Differenzierung erfolgt nach unterschiedlichen Kriterien: Lernfähigkeit, Vorwissen oder soziale Fertigkeiten können leitend sein.

Die *Motivierung* versucht, das Interesse der Schüler am geplanten Unterrichtsthema zu wecken. Dabei warnt Seitz ausdrücklich vor Tricks und Knalleffekten, vielmehr geht es um eine „Aufschließung des Schülers" (Seitz 1992, 69) für die Sache. Die Entstehung von Fragen, Neugier, Problembewusstsein führen zu einem Inter-esse, einem Dazwischen-sein des Schülers. Dazu sollten die Lernanforderungen einen mittleren Schwierigkeitsgrad darstellen, so dass Über- und Unterforderung vermieden wird. Optimalerweise wird daraus eine intrinsische, also aus der Sache kommende Motivation des Schülers zum Lernen entstehen. Da eine extrinsische, also von außen kommende Motivation des Schülers für die Schulpraxis durchaus akzeptabel ist, können auch die von der humanistischen Psychologie formulierten Grundbedürfnisse des Menschen (Maslow), etwa das Bedürfnis nach Identifikation mit dem Erwachsenen oder nach Zustimmung, Anerkennung und Geltung für die Motivierung genutzt werden.

Aktivierung und *Selbsttätigkeit* schließen daran an: Der gute Unterricht muss Situationen schaffen, in denen sich „der Schüler selbst mit dem Gegenstand auseinandersetzen kann" (Seitz 1992, 71). Der Lehrer muss seine Aktivität zurücknehmen, um dem Schüler Freiräume für eigene, selbstverantwortliche und sachgemäße Aktivitäten zu gewähren. Die Selbsttätigkeit der Schüler kann sich bis zur Planung und Durchführung eines Projekts steigern (Neukäter 1989a).

Die Elementarisierung

Da die Sache oder das Thema des Unterrichts immer einen gewissen Grad an Komplexität besitzt, stellt sich für die Vermittlung die Aufgabe einer Reduktion von Komplexität: Auf einige Teilinhalte, Aspekte und Zusammenhänge muss verzichtet werden, zugleich soll die allgemeine und zentrale Aussage erhalten bleiben.

> „Guter Unterricht schafft so eine Reduktion/Transformation der Sache auf einen begreifbaren repräsentativen Inhalt, in dem jedoch ihr Begriff aufscheint ... Das Teil repräsentiert das Ganze, das Konkrete veranschaulicht das Abstrakte, das Einfache ermöglicht die Einsicht in das Komplexe, das Exempel steht für den Begriff" (Seitz 1992, 74f).

Diesen Transformationsprozess nennt Seitz die Elementarisierung. Folgende Aspekte konkretisieren diesen Vorgang:

Vereinfachung: an einem einfachen, charakteristischen Beispiel wird das Allgemeine aufgezeigt, etwa an der Tulpe der Aufbau einer Blüte;

Strukturierung: der Unterricht vermittelt die Ordnung und den Aufbau des Gegenstands in einer dem Schüler fassbaren Ordnung, beispielsweise durch gegliederte Darstellungen des Zahlenraums bis 100;

Veranschaulichung: der Gegenstand wird sinnlich erfahrbar, was auf drei Stufen erfolgen kann: enaktiv, also durch das Handeln mit einem Exemplar, ikonisch, durch Abbildungen, oder in symbolischen Formen, wie in Zeichnungen oder in der Sprache.

In diesem zentralen didaktischen Prozess der Elementarisierung besteht immer die Gefahr, die Sache zu verzerren und zu verfälschen oder die Passung an den Schüler zu verfehlen. Hier sind also gleichzeitig fachwissenschaftliche Kenntnisse *und* didaktische Perspektiven zu verbinden – eine durchaus brisante Aufgabe gerade bei schwierigen Unterrichtssituationen.

Die Sozialisierung

In der Regel findet Unterricht in sozialen Beziehungen, in einer Gruppe oder Klasse, statt. Die Gruppe bildet damit zugleich eine Möglichkeit für soziales Lernen, für Interaktion und Kommunikation mit Gleichaltrigen und zwischen den Generationen. Diese soziale Einbindung bildet nicht nur einen der Bedingungsfaktoren des Unterrichts, sondern auch eine Chance und Aufgabe. Gesprächsführung, gegenseitige Hilfen, Übernahme von Verantwortung in Klassenämtern, Fahrten, Feste und Feiern werden damit zu unterrichtlichen Situationen, die erzieherischen Zielen gemäß gestaltet werden können. Die verschiedenen Sozialformen wie Einzelarbeit, Partnerarbeit, Gruppenarbeit sind ebenfalls unter dieser Zielsetzung einzusetzen. Gerade dieses Prinzip guten Unterrichts bietet wichtige Ansatzpunkte für ein adäquates Handeln bei Unterrichts- und Verhaltensstörungen.

Zum Prinzip der Sozialisierung lässt sich die Person des Lehrers hinzurechnen, der eine zentrale Bedeutung für guten Unterricht besitzt. Er ist zugleich Mittel für soziale, emotionale und moralische Zielsetzungen, er vermittelt den Inhalt, er konzipiert die Lernmaterialien und organisiert den Prozess des Lernens. Gegenüber der weitgehend berechtigten Ablehnung früherer Tugendkataloge als Beschreibungen des optimalen Lehrers muss dennoch in realistischer Weise diese zentrale Position des Lehrers im Blick behalten werden.

Dabei bleibt sich Seitz bewusst, dass diese Unterrichtsprinzipien nur auf der Basis bestimmter institutioneller, gesellschaftlicher und historischer Bedingungen Geltung beanspruchen können. Die Demokratie als Gesellschaftsform stellt für Seitz die Basis seiner Überlegungen zu Prinzipien guten Unterrichts dar. Zugleich wird deutlich, dass auch die scheinbar „praktischen" Vorschläge, wie denn guter Unterricht auszusehen habe, immer schon eine didaktische Theorie oder einzelne Schwerpunkte davon mittransportieren. Insofern verweisen die Überlegungen zum guten Unterricht auf die dargestellten didaktischen Theorien. Denn nur auf der Basis dieser Grundlegungen kann eine kritische Diskussion der zahlreichen Vorschläge über Prinzipien guten Unterrichts sinnvollerweise geleistet werden.

Überblick

Die Zusammenhänge fasst Seitz im Schaubild in Abb. 3 zusammen.

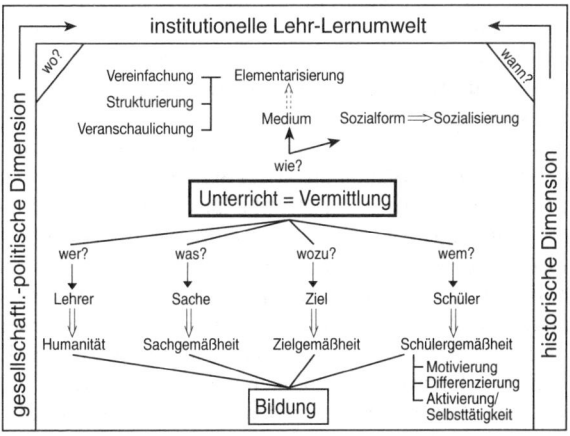

Abb. 3: Unterrichtsprinzipien (Seitz 1992, 90)

3.3.4 Lernfragen

- Diskutieren Sie die Funktion der Schule. Wieso dient Schule nicht der Ganzheit, der Entwicklung oder der Persönlichkeit des Schülers?
- Welchen Beitrag können Sie als Lehrer für eine gute Schule leisten? Auf welche Faktoren haben Sie keinen Einfluss?
- Erstellen Sie sich ein eigenes Schaubild für die Prinzipien guten Unterrichts nach Seitz. Welche Querverbindungen lassen sich feststellen?
- Welche Prinzipien guter Schulen und guten Unterrichts halten Sie für besonders wichtig angesichts der zunehmenden Gewalt in Schulen?

3.4 Sozialformen und Differenzierung des Unterrichts

Während die aufgeführten Unterrichtsgrundsätze eine allgemeine Orientierung bieten, wie guter Unterricht aussehen sollte und insofern auf bestimmten Wertvorstellungen beruhen, weisen die Unterrichtsformen eher deskriptiv auf unterschiedliche Strukturen hin (Bönsch 1994). Die Wertung, welche Sozialform und welche Differenzierungsform zu bevorzugen wäre, bleibt jedoch unvermeidlich. Ein solches Urteil kann nur auf der Basis der Interdependenz der Entscheidungsfelder gefällt werden. Die Berücksichtigung des Störfaktors, also von Unterrichts- und Verhaltensstörungen, bestimmt die Entscheidungen über anzuwendende Unterrichtsformen in besonderer Weise.

Als Sozialformen bezeichnet Aschersleben „jene Unterrichtsmethoden, die durch die Beziehungen der Schüler zueinander und zum Lehrer begründet werden" (1991, 91). Das Kriterium sind also die sozialen Beziehungen, wie sie in der Interaktion zu beobachten sind. Differenzierung des Unterrichts hingegen sind unterrichtlich-organisatorische Maßnahmen zu dem Zweck, „eine unterschiedliche Behandlung der Schüler in unterrichtlicher oder erziehlicher Hinsicht" (Glöckel 1996, 90) zu ermöglichen, insbesondere um den unterschiedlichen Lernvoraussetzungen gerecht zu werden. Differenzierung drückt sich allerdings in den verschiedenen Sozialformen aus, und so ist eine klare Unterscheidung kaum durchzuhalten. Welche Sozialformen sind von Relevanz?

Schlüsselwörter: Sozialformen • Differenzierung • Passung • Individualisierung des Lernens • Frontalunterricht • Unterrichtsgespräch • Gruppenarbeit • Partnerarbeit • Einzelarbeit.

3.4.1 Sozialformen des Unterrichts

Unterricht findet heute in der Regel in einer altershomogenen Gruppe, der Klasse, statt. Innerhalb der Klasse als Organisationsrahmen werden unterschiedliche soziale Gruppierungen realisiert. Wenngleich es auch klassenübergreifende Sozialformen gibt (Fachleistungssysteme, Team-Kleingruppen-Modelle), die insbesondere im Rahmen von Gesamtschulsystemen entwickelt wurden (Kaiser 1994, 732ff), heute aber kaum mehr von Bedeutung sind, konzentriert sich die folgende Darstellung auf klasseninterne Gruppierungsmöglichkeiten.

Die bekannteste und nach verschiedenen Untersuchungen auch am weitesten verbreitete Sozialform in der Klasse ist der *Frontalunterricht*. Die Sozialstruktur lässt sich in der Form eines Sterns symbolisieren. Alle Kontakte finden zwischen dem Lehrer und dem einzelnen Schüler statt, unter den Schülern ohne den Lehrer gibt es so gut wie keine Kontakte. Aus diesen und weiteren Gründen übt die didaktische Literatur massive Kritik am Frontalunterricht, obwohl er eine ökonomische, einfache, für rezeptive Lerninhalte geeignete und disziplinarisch leicht zu steuernde Handlungsform ist (Aschersleben 1991, 96ff). Aschersleben unterscheidet zwei Aktionsformen in dieser Sozialform: den Lehrervortrag und den fragend-entwickelnden Unterricht. Beide Formen benötigen eine klare Planung und stringente Durchführung. Dazu liegen einige wenige didaktische Überlegungen vor (Aschersleben 1991, 29ff und 101ff; Grell, J./Grell, M. 1981), die zu einem qualifizierten Unterricht in der Sozialform Frontalunterricht beitragen können. Aus Sicht des Störfaktors scheinen dennoch massive Vorbehalte gegen diese Sozialform berechtigt: Hier sind kaum Möglichkeiten zum Erlernen prosozialer Verhaltensweisen gegeben, die sozialen Kontakte sind teilweise unterdrückt. Es besteht eine relativ autoritäre Bindung des Prozesses an den Lehrer, so dass die Gestaltung durch die Schüler unmöglich ist. Die Individualität des Schülers kann kaum beachtet werden, und das Lernen der Schüler erfolgt vorwiegend rezeptiv. In der Pädagogik bei Unterrichts- und Verhaltensstörungen wird die Bedeutung des Frontalunterrichts daher negativ eingeschätzt (Hußlein 1993).

Das *Unterrichtsgespräch* versucht die Dominanz des Lehrers zurückzunehmen. Er ist zwar weiterhin Initiator und Moderator des Gesprächs, ähnlich wie im fragend-entwickelnden Unterricht, aber er versucht die Schüler zu gegenseitigen Kontakten anzuregen. Charakteristisch gegenüber anderen Gesprächsformen sind die Lernzielorientierung, die zeitliche Begrenzung und die Gesprächsführung durch den Lehrer (Aschersleben 1991, 108f). Ein erfolgreicher Ablauf setzt gewisse inhaltliche Vorkenntnisse und kommunikative Fähigkeiten der Schüler, wie Beachtung der Gesprächsregeln, aktives Zuhören und Konzentration auf die Inhalte, voraus. Das Unterrichtsgespräch kann dann nach einem ersten Impuls auch ohne direkte Lehrerbeteiligung stattfinden. Allerdings stellt diese Sozialform nicht nur hohe Erwartungen an die Schüler, sondern auch Anforderungen an die Phantasie und kommunikative Kompetenz des Lehrers. Beim Einsatz bei Unterrichts- und Verhaltensstörungen ist auf die höheren Anforderungen Rücksicht zu nehmen. Das Einüben der geforderten Fähigkeiten der Schüler erweist sich häufig als notwendig und stellt andererseits bereits wichtige Schritte in der Förderung dar.

Im *Gruppenunterricht* findet der Lernprozess „in und mit der Gruppe" (Aschersleben 1991, 131), also nicht unter der direkten Regie des Lehrers, statt. Zwei Formen lassen sich unterscheiden: Während im *arbeitsgleichen* Gruppenunterricht alle Gruppen am gleichen Thema arbeiten, sind bei der *arbeitsteiligen* Gruppenarbeit die Gruppen mit verschiedenen, in der Zusammenschau sich ergänzenden Inhalten beschäftigt. Als Vorteile gelten die Aktivierung und Selbsttätigkeit des Schülers sowie die Erziehung zur Kooperation und sozialen Verantwortung. Hinzu kommen Erwartungen einer höheren Effektivität des Lernens. Den hohen Erwartungen an den Gruppenunterricht, insbesondere aus der kritisch-kommunikativen Didaktik der 70er Jahre, steht die geringe Verbreitung des Gruppenunterrichts in der Schulwirklichkeit gegenüber (Aschersleben 1991, 130). Diese ernüchternde Feststellung lässt sich durch die höheren Anforderungen an die Fähigkeiten von Schülern und Lehrern erklären. Die Erfahrungen zeigen (Glöckel 1996, 82f),

- dass vor erfolgreichem Gruppenunterricht in Eigenregie der Schüler gezielte Lernprozesse zur Vermittlung der geforderten sozialen und kommunikativen Kompetenzen stattfinden müssen,
- dass nicht jede Gruppenarbeit harmonisch verläuft,
- dass die leistungsfördernde Wirkung von Gruppenunterricht nicht für alle Schüler und alle Bedingungen gilt und
- dass Gruppenarbeit einen relativ hohen Aufwand in der Vorbereitung verlangt.

Um die intendierten Ziele und Werte zu erreichen, muss Gruppenarbeit also planmäßig eingeübt, sinnvoll eingesetzt und pädagogisch begleitet werden.

Die hohen Erwartungen gelten in besonderem Maße für die Problematik der Unterrichts- und Verhaltensstörungen: Die Gruppe stellt ein wichtiges soziales Lernfeld dar, die Arbeit in Gruppen gilt sogar als eine hervorgehobene, spezifisch sonderpädagogische Methode für Schüler mit Verhaltensstörungen. „Gruppenunterrichtliche Verfahren bieten schwierigen Kindern mehr Entlastungsmöglichkeiten, fördern die Selbsttätigkeit und erziehen durch gegenseitige Kontrolle zur Sachlichkeit" (Hußlein 1993, 488). Einerseits sind die Anforderungen gezielt anzubahnen, um den Schülern die notwendigen sozialen und kommunikativen Fähigkeiten zu vermitteln, andererseits können diese Fähigkeiten gerade durch Gruppenprozesse eingeübt werden. Den Erfolg bei Schülern mit Verhaltensstörungen dokumentierte schon die Studie von Kluge (1969), der sich stark an dem gruppenunterrichtlichen Verfahren des Jena-Plans nach Petersen orientierte. Heute werden insbesondere Rückgriffe auf therapeutische Vorgehensweisen vorgeschlagen, deren Transfer in den Unterricht jedoch spezifische Modifikationen verlangt (Pütter 1993).

Die gegenüber der Gruppenarbeit eher unbeachtete *Partnerarbeit* kann dafür wichtige Beiträge leisten, stellt aber eine eigenständige Sozialform im Unterricht dar. Die sozial-kommunikativen Anforderungen sind geringer als in der Gruppenarbeit, die Vorbereitung ist nicht so umfangreich, die sozialen Prozesse sind weniger komplex und die positive Wirkung auf die Lernleistung ist belegt (Schell 1975). Der Wechsel zwischen Einzelarbeit und Partnerarbeit fördert demnach die Effektivität des Lernens, wobei sich die Partnerarbeit insbesondere für schwierigere Aufgabenniveaus eignet. Unterschiedliche Kompetenzen der Partner, sei es in sozialen oder kognitiven Bereichen, oder unterschiedliches Alter wirken sich eher positiv aus. Indem konstante Paare gebildet werden, kann von der Partnerarbeit ausgehend sogar ein Tutorensystem aufgebaut werden. Beliebtheit und Bereitschaft zur Kooperation erfahren durch Partnerarbeit eine deutliche Verbesserung (Aschersleben 1991, 144f). Diese Befunde stellen gewichtige Argumente für den Einsatz der Partnerarbeit auch und gerade bei Unterrichts- und Verhaltensstörungen dar. Einer solchen Einschätzung widerspricht jedoch die weitgehende Ignorierung in der Literatur. Für die praktische Gestaltung der Partnerarbeit bietet Nuhn (1995) eine Reihe gelungener Vorschläge an.

In der *Einzelarbeit* lernt der Schüler allein, der Lehrer versteht sich als Helfer zur Problemlösung. Formen der Einzelarbeit sind der direkte Einzelunterricht, in dem ein Lehrer den Schüler unterrichtet, der indirekte Einzelunterricht, in dem der Lehrer einer ganzen Schülergruppe Aufgaben gibt, die sie allein lösen und deren Ergebnisse dann in der Gruppe zusamengetragen werden, die Hausaufgaben, der Nachhilfeunterricht und der Programmierte Unterricht (Aschersleben 1991, 145ff; Glöckel 1996, 84ff). Mit diesen Formen soll dem Auftrag der Individualisierung des Lehr-Lern-Prozesses in besonderer Weise entsprochen werden. Im Unterricht wird unter Einzelarbeit meist die Form des indirekten Einzelunterrichts verstanden, manchmal kommen auch Phasen des direkten Einzelunterrichts vor. Zur Verwirklichung dieser Sozialformen sind diagnostische Erkenntnisse notwendig, die aus verschiedenen Informationsquellen eine realistische Basis gewinnen lassen: Unterrichtsbeobachtung, Explorationsgespräch, Fehleranalyse oder pädagogisch-psychologische Testverfahren gewährleisten eine schülergemäße, adäquate Gestaltung der Einzelarbeit. Man bezeichnet diese schülerorientierte Gestaltung auch als *Passung*. Die Einzelarbeit vermag dadurch am Entwicklungsstand des Schülers anzuknüpfen und in die Zone der nächsten Entwicklung zu leiten. Dabei erhalten die Arbeitsmittel oder Lernmaterialien eine zentrale Bedeutung, wie besonders an dem Reformmodell der Freien Arbeit deutlich wird. Die Medien leiten an Stelle des Lehrers das Lernen des Schülers an. Zugleich erhält der Schüler eine größere Verantwortung für sein eigenes Lernen. Diese Merkmale zeigen bereits die besondere Bedeutung der Einzelarbeit bei Unterrichts- und Verhaltensstörungen, ja bei der heilpädagogischen Förderung überhaupt. Wegen der „Einzigartigkeit und Einmaligkeit einer Verhaltensstörung" (Hußlein 1993, 488) wird die Einzelarbeit hier mit besonderer Betonung gefordert. Der Abbau von individuellen, je unterschiedlichen Lernproblemen, der zugleich eine Lösung von problematischen Verhaltensweisen wie Angst und Hemmung ermöglicht, gehört zum essentiellen Kern eines heilpädagogischen Unterrichts und ist auch bei Unterrichts- und Verhaltensstörungen unverzichtbar.

Dabei kann der gleichzeitige Einsatz der unterschiedlichen Gruppierungen, also die *Kombination* verschiedener Sozialformen sehr hilfreich sein: Einige Schüler können bereits in der Gruppe arbeiten, andere bewältigen den Lernschritt besser mit einem Partner. Für einige Schüler ist die indirekte Einzelarbeit passend, und mit einem Schüler kann der Lehrer auch eine direkte Einzelarbeit durchführen. Diese Überlegungen stellen ein Plädoyer für den flexiblen Umgang mit Sozialformen dar!

3.4.2 Differenzierung des Unterrichts

Einzelarbeit, Partnerarbeit, Gruppenunterricht und Klassenunterricht erhalten ihre Berechtigung durch die pädagogisch-didaktische Zielsetzung: Gruppenarbeit um des positiven Image von Gruppenarbeit willen ist höchst problematisch. Das Ziel, das unter anderem durch die verschiedenen Sozialformen intendiert wird, ist in der Regel ein Unterricht, der „der Individualität des Schülers gerecht" (Aschersleben 1991, 124) zu werden trachtet, also die *Individualisierung* des Lehr-Lern-Prozesses. Als Realisierung in unterrichtsmethodischen Maßnahmen erfolgt die *Differenzierung*, insbesondere in den unterschiedlichen Sozialformen.

> „Differenzierung in der Schule ist der Inbegriff aller organisatorischen und didaktisch-methodischen Maßnahmen, die eine unterschiedliche Behandlung der Schüler in unterrichtlicher oder erziehlicher Hinsicht bezwecken" (Glöckel 1996, 90, Hervorhebung im Original)

Diese unterschiedliche Behandlung der einzelnen Schüler ergibt sich aus den faktischen Unterschieden zwischen den Schülern: Nicht nur in Bezug auf die Schulleistung oder die Begabung, sondern auch im Hinblick auf Interessen und Erfahrungen, auf Alter und Geschlecht und – insbesondere bei Unterrichts- und Verhaltensstörungen relevant – auf soziale Fähigkeiten kann sich die Notwendigkeit einer Differenzierung des Unterrichts ergeben. Dabei lassen sich zwei Formen der Differenzierung unterscheiden: äußere und innere Differenzierung.

Die *äußere Differenzierung* ist eine Unterscheidungsmaßnahme, die über die einzelne Klasse hinausgreift, also Aufgabe der Schulleitung, der Kollegen oder des Gesetzgebers ist (Glöckel 1996, 90). Die Differenzierung der Schüler einer Schule in Klassen nach dem Alter stellt eine Maßnahme der äußeren Differenzierung dar, die auch ganz anders stattfinden könnte, wie der Jena-Plan Peter Petersens beweist (Petersen 1980). Die Aufteilung einer Jahrgangsstufe in Leistungsklassen, Fachleistungskurse oder in ein Kern-Kurs-System, wie es bevorzugt in der Sekundarstufe 2 realisiert wurde, stellt ebenfalls Möglichkeiten der äußeren Differenzierung dar. Deren Maßnahmen treffen inzwischen auf große Vorbehalte: Die soziale Bindung der Schüler und damit die Möglichkeiten sozialen Lernens gehen verloren, die Maßnahmen folgen der Utopie einer homogenen Lerngruppe und ziehen faktisch eine soziale Selektion nach sich. Sie führen zudem in der Konsequenz zu einer noch größeren Leistungsdifferenz der Schüler, die die Durchlässigkeit in dem System erschweren. Die Motivation lässt zudem gerade bei leistungsschwächeren Schülern nach, wozu nicht zuletzt Stigmatisierungseffekte beitragen können. Inzwischen sind zudem die Nebenwirkungen komplizierter organisatorischer Planungen und großer Schulsysteme deutlich zu Tage getreten. Diese Erfahrungen führten zu einer großen Ernüchterung in den Erwartungen an Formen der äußeren Differenzierung.

Das Interesse richtet sich daher stärker auf die Formen *innerer Differenzierung*.

> *„Innere oder Binnendifferenzierung* bezeichnet diejenigen unterscheidenden Maßnahmen, die innerhalb der Klasse vorgenommen werden und somit in den Verantwortungsbereich des Lehrers fallen." (Glöckel 1996, 90, Hervorhebung im Original)

Ziel ist auch hier die Individualisierung des Unterrichts, also „die bestmögliche Förderung des Einzelnen" (Glöckel 1996, 90), nun aber innerhalb der Klasse. Im Bereich der inneren Differenzierung sind insbesondere die beschriebenen Sozialformen anzusiedeln, also das Lernen in Gruppen, in Partner- und Einzelarbeit. Neben den notwendigen sozial-kommunikativen Fähigkeiten der Schüler benötigt die innere Differenzierung geeignete Arbeitsmittel, eingeübte Arbeitstechniken, angemessene Räumlichkeiten und eine flexible Zeitstruktur. Als Kriterien der inneren Differenzierung finden häufig die Vorkenntnisse und der Leistungsstand der Schüler Beachtung. Sie können je nach Intention sowohl zu homogener als auch zu heterogener Differenzierung verwendet werden: Die Zusammenfassung von Schülern mit gleichem Leistungsstand kann zu einem individualisierten Lehr-Lern-Prozess führen, aber auch die Zusammenarbeit von leistungsstarken mit leistungsschwächeren Schülern vermag eine Förderung zu bewirken. Damit wird deutlich, dass die Formen der Differenzierung in direktem Zusammenhang zu pädagogisch-didaktischen Zielentscheidungen stehen. Die Zeitdauer der Differenzierung kann auf eine Unterrichtsphase beschränkt sein, sie kann aber auch langfristig angelegt sein, wiederum in Abhängigkeit von den Zielsetzungen und dem Erfolg bei der Umsetzung der Differenzierungsmaßnahmen. Evaluationen innerer Differenzierung weisen auf positive Effekte für Gruppen der leistungsstarken und besonders der leistungsschwachen Schüler hin (Aschersleben 1991, 128f), die auch für den Bereich der Sonderschulen bestätigt werden konnten (Begemann et al. 1983). Innere Differenzierung erweist sich damit als eine höchst wirksame Maßnahme zur Prävention von Lern- und Verhaltensstörungen, die ja in einem engen Zusammenhang stehen (s. u.).

Als *Zwischenform* von äußerer und innerer Differenzierung ist insbesondere auf das Team-Teaching hinzuweisen, das gerade für die Förderung bei Unterrichts- und Verhaltensstörungen große Bedeutung besitzt. Hier sind zwei Lehrer in der Klasse tätig, um gemeinsam den Unterricht zu planen, durchzuführen und auszuwerten. Dabei kann ein Schwerpunkt auf die Beobachtung und Intervention bei Unterrichts- und Verhaltensstörungen gelegt werden, für die möglicherweise besondere Kompetenzen durch einen Sonderschullehrer bereitgestellt werden. Die Kooperation der Lehrer und eine klare Kompetenzzuordnung für die Schüler stellen hier wichtige Gestaltungsaufgaben dar.

Ansätze zur Realisierung von Maßnahmen der Individualisierung des Unterrichts bei Verhaltensstörungen nennt Sauter (1984). Er betont die Notwendigkeit, die Perspektive der Schüler selbst als Ausgangspunkt der individuellen Förderung wahrzunehmen: Schüleräußerungen, Schülerbeobachtung, nonverbale

Kommunikation, Lehrer-Schüler-Gespräche in offenen Kommunikationssituationen, Metakommunikation und Feedback sind dafür Ansatzpunkte. Die „erhöhte personale Zuwendung des Lehrers" (Sauter 1984, 27) führt dabei zu offenen Unterrichtsplanungen, die „präventiv Krisensituationen im Lern- und Erziehungsprozeß zu erkennen und entsprechende Maßnahmen vorzuplanen" (Sauter 1984, 27) vermag. Die Umsetzung legt den Schwerpunkt dann auf eine personbezogene Gesprächsführung (aktives Zuhören, Spiegeln der Inhalte und Emotionen, Überprüfung der im Gespräch vermittelten Informationen), ein breites Instrumentarium gestufter Interventionsformen (vom aktiven Ignorieren bis zum körperlichen Schutz vor den eigenen Emotionen durch Festhalten), spielerische Interaktionsangebote und kindgemäße Formen der Metakommunikation sowie des Feedback (Smileys, Fragebogen, Rundgespräch, Blitzlicht). Die Individualisierung wird damit auf den sozial-emotionalen Bereich angewandt, der neben der Dimension der Leistungen berücksichtigt werden muss.

Als grundlegendes Problem bleibt, dass Individualisierung zu größeren Differenzen in den Leistungen führt! Aschersleben zieht daraus eine zum Widerspruch reizende Konsequenz, die jedoch zu einer nüchternen Reflexion unterrichtlichen Handelns allgemein anleiten kann:

> „Wer versucht, Schüler in ihrer individuellen Leistungsfähigkeit zu fördern, sollte nicht von dem Ziel ausgehen, die interindividuellen Unterschiede zu nivellieren. Vielmehr zeigt die Untersuchung, daß Individualisierung im Unterricht diese Unterschiede sogar vergrößert" (Aschersleben 1991, 129).

Die Reformpädagogik hat aus dieser Problemstellung heraus Konsequenzen in zwei gegensätzliche Richtungen gezogen: Maria Montessori schlägt die konsequente Realisierung der Einzelarbeit in jedem Unterricht vor, indem der Schüler nach seinem – vermuteten – inneren Bauplan der Entwicklung vorgeht und dazu das von Montessori angebotene Material heranzieht. Die Betonung der Schule als einer großen Gemeinschaft stellt das Gegenmodell von Petersens Jena-Plan dar, der in einer großen Synthese auch die Einzelarbeit Montessoris einbezieht, aber den Schwerpunkt auf die alters- und begabungsgemischte Gruppe legt. Beide Konzeptionen sehen eine grundlegende Reform der Schule und des Unterrichts vor, die voraussichtlich auch der Problematik der Unterrichts- und Verhaltensstörungen neue Lösungswege, aber auch neue Grenzen aufzeigen würde.

3.4.3 Lernfragen

- Welche Sozialformen lassen sich unterscheiden?
- Unterscheiden Sie äußere und innere Differenzierung.
- Nennen Sie jeweils wichtige Formen der Realisation.
- Kann Differenzierung auch im Frontalunterricht erfolgen? Welche Möglichkeiten sehen Sie?
- Welches Dilemma der Individualisierung des Unterrichts lässt sich feststellen? Sehen Sie Lösungsmöglichkeiten?

3.5 Problemsituationen des Unterrichts

Die Problematik der Erziehungs- und Unterrichtsstörungen wird mehr und mehr zu einem wichtigen Thema der Schulpädagogik und allgemeinen Didaktik (Apel 1996, Ortner/Ortner 1993, Winkel 1996). So kommt es denn zu ersten Bemühungen einer systematischen Bearbeitung des Phänomens aus der Sicht der allgemeinen Didaktik. Von besonderem Interesse für didaktische Fragestellungen ist der Entwurf von Seitz, der eine Systematisierung von Unterrichtsstörungen und ihren Entstehungsbedingungen unter dem Begriff Problemsituation vorschlägt.

Schlüsselwörter: Problemsituationen des Unterrichts • Klassifikation • Arten von Störungen • Attribuierung (Ursachenzuschreibung) • Handlungsmöglichkeiten • Maßnahmen

3.5.1 Pädagogische Problemsituationen im Unterricht

Das Handeln des Lehrers ist neben der Vermittlung von Fähigkeiten und Fertigkeiten per Auftrag auch auf die Erziehung des Schülers gerichtet. Da die Anforderungen des Lehrers teilweise unangenehm und anstrengend sind, etwa Forderungen nach Konzentration, Ausdauer oder Mitarbeit, besteht strukturell ein Gegensatz zwischen Schülern und Lehrern. Aufgrund dieser grundlegenden Spannung entstehen oft problematische Situationen.

> „Pädagogische Problemsituationen sind der normale erzieherische Alltag der Schule." (Seitz 1991, 13)

Daher sollte die Berücksichtigung gestörter Unterrichtssituationen in der Unterrichtsvorbereitung als alltägliche Maßnahme erfolgen. Allerdings stellen viele Lehrer ihre diesbezügliche Kompetenz in Frage. Erschwerend kommt hinzu, dass Problemsituationen unberechenbar sind und der Lehrer oft spontan und schnell reagieren muss.

> „Pädagogische Problemsituationen treten unerwartet auf und zwingen zu einer Lehrerreaktion." (Seitz 1991, 14)

Der geplante Unterrichtsverlauf wird unterbrochen und eine Verunsicherung des Lehrers kann dazu führen, dass er nicht mehr adäquat reagiert (übertrieben, nicht ernst genug, nervös, aggressiv, verärgert).

Die Beurteilung der Situation und die daraus resultierende Reaktion des Lehrers erfolgt sehr subjektiv. Zwei Lehrer können in der gleichen Situation sehr unterschiedlich reagieren, was von unterschiedlichen Wertvorstellungen und situativen Bedingungen abhängt.

> „Pädagogische Problemsituationen unterliegen einer subjektiven Bewertung." (Seitz 1991, 14)

Das weitere Erziehungsverhältnis hängt wiederum von den Handlungen des Lehrers und von deren Bewertung durch die Schüler ab. Die Basis für die Zusammenarbeit wird bestimmt durch Akzeptanz oder Ablehnung des Lehrers. Dabei kommt der Bewährungsphase des Lehrers zu Beginn seiner Arbeit mit der Klasse eine besondere Bedeutung zu. Die Lösung der ersten Problemsituationen beeinflusst und prägt die Einstellung der Klasse zum Lehrer und dessen Selbstsicherheit in der Klasse.

> „Die Bewältigung pädagogischer Problemsituationen ist Bedingung für die Bewältigung pädagogischer Problemsituationen." (Seitz 1991, 15)

3.5.2 Klassifikation

Zur Verbesserung der Handlungskompetenz hält Seitz eine Ordnung der verschiedenen Problemsituationen für sinnvoll. Er unterscheidet folgende Arten von Störungen:

1. exzessive (Schüleräußerungen) und defizitäre (Nicht-Agieren) Störungen,
2. verbale und nonverbale Störungen,
3. Störungen, die durch die Verletzung einer moralischen Norm entstehen,
4. Störungen mit unterschiedlichen Interaktionspartnern (Schüler-Lehrer-Mitschüler).

Auf diesen Kategorien und auf empirischen Ergebnissen über die Häufigkeiten der Störungsformen baut sich das folgende Schema auf, in dem es fünf Hauptproblembereiche (PB) und verschiedene Unterbereiche (UB) gibt (Seitz 1991, 19ff):

PB 1: Verbale Störungen (42,4 %)
UB 1: Kommentare zu Lehreräußerungen („Dazwischenreden")
UB 2: Eigenaktivitäten („Schwätzen")
UB 3: Reaktionen auf Mitschüler („Petzen", „Verspotten")

PB 2: Nonverbale Aktivitäten (19,2 %)
UB 1: Eigenaktivitäten („Zappelphilipp")
UB 2: Aktivitäten zwischen Schülern („Raufen")

PB 3: Vorsituative Defizite (15,2 %)
UB 1: „Vergessene" Hausaufgaben
UB 2: Unpünktlichkeit, Unterrichtsversäumnisse („Schwänzen")

PB 4: Verletzung moralischer Normen (6,4 %)
UB 1: Unterschleif („Spicken")
UB 2: Lügen, Schwindeln

PB 5: Passivität, Desinteresse, Opposition, Angst („Null-Bock") (16,7 %)

Zu beachten ist hier vor allem, dass defizitäres Verhalten seltener auftritt als exzessives Verhalten (75 %). Dabei überwiegen die verbalen Störungen, was in verschiedenen Studien bestätigt wurde. Weitere Zusammenhänge bei der Verteilung bestehen mit der

Jahrgangsstufe. In den Klassen 5 und 6 kommen die Problembereiche 1 und 2 häufiger vor, während in den Klassen 7, 8 und 9 die Problembereiche 3 und 4 sowie die Passivität öfter vertreten sind. Bei Berufsanfängern treten verbale Störungen öfter auf, bei erfahrenen Lehrern hingegen eher vorsituative Defizite und die Verletzung moralischer Normen. Eventuell hängt das mit der eher allgemeinen Belastung junger Lehrer zu Dienstanfang zusammen.

Die Gewichtung der Problembereiche wird von der *Schulart* mitbestimmt. In weiterführenden Schulen treten Probleme oft im Zusammenhang mit Passivität, Verletzung moralischer Normen und mit der Leistungsorientierung (Überforderung, Schulangst) auf. Im Bereich der Hauptschule dominieren verbale Störungen und nonverbale Aktivitäten.

Auch die *Unterrichtsform* hat bei der Entstehung bestimmter Probleme große Bedeutung. Im Frontalunterricht kommen verbale Störungen und Passivität relativ oft vor, im Gruppenunterricht häufen sich nonverbale Aktivitäten.

Ein Vorteil dieser Klassifikation, im Gegensatz etwa zu Klassifikationen der Verhaltensstörungen (Myschker 1993, 47ff), ist die Berücksichtigung der spezifischen Situation „Unterricht", die die Störungen gewissermaßen vorstrukturiert. Allerdings lässt sich eine Situation als Problemsituation oftmals nicht eindeutig einordnen, sondern kann mehreren Problembereichen zugerechnet werden. Hier zeigen sich Grenzen dieser einfachen Klassifikation. Sie dient, neben wissenschaftlichen Zwecken, einer gewissen Relativierung der Betroffenheit der Lehrer: Passivität in höheren Klassen muss nicht als Beweis für die eigene Unfähigkeit gelten, sondern muss als häufig vorkommende Problematik akzeptiert werden.

Seitz diskutiert anschließend die Bedingungen, die zum Auftreten von Problemsituationen beitragen können.

3.5.3 Bedingungen

Die Ursachen für Störungen im Unterricht sind nicht klar umgrenzt und somit auch nicht einfach zu beheben. Es ist der „Wille" des Schülers, der ihn zu einem bestimmten Handeln bringt. Verschiedene Bedingungen beeinflussen ihn und führen zu individuellem Verhalten. Abgesehen von medizinischen und primärerzieherischen Defiziten, die die Handlungsfähigkeit einschränken, muss der Lehrer davon ausgehen, dass der Schüler sich bewusst für seine Handlungsweisen entscheidet. Als Bedingungen, die Einfluss nehmen, thematisiert Seitz eine Reihe von Kriterien:

Unerwartete Ereignisse: äußere Merkmale bestimmter Situationen führen zu unvorhergesehen Reaktionen;

Unmittelbar vorhergehende Interaktionserfahrungen: Lehrer als auch Schüler reagieren auf vorausgehende Erfahrungen oder Stimmungen, was sich als Gereiztheit oder Überreaktionen niederschlagen kann;

Körperliche Eigenschaften des Schülers: Besondere Merkmale können zu Stigmatisierungsprozessen in der Gruppe führen;

Kognitive Faktoren des Schülers: Bei Überforderung können Ängste, Rückzugsverhalten, aber auch Aggressionen entstehen, bei Unterforderung tritt möglicherweise Arroganz, Nebenbeschäftigung u. ä. auf;

Hirnfunktionsstörungen des Schülers: Syndrome wie Minimale Cerebrale Dysfunktion (MCD) können sich als schnelle Ermüdbarkeit, Konzentrationsmangel, Affektstörungen oder Aggressionen zeigen;

Persönlichkeitsmerkmale des Schülers: Angst oder Aggression können als Verhaltensdispositionen in den Unterricht eingebracht werden;

Die Schulklasse als soziale Gruppe: die Qualität der Gruppe, die Strukturen von Sympathie und Antipathie, Ringen um Macht und Überlegenheit, der soziale Status eines Schülers, die hier herrschenden Normen und der Status des Anführers spielen eine entscheidende Rolle;

Die außerschulischen Gruppeneinflüsse: die Wertschätzung der Schule und schulischer Erfolge durch die Gleichaltrigen prägen das Verhalten in der Klasse, psychosoziale Probleme unter den Peers (Drogen, Kriminalität, politische Extremität) setzen sich im Klassenzimmer fort;

Bedingungen im Elternhaus: die Struktur der Familie (unvollständige Familien, Geschwister), der Erziehungsstil oder die Sozialschicht können zu Konflikten in der Schule beitragen;

Die Persönlichkeit des Lehrers: Die Qualität der Unterrichtsführung und Persönlichkeitsmerkmale, wie emotionale Stabilität, positives Selbstkonzept, Interessiertheit, Engagement, Durchsetzungsvermögen, Flexibilität und Intelligenz, verstärken oder vermindern die Problemsituationen;

Der Erziehungsstil des Lehrers: Die Verwirklichung von Achtung und Wärme, von einfühlendem Verstehen und Echtheit vermindert Problemsituationen;

Die interaktiven Fähigkeiten des Lehrers: Empathie, Ambiguitätstoleranz, Rollendistanz und Identitätsdarstellung können Problemsituationen vermeiden;

Didaktisches Geschick des Lehrers: die Berücksichtigung der Prinzipien des guten Unterrichts, aber auch einer guten Lehrersprache, die Anwendung didaktischer Kleintechniken (etwa in der Gestaltung von Übergangsphasen des Unterrichts) und ein gestaltetes Schulleben sind positive Bedingungen gegenüber Problemsituationen des Unterrichts;

Außersituative Einflüsse auf das Lehrerverhalten: die eigenen Sozialisationserfahrungen des Lehrers, Einflüsse verschiedener Gruppen und Erwartungen der Rollenpartner (Kollegen, Rektor) können als Konflikte auftreten;

Institutionelle Bedingungen: die Lage der Schule, die Einstellung der Familien zur Schule, Lehrerwechsel und zahlreiche weitere Bedingungen können Problemsituationen provozieren;

Gesellschaftliche Bedingungen: eine veränderte Familienstruktur, gestiegener Medienkonsum, zunehmender Egozentrismus und Sinnverlust werden oftmals als schwierige Rahmenbedingungen für Erziehung und Unterricht genannt;

Als besonders problematisch erweist sich die Attribuierung, also die Ursachenzuschreibung, die Lehrkräfte bei Problemsituationen vornehmen. Die Lehrer suchen die Ursachen für Problemsituationen hauptsächlich im Schüler, in seiner Persönlichkeit und Sozialisation. Die eigene Person wird nicht beachtet, sie bleibt ein „blinder Fleck". Die Ursachen für Problemsituationen sehen Lehrer zu 65 % im Schüler, zu 13 % in der Institution, zu 11 % im Milieu und nur zu 3 % in der eigenen Person (Seitz 1991, 71).

Problemsituationen entstehen also unter den vielfältigsten Bedingungen. Diese Bedingungen heben allerdings die Verantwortung des Schülers für sein Handeln nicht auf. Die Bedingungen können jedoch anleiten, ein möglichst günstiges Arrangement für den Lehr-Lern-Prozess zu schaffen, um dem Schüler gute Chancen für ein angemessenes Verhaltens zu geben.

3.5.4 Handlungsmöglichkeiten

Nur knapp seien die von Seitz angeführten Handlungsmöglichkeiten, die als gängige Maßnahmen immer wieder in Schulen zu beobachten sind, skizziert. Die Bewertung der einzelnen Maßnahmen wird in der Aufstellung deutlich.

Direktive Maßnahmen: mit Verweis oder Strafaufgaben Auseinandersetzungen beenden;

Verbale Reaktionen: Auffordern, erklären, bitten – anschreien, bloßstellen, anklagen;

Gruppenbezogene Eingriffe: Kontakte der Schüler fördern, Hierarchie der Klasse überprüfen – Isolation, alleine setzen, zeitweiser Ausschluss aus der Klasse;

Verhaltensmodifizierende und personenzentrierte Maßnahmen: Einzelgespräche, Verstärkung positiven Verhaltens, Körperkontakt – Ignorieren, Strafen setzen;

Didaktische Handlungen: Schüler ins Unterrichtsgespräch einbeziehen, Partner- oder Gruppenarbeit, Medieneinsatz – Einzelarbeit als Strafe, Blamieren des Schülers bei Fehlern, überfordernde Arbeitsaufträge;

Allgemeine Bemühungen: Gewöhnung an ruhiges Verhalten, Integration von Außenseitern, Zusammenarbeit mit Eltern und anderen Einrichtungen – „eiserne Diszipin" halten, Leistungsdruck.

Entscheidend für den Erfolg eingesetzter Maßnahmen ist nach Seitz die Identifikation des Lehrers mit seinen Handlungen. Halbherzig oder nicht konsequent durchgeführte Regeln stellen die Glaubwürdigkeit des Lehrers in Frage. Die Durchschaubarkeit der Situation, in der sich der Schüler über die zu erwartenden Konsequenzen im klaren ist, trägt ebenfalls zur Vermeidung unterrichtlicher Problemsituationen bei. Zu warnen ist vor dem Einsatz von Strafen und der Gefahr des Verbalismus, also der endlosen Diskussion über störende Verhaltensweisen. Insbesondere nonverbale Handlungen des Lehrern, vom Blickkontakt über Handzeichen bis zum Körperkontakt, stellen ein wichtiges Interventionsrepertoire dar.

3.5.5 Lernfragen

- Akzeptieren Sie die Einschätzung von Seitz, dass Störungen zur Normalität gehören auch für Ihren Unterricht? Wo liegen für Sie die Grenzen „normaler" Störungen des Unterrichts?
- Nennen Sie die vier Problembereiche, die zu beachten wären. Gibt es spezifische Handlungsmöglichkeiten?
- Welche drei Bedingungen für das Auftreten von Problemsituationen halten Sie für die wichtigsten? Begründen Sie!
- Welche von Seitz aufgeführten Handlungsmöglichkeiten würden Sie bevorzugen? Welche Probleme sehen Sie?

4 Der pädagogisch-didaktische Auftrag des Unterrichts mit schwierigen Schülern

Der Unterricht bei Schülern mit Verhaltensstörungen baut auf allgemein gültigen didaktischen Erkenntnissen auf, stellt also ein Themengebiet allgemeiner Didaktik dar. Die bisher referierten wissenschaftlichen Erkenntnisse bilden eine wichtige Grundlage für das Handeln des Lehrers bei Unterrichts- und Verhaltensstörungen. Sie stellen die Basis für jeden Unterricht, gleich in welcher Schulform, dar.

Die davon abzuhebende *heilpädagogische Förderung* von Schülern mit Verhaltensstörungen setzt zumeist dann ein, wenn die Situation in regulären schulischen Einrichtungen eskaliert und verfahren ist, ja sogar ohne Lösungsperspektiven erscheint. Möckel nennt eine solche Situation eine „bildungschaotische Phase". Die Einschaltung von Sonderpädagogen bis hin zur Überweisung an die Sonderschule stellt eigentlich das Eingeständnis eines misslungenen Unterrichtsprozesses dar (Möckel 1995).

> „Das Kennzeichen der bildungschaotischen Phase ist die Fruchtlosigkeit des Unterrichts, an dem Kinder zwangsweise teilnehmen müssen, so daß ihre Lernfreude ernsthaft beeinträchtigt wird, und außerdem ein tiefes Unbehagen von Lehrenden und Eltern. Man kann von Heilung oder von Selbstheilung sprechen, wenn nach fruchtlosen Phasen, die den Lebensmut der Kinder bedrohen, entmutigte Kinder wieder aufblühen und einen Zugang zum Lernen finden" (Möckel 1995, 267).

Möckel spricht damit die heilpädagogische Förderung in unterrichtlicher Perspektive an. Bevor verschiedene Konzeptionen, die zur Förderung von Schülern mit Verhaltensstörungen entwickelt wurden, zur Darstellung gelangen, gilt es die Aufgabenstellung genauer zu bestimmen. Diese Bestimmung erfolgt anhand weniger ausgewählter Schriften, die in gewissem Grad eine richtungsweisende Funktion und verbindlichen Charakter besitzen.

4.1 Das Gutachten zum Deutschen Bildungsrat 1974

Von 1965 bis 1975 bestand der Deutsche Bildungsrat als beratendes Gremium für die Bildungspolitik der Bundesregierung unter der Zielsetzung „Chancengleichheit im Bildungswesen". Unter Heranziehung zahlreicher Experten aus Schulverwaltung, Verbänden und Wissenschaft wurden ein Strukturplan und 61 Einzelgutachten erstellt. Das Gutachten zur Verhaltensgestörtenpädagogik verfassten die Autoren Bittner, Ertle und Schmid.

Dieser Text, für die deutschsprachige Pädagogik bei Verhaltensstörungen eine Art Gründungsdokument, behandelt wesentliche Grundfragen (Begriff, wissenschaftliche Position, Schulsystem) und zieht zugleich praktische Schlussfolgerungen. Kinder mit Verhaltensstörungen werden hier nicht nach dem Modell „Behinderte" betrachtet – sie sind vielmehr Kinder *„in belastenden pädagogischen Situationen"* (Bittner et al. 1974, 18, Hervorhebung im Original), die besondere Hilfen benötigen. Verhaltensstörungen sind demnach nicht durch eine Störung im Kind verursacht, sondern ein „Ergebnis bestimmter ungünstiger Konstellationen im psychosozialen Felde" (Bittner et al. 1974, 91). Daher sind *„Hilfen für Verhaltensgestörte vorrangig Aufgabe der allgemeinen Schulen und Gegenstand der allgemeinen Pädagogik"* (Bittner et al. 1974, 91, Hervorhebung im Original). Die Aufgabe heilpädagogischer Förderung besteht demnach in der Bereitstellung besonderer pädagogischer Hilfen zur Bewältigung solch belastender Situationen: *„besondere Maßnahmen der Führung und Anpassungshilfe, der Entwicklungsförderung und Ich-Stärkung oder der Lösung aktueller Konflikte"* (Bittner et al. 1974, 18, Hervorhebung im Original).

Schulorganisatorisch ist daher „ein *gestuftes Angebot pädagogischer Maßnahmen*" (Bittner et al. 1974, 18, Hervorhebung im Original) von der Regelschule über integrative Formen bis zu stationären Einrichtungen nötig. Solche heilpädagogischen Maßnahmen umfassen sowohl Angebote in allgemeinen Schulen (Crisis-teacher, Förderkurse, sozialpädagogisch-therapeutische Angebote), die eine Mitarbeit von Lehrern mit entsprechender Qualifikation verlangt, als auch spezialisierte Formen der Hilfe in besonderen Einrichtungen (klinisch-therapeutische Ganztagsschulen, sozialpädagogische Heime, Kinder- und Jugendpsychiatrie).

Als Basis des Unterrichts erkennt das Gutachten die Prinzipien der allgemeinen Didaktik und Methodik sowie die allgemeinen Lehrpläne und Bildungsziele zur Ermöglichung regulärer Schulabschlüsse an. Besondere Merkmale sehen die Autoren in der Ermöglichung einer persönlichen Bindung des Schülers an den Lehrer und die Gruppe, Maßnahmen zur Aktivierung der Lernbereitschaft und zur Kompensation von Lerndefiziten in kognitiven, sozialen und personalen Bereichen. Als pädagogisch-therapeutische Maßnahmen gelten ein therapeutisch orientierter Unterricht, die pädagogisch-therapeutische Gruppengestaltung, außerunterrichtliche Aktivitäten, das Life Space Interview nach Redl und in spezialisierten Einrichtungen auch Möglichkeiten der Psychotherapie. Aufgrund der hohen Belastung für die Lehrkräfte sind für diese Berufsgruppe auch besondere Hilfen notwendig: angeleitete Praxiseinführung und insbesondere berufsbegleitende Angebote der Beratung, Supervision oder Gesprächsgruppen, z. B. nach der Balint-Methode.

Das Gutachten von Bittner, Ertle und Schmid stellt damit eine differenzierte Konzeption pädagogisch-unterrichtlichen Handelns bei Unterrichts- und Verhaltensstörungen dar, das bis heute eine programmatische Leitlinie darstellt. Erst allmählich gelingt die schulorganisatorische Realisierung dieses Entwurfs. Und im Rückblick betrachtet folgt auch die weitere schulpolitische Entwicklung der im Gutachten angelegten Ausrichtung.

Schlüsselwörter: Gutachten Deutscher Bildungsrat • belastende päd. Situationen • ungünstige Konstellationen im psychosozialen Feld • Ich-Stärkung • Lösung aktueller Konflikte • gestuftes Angebot päd. Maßnahmen

4.2 Die Empfehlungen der Kultusministerkonferenz vom 6. Mai 1994 „Zur sonderpädagogischen Förderung in den Schulen der Bundesrepublik Deutschland"

In gewisser Weise vollzieht die Kultusministerkonferenz den Schritt des Gutachtens von 1974 nach, indem sie für die Sonderpädagogik insgesamt den Terminus „Behinderung" aufgibt und statt dessen den neuen Begriff „Sonderpädagogischer Förderbedarf" einführt.

„Sonderpädagogischer Förderbedarf ist bei Kindern und Jugendlichen anzunehmen, die in ihren Bildungs-, Entwicklungs- und Lernmöglichkeiten so beeinträchtigt sind, daß sie im Unterricht der allgemeinen Schule ohne sonderpädagogische Unterstützung nicht hinreichend gefördert werden können" (Empfehlungen 1994, II.2.)

Die besonderen Problemstellungen von Kindern mit Verhaltensstörungen sind explizit angesprochen, wenn als ein Schwerpunkt sonderpädagogischer Förderung „die emotionale und soziale Entwicklung, das Erleben und die Selbststeuerung, das Umgehen-Können mit Störungen in Erleben und Verhalten" (Empfehlungen 1994, II.2.) formuliert wird. Die Frage des Förderortes, also der adäquaten Institution, wird demgegenüber sekundär (Empfehlungen 1994, II.3.2.). Die notwendige heilpädagogische Förderung

„strebt bei einem hohen Maß an Verständnis, besonderer persönlicher Zuwendung und pädagogisch-psychologischer Unterstützung einen Aufbau von Grundverhaltensweisen an. Hilfen zur Orientierung im sozialen Umfeld und zur Selbststeuerung dienen auch der Verarbeitung von belastenden Lebenseindrücken und sollen so zu einer individuell und sozial befriedigenden Lebensführung beitragen" (Empfehlungen 1994, III.).

Der Auftrag ist also sehr umfassend zu verstehen: Einerseits sind basale Fähigkeiten zur gesellschaftlichen Teilhabe als notwendige Grundlage zu vermitteln, andererseits zielt die erzieherische Arbeit auf die Lebensperspektive und Lebensproblematik insgesamt. Die Förderung im Unterricht sucht dafür Wege,

„bei den Betroffenen Lernbereitschaft anzuregen, Leistungsfähigkeit zu entwickeln und sie gleichzeitig aufzuschließen für die Lerninhalte der Schule. Musische, sportliche und technische Unterrichtsangebote, Projekte und gruppenpädagogische Verfahren eignen sich in besonderer Weise für die Förderung dieser Schülerinnen und Schüler" (Empfehlungen 1994, III.).

Die zu fordernde interdisziplinäre Zusammenarbeit benötigt Koordination und Kooperation verschiedener Fachdienste.

Schlüsselwörter: KMK-Empfehlungen 1994 • Sonderpädagogischer Förderbedarf • Anforderungen an Lehrer • Schwerpunkte der Förderung • adäquate Institutionen

4.3 Das Bayerische Erziehungs- und Unterrichtsgesetz von 1994 (BayEUG)

Als ein Beispiel für die Umsetzung in die für die Bildungspolitik zuständigen Gesetze der Länder, also gewissermaßen eine Konkretion dieser Leitlinie, kann das am 7. Juli 1994 verabschiedete Erziehungs- und Unterrichtsgesetz Bayerns gelten. Verschiedene Institutionen erhalten den Auftrag der heilpädagogischen Förderung bei Unterrichts- und Verhaltensstörungen in schulischen Zusammenhängen.

Der neue Leitbegriff „Sonderpädagogischer Förderbedarf" wird zwar aufgegriffen, die Schule zur Erziehungshilfe jedoch – eher traditionell – den Schulen für Behinderte zugeordnet. In Artikel 19 Abs. 3 wird deren heilpädagogische Aufgabe umschrieben:

> „Die Förderschulen erfüllen den sonderpädagogischen Förderbedarf, indem sie unter Berücksichtigung der Behinderung oder der Krankheit eine den Anlagen und der individuellen Eigenart der Kinder und Jugendlichen gemäße Bildung und Erziehung vermitteln...
> Die Förderschulen helfen so den Kindern und Jugendlichen, die Behinderung oder Störung geistig und seelisch zu bewältigen und die Grundlage für soziale und berufliche Eingliederung und ein erfülltes Leben zu schaffen" (BayEUG 1994, Art. 19 Abs. 3).

Daneben sieht der bayerische Gesetzgeber flexiblere Formen heilpädagogischer Förderung durch Mobile Sonderpädagogische Dienste (BayEUG. Art. 21), in den Sonderpädagogischen Förderzentren sowie als Schulvorbereitende Einrichtungen und mobile sonderpädagogische Hilfen (BayEUG. Art. 22) vor, denen die gleiche Aufgabenstellung, jedoch in schulischen Regeleinrichtungen, zugeschrieben wird.

4.4 Rechtliche Grundlagen in Nordrhein-Westfalen

Im bevölkerungsreichsten Bundesland Nordrhein-Westfalen ist seit 1995 durch eine Änderung des Schulpflichtgesetzes die Förderung von Schülern mit sonderpädagogischem Förderbedarf sowohl in Sonderschulen als auch in der Grundschule oder in weiterführenden allgemeinen Schulen ausdrücklich möglich. Damit wird die integrative Förderung in den Status einer rechtlichen und pädagogischen Regelform der Beschulung von Kindern und Jugendlichen mit Beeinträchtigungen erhoben. Allerdings unterliegt die Möglichkeit des gemeinsamen Unterrichts einem Ausstattungsvorbehalt:

„In der Primarstufe kann mit Zustimmung des Schulträgers die sonderpädagogische Förderung auch in der Grundschule erfolgen, soweit die Grundschule hierfür über die erforderliche personelle und sachliche Ausstattung verfügt." (Kultusministerium des Landes Nordrhein-Westfalen 1995, zit. Schulpflichtgesetz NRW 1995, § 7, Abs. 2)

Sofern also der Schulträger nach seiner Ansicht eine adäquate Ausstattung besitzt, kann eine gemeinsame Unterrichtung von Schülern mit Verhaltensstörungen in Grund- und Sekundarschulen erfolgen. Im Umkehrschluss bedeutet dieser Vorbehalt, dass ohne ein solch positives Urteil über die vorhandene Ausstattung jederzeit die Abweisung eines Schülers mit Förderbedarf erfolgen kann.

Diese schulorganisatorische Vorgabe erfordert eine Neuorientierung der Diagnostik und des Überweisungsverfahrens, die früher primär der Entscheidung über die adäquate Institution, etwa den „richtigen Sonderschultyp", dienten. In der „Verordnung über die Feststellung des sonderpädagogischen Förderbedarfs und die Entscheidung über den schulischen Förderort (VO-SF)" aus dem Jahr 1995 werden die Grundlagen eines solchen Prozesses vorgegeben. In diesem Zusammenhang wird das Phänomen der Verhaltensstörung unter dem Oberbegriff „Lern- und Entwicklungsstörungen", zu dem auch Lernbehinderung und Sprachbehinderung gehören, eingeordnet.

„Erziehungsschwierigkeit liegt vor, wenn sich eine Schülerin oder ein Schüler der Erziehung so nachhaltig verschließt oder widersetzt, daß sie oder er im Unterricht nicht oder nicht hinreichend gefördert werden kann und die eigene Entwicklung oder die der Mitschülerinnen und Mitschüler erheblich gestört oder gefährdet ist." (Kultusministerium des Landes Nordrhein-Westfalen 1995, zit. VO-SF § 5 Satz 3)

Mit diesem Versuch einer pädagogischen, die schulischen und individuellen Konsequenzen betonenden Definition wird die Nähe zur sonderpädagogischen Förderung zumindest rhetorisch relativ leicht möglich. Der Förderschwerpunkt wird für die drei Formen von Lern- und Entwicklungsstörungen folgendermaßen umschrieben:

„Förderschwerpunkte... sind die Erziehung zu elementaren Formen des Lern-, Arbeits- und Sozialverhaltens, Aufbau und Stärkung des Selbstvertrauens und Hilfen in den Bereichen Wahrnehmung, Motorik sowie sprachliche Kommunikation. Die Förderung umfaßt je nach Art und Grad der Lern- und Entwicklungsstörungen die Vermittlung grundlegender Kenntnisse, sprachtherapeutische Arbeit und Hilfen zur Orientierung im sozialen Umfeld sowie zur Selbststeuerung." (Kultusministerium des Landes Nordrhein-Westfalen 1995, zit. VO-SF, § 9, Satz 3)

Dieser gemeinsame Auftrag für Schüler mit Lernbehinderungen, Sprachbehinderungen und Erziehungsschwierigkeiten macht aus der Perspektive von Unterrichts- und Verhaltensstörungen die umfassende und mehrdimensionale Aufgabenstellung heilpädagogischen Handelns deutlich: Es kann nicht nur um eine Therapie störender Verhaltensformen des Schülers gehen, vielmehr sind vielfältige Lernbereiche durch unterrichtliche Maßnahmen mit Blick auf den allgemeinen Schulauftrag zu fördern. Als Zielstellung gilt damit die möglichst weitgehende Verwirklichung des allgemeinen pädagogischen Auftrags, die möglicherweise nur durch eine besondere Form der Entwicklungsförderung und möglicherweise nur in einer besonderen Institution erfolgreich erreicht werden kann. Besondere Erziehung dient allgemeinen Zielen!

4.5 Ergebnis

Der Überblick zeigt herauszustellende Entwicklungstendenzen in der heilpädagogischen Aufgabenstellung auf:
1. Lösung von kindfixierter Defizitbeschreibung
2. Betonung der problematischen Umweltkonstellationen
3. Flexibilisierung der institutionellen Kontexte
4. Betonung der Reversibilität von Problemlagen durch heilpädagogisch geförderte Lernprozesse.

Diese Entwicklungstendenzen bilden sich auch in den didaktischen Konzeptionen der Förderung von Schülern mit Verhaltensstörungen ab: Von einer Defektorientierung hin zur Flexibilisierung von Verfahren und Institutionen der Förderung. Ein Blick in die Geschichte verdeutlicht anhand der ersten schulischen Einrichtung für Schüler mit Verhaltensstörungen in Deutschland die Veränderungen und teilweise überraschenden Kontinuitäten. Der geschichtliche Rückblick im folgenden Kapitel macht deutlich, dass es in der schulischen Förderung von Schülern mit Verhaltensstörungen relativ konstante Aufgabenfelder gibt, die allerdings nach den zur Verfügung stehenden und favorisierten pädagogischen, didaktischen und therapeutischen Ansätzen unterschiedlich bearbeitet werden.

4.6 Lernfragen

- Welche Vorteile, aber auch welche Nachteile besitzt ein gestuftes System der Hilfe (Bittner et al. 1974) bei Unterrichts- und Verhaltensstörungen?
- Konfrontieren Sie die Ihnen bekannten Vorschläge oder Beispiele zur Förderung von Schülern mit Verhaltensstörungen mit den amtlichen Zielvorgaben. Gibt es Widersprüche?
- Wo liegen besondere Chancen zur Realisierung der angesprochenen Förderschwerpunkte bei Verhaltensstörungen?

Schlüsselwörter: BayEUG 1994 • mobile sonderpädagogische Dienste • VO-SF NRW 1995 • Gemeinsamer Unterricht • Entwicklungstendenzen

5 Historischer Exkurs: Der Unterricht in den ersten Erziehungsklassen

Der Berliner Schulrat Arno Fuchs richtete 1928 die ersten Schulklassen für erziehungsschwierige Kinder ein. Diese Organisationsform sollte eine „Zwischeneinrichtung zwischen Volksschule und Fürsorgeerziehung oder Psychopathenheim, und zwar in der Form besonderer, aber innerhalb der Volksschule einzurichtender *Erziehungsklassen*" (Fuchs 1930, 6, Hervorhebung im Original) darstellen. Zur Bestimmung der Aufgaben dieser ersten spezialisierten Schulform für Schüler mit Verhaltensstörungen in Deutschland reflektiert Fuchs zunächst den Auftrag der Volksschule und die auftretenden, schulrelevanten Erziehungsschwierigkeiten, bevor er detailliert die Organisation und Gestaltung der E-Klassen auf der Basis zweijähriger Erfahrungen in Berlin darstellt.

Schlüsselwörter: Fuchs 1928: Erziehungsklassen • Auftrag der Volksschule • Begründung der E-Klassen • Natur • Sachlage • Unauffälligkeit • Organisation • Re-Integration • Lehrer • Ende der E-Klassen

5.1 Der Auftrag der Volksschule

Für Fuchs ergibt sich die Notwendigkeit der Einrichtung von Erziehungsklassen, abgekürzt E-Klassen genannt, aus der mangelnden Erziehungskompetenz der Volksschule. Der erste Satz im Hauptteil seiner Schrift bringt diese Kritik zum Ausdruck:

> „Ein Vergleich der beiden Arbeitsgebiete der Volksschule, des Unterrichts und der Erziehung, ergibt die auffällige Tatsache, daß beide nicht gleichmäßig tief und umfassend ausgebaut worden sind." (Fuchs 1930, 8)

Auch die wissenschaftlichen Ansätze der Zeit, etwa die Charaktertypenlehre oder die Lehre von den Kinderfehlern (Göppel 1989) geben dazu keine Hilfen, wohingegen für den Bildungsauftrag auf psychologische und pädagogische Forschungsergebnisse zurückgegriffen werden kann. Für Fuchs ist die Ursache für dieses Defizit an Erziehung „zuerst ganz allgemein in der Natur des Kindes zu suchen" (Fuchs 1930, 9). Denn Fühlen, Wollen und Sittlichkeit scheinen der erzieherischen Beeinflussung nicht so leicht zugänglich zu sein wie die kognitiven Prozesse. Zugleich steht die Erziehung angesichts der „jüngsten geschichtlichen Ereignisse" (Fuchs 1930, 9), womit er auf den verlorenen Ersten Weltkrieg und die wirtschaftliche Krisensituation anspielt, vor der Aufgabe, bei den Kindern und Jugendlichen eine größere Selbständigkeit in Fühlen, Denken und Handeln zu erzielen. Fuchs greift damit die Diskussionen um eine „neue Erziehung", wie sie heute unter dem Begriff „Reformpädagogik" historisch eingeordnet werden, auf.

> „Der von der Natur mitgegebene Grundcharakter soll dem Kinde, sofern er nicht dem Sinn und der Gemeinschaft schädigend widerstrebt, erhalten bleiben; durch die Einflüsse der Erfahrung soll er nicht erstickt oder verbogen werden." (Fuchs 1930, 10)

Zugleich hält Fuchs am Auftrag der öffentlichen Schule fest:

> „Die Schule aber ist als erstberufene Bildungsstätte zu der im Staat und im Volksleben anerkannten Gesellschaftsordnung und Sittlichkeit verpflichtet, den Ausbau auch ihrer erziehlichen Aufgaben im Sinne der von der Öffentlichkeit anerkannten Verantwortung vorzunehmen" (Fuchs 1930, 12).

Neben der Erfüllung der Bildungsaufgabe, die angesichts der Aufgabenstellung „eine Umgestaltung der unterrichtlichen Tätigkeit" (Fuchs 1930, 13) verlangt, kommt der Volksschule und ihren Lehrern daher eine präventive und rehabilitative Funktion zu: erziehend gegen negative Kräfte, etwa durch die Großstadt, einzuwirken und Fehler in der Familienerziehung auszugleichen. Damit aber betont Fuchs die Bedeutung der Volksschule:

> „Durch die Umstellung ihrer unterrichtlichen Tätigkeit und die Erweiterung ihrer erziehlichen Aufgabe ist ihre Arbeit ungleich bedeutungsvoller, aber auch schwieriger geworden." (Fuchs 1930, 14)

Da der erzieherische Auftrag der Volksschule eine gesteigerte Bedeutung erhält und zugleich ein reales Defizit dieser Institution darstellt, sind besondere Erziehungsmaßnahmen und -einrichtungen innerhalb der Volksschule nötig. Das zeigt sich nach Fuchs insbesondere an den auftretenden „Hemmungen und Unterbrechungen im Verlauf der Schulerziehung" (Fuchs 1930, 15), aus denen er dann die Notwendigkeit der E-Klassen ableitet.

5.2 Störungen von Erziehung und Unterricht

Während es im Schulsystem eigene Einrichtungen gibt, die die Homogenität der Klassen – „die erste Voraussetzung für die Erreichung des Bildungs- und Erziehungsziels" (Fuchs 1930, 15) – bei großen „Abweichungen von der *intellektuellen* Normalität" (Fuchs 1930, 15, Hervorhebung im Original) aufrechterhalten, nämlich die Hilfsschulen, gibt es bei Hemmungen in der „Erziehbarkeit" noch keine solche Differenzierung des Schulsystems.

> „Der Differenzierung der Kinder nach der intellektuellen Begabung, die die Volksschule durch den Ausbau des Sonderschulwesens vorgenommen und durch die sie die Normalklasse von den die Masse hemmenden und störenden Minderbegabungen befreit hat, steht in erziehlicher Beziehung keine ähnliche gegenüber." (Fuchs 1930, 17)

Nur für die „bereits straffällige und völlig erziehungs- und bildungsunfähige Jugend" (Fuchs 1930, 17) ist eine Ausschulung vorgesehen. Aufgrund der somit unvermeidlichen Unterschiede in der Erziehbarkeit wird der Erziehungserfolg der Volksschule erheblich erschwert.

Fuchs zieht hier deutliche Parallelen zur Errichtung von Hilfsschulen, die ja den Anspruch erhoben, die „schwachsinnigen" Kinder adäquat zu beschulen (Möckel 1981): Dem „Schwachsinn" der Kinder entspricht nun die Schwererziehbarkeit anderer Kinder! Der so bestimmte Defekt rechtfertigt die Einrichtung besonderer Schulformen. Fuchs schließt damit an die erfolgreiche Argumentation zur Durchsetzung der Hilfsschule an, ersetzt den zentralen Begriff „Schwachsinn" durch „Schwererziehbarkeit" und begründet damit die neue Schulform, die vor allem durch die Entlastung der Volksschule eine positive Funktionsbestimmung erfährt.

Aus diesem Grund diskutiert er anschließend die „schweren Abweichungen" (Fuchs 1930, 17) der von ihm gemeinten Kinder und Jugendlichen. Dazu bildet er zwei Kategorien: schwere Einzelvergehen und Dauervergehen schwer erziehbarer Kinder.

Während er die Bedeutung der Einzelvergehen relativiert und vor übertriebenen Konsequenzen warnt (Fuchs 1930, 22), sind für ihn die Dauervergehen „von ungleich größerer Bedeutung für den Verlauf der Schulerziehung" (Fuchs 1930, 23). Die Anzahl dieser schwer erziehbaren Kinder schätzt er zwar gering ein, „sie haben in der Regel aber bereits den ganzen Lehrkörper beschäftigt, sind in der Schule allgemein bekannt und werden übereinstimmend als Last und Gefahr der Klasse und Schule bezeichnet" (Fuchs 1930, 29).

Ein wichtiges Argument für die Einrichtung von besonderen Schulen stellen statistische Daten dar, die Fuchs als Schulrat Berlins auch für diese Population erheben konnte. Er kommt für Berlin auf eine durchschnittliche Häufigkeit von 0,1 % für die Jahre 1928 und 1929 (Fuchs 1930, 30). Die männlichen Schüler machen zwei Drittel der Fälle aus, die gehäuft von der dritten bis zur sechsten Klasse (nach heutiger Zählung) auftreten. Viele der betroffenen Kinder haben Klassen wiederholen müssen, so dass sie „aus mittleren Klassen zur Entlassung" (Fuchs 1930, 30) kommen. Diese Statistik stellt im Rahmen der Argumentation einen objektiven Beleg für die Problemlage dar und unterstützt daher die Notwendigkeit der Einrichtungen besonderer Hilfen.

Fuchs versucht das Phänomen zu fassen, indem er eine Klassifikation in sechs Klassen vorschlägt (Fuchs 1930, 31f):

1. Gleichgültigkeit gegen Erziehung,
2. Widerstand und Angriff gegen die Ordnung,
3. unwahre, absichtlich falsche Äußerungen,
4. Schädigung oder Aneignung fremden Eigentums,
5. Unsittlichkeit,
6. Auslaufen.

Die Folgen solcher Auffälligkeiten steigern sich mit zunehmender Dauer, die eine Eskalation bewirken:

> „Charakteristisch ist ferner, daß das Kind infolge der immer reicher sich ausgestaltenden Verkettung zwischen den verschiedenartigen und häufigen Vergehen und ihren Folgen allmählich der Schulerziehung in der *Ganzheit seiner Person* widerstrebt." (Fuchs 1930, 32, Hervorhebung im Original)

Zudem haben solche Verhaltensweisen negative Effekte in der Schule und Klasse:

„Das Verhalten der Schwererziehbaren erlangt dadurch aber eine noch weitergehende Bedeutung, *daß es die Mitschüler und auch den Lehrer gefährdet und schädigt.*" (Fuchs 1930, 39, Hervorhebung im Original)

Positiv – und damit für die Begründung von besonderen Erziehungsmaßnahmen entscheidend – ist die Feststellung der Beeinflussbarkeit solcher Schüler:

„Bei der *Beurteilung* der Schwererziehbaren ist daher zu beachten, daß, so schwer und ernst die Dauerverbrechen dieser Naturen auch zu beurteilen sind, ihre Urheber doch noch nicht als vollendete Verbrecher angesehen werden dürfen." (Fuchs 1930, 33, Hervorhebung im Original)

Die sozialen Lebensverhältnisse der Kinder und Jugendlichen, die auch in einer Statistik erfasst werden (Fuchs 1930, 34), sind nach Fuchs verantwortlich für deren Entwicklung, so dass das Kind selbst „in hohem Maße entschuldigt" (Fuchs 1930, 34) ist.

„Nicht der eigene Wille, die eigene Schuld ist die erste und anhaltend wirkende Ursache des unaufhaltsam scheinenden Niederganges, sondern der Umstand, daß bestimmte, außerhalb der kindlichen Entscheidung liegende Bedingungen seine Entwicklung in die falsche Richtung drängten, ein sittliches Gegengewicht nicht entstehen ließen, und daß eine hilfreiche Hand sich nicht bereitfand, aus den Irrwegen herauszuführen." (Fuchs 1930, 34)

Dabei ist sich Fuchs der Relativität des Begriffs „schwer erziehbar" durchaus bewusst:

„Die landläufige Anwendung des Begriffs der Schwererziehbarkeit ist stark abhängig von der subjektiven Auffassung über das von der Jugend zu fordernde durchschnittliche Maß an Erziehbarkeit und über das bei den Erziehern durchschnittlich vorausgesetzte Maß der erzieherischen Fähigkeiten." (Fuchs 1930, 40)

Er formuliert daher eine Eingrenzung auf einen für die Volksschule relevanten Begriff:

Gemeint sind „nur die Kinder, die in andauernden Vergehen und mit ihrer ganzen Person der Erziehung widerstreben, die innerhalb der Normalklassenerziehung von der Wiederholung ihrer Fehler nicht abzuhalten und in ihr auch, wiewohl sie einer angepaßten Form der erzieherischen Beeinflussung noch zugänglich scheinen, zur Einordnung in ihre Schulgemeinschaft selbst bei sorgfältigster Betreuung nicht zu erziehen sind. Sie sind das Produkt einer großen Reihe von

Unterlassungen und Fehlern der bisherigen Erziehung und u.U. auch einer krankhaften Anlage." (Fuchs 1930, 41)

Für diese Schülergruppe versucht Fuchs anschließend, die Notwendigkeit besonderer Erziehungsklassen zu begründen, bevor er ihre Struktur und Vorgehensweise darstellt.

5.3 Begründung der E-Klassen

Die Legitimation dieser besonderen Klassen erfolgt primär durch die Entlastungsfunktion, d. h. durch die Annahme, dass die E-Klassen die Normalklassen von einer unlösbaren Aufgabe befreien:

> „Die Aufgabe, die Schwererziehbaren innerhalb der Normalklasse erfolgreich zu behandeln, erscheint nicht lösbar. Die von den einzelnen Schwererziehbaren ausgehenden vereitelnden Störungen und Unterbrechungen der Bildungs- und Erziehungsarbeit kann die Schule von sich aus nicht verhindern und fernhalten." (Fuchs 1930, 41)

Daher werden sie vorübergehend in besonderen Klassen unterrichtet, die zugleich eine Ausbreitung der Schwererziehbarkeit inmitten der Volksschule eindämmen sollen. Dieses Argument eines Schutzes der Mitschüler wird verknüpft mit dem Argument einer Hilfestellung für die schwer erziehbaren Kinder und Jugendliche:

> „Um ihrer Mitschüler willen ist ihre zeitweilige Entfernung aus dem Klassenverbande, um ihrer selbst und ihrer Rettung vor dem völligen Niedergange willen ist ihre Sonderbehandlung eine dringende Notwendigkeit, und es ist Aufgabe der öffentlichen Volksschule, eine Einrichtung zu schaffen, die die Erfüllung dieser Notwendigkeit gestattet." (42)

Die von Fuchs eingerichtete Schulform der E-Klassen erfüllt also mehrere Funktionen: institutionelle Entlastung, soziale Bewahrung und individuelle Hilfestellung. Eine E-Klasse in der Volksschule erfüllt damit deren Erziehungsauftrag bei schwer erziehbaren Schülern, indem sie „eine nachdrückliche und umfassende Fürsichbehandlung inmitten der öffentlichen Volksschule ermöglicht" (Fuchs 1930, 43). Wie sollen Erziehung und Unterricht für schwer erziehbare Schüler aussehen?

5.4 Erziehung und Unterricht

Fuchs formuliert das Programm, nach der sich die Arbeit in der E-Klasse zu orientieren hat, als Synthese zweier Faktoren:

> „Die Art und Form der Heilbehandlung, die dem Schwererziehbaren zuteil werden müßte, ist von der Natur und der Sachlage abzuleiten." (Fuchs 1930, 42)

Unter der „Natur" ist hier die Natur des Kindes, die für Fuchs insbesondere durch die Phänomene der Schwererziehbarkeit gekennzeichnet ist, zu verstehen. Die „Sachlage" meint den Bildungsauftrag der Schule, der auch für die E-Klasse gilt. Damit sind Erziehung und Unterricht eingespannt zwischen allgemeinem Bildungsauftrag und besonderer Behandlung der Störungen. Die „Heilbehandlung", in aktuellem Sprachgebrauch „die sonderpädagogische Förderung", hat beide Pole zu berücksichtigen. Wie jedoch eine solche Ableitung genauer erfolgen kann, als additive Verbindung, als inhaltliche Verknüpfung, als Synthese oder noch ganz anders, wird nicht weiter thematisiert. Diese zentrale Aufgabe bleibt somit der Person des Lehrers und seiner pädagogischen Intuition überlassen. Die organisatorischen Rahmenbedingungen einer E-Klasse wie auch die Erwartung an den hier tätigen Lehrer fasst Fuchs zusammen:

> „Die Sonderbehandlung der schwererziehbaren Kinder wird nur möglich sein durch ihre völlige, jedoch nur vorübergehende Herausnahme aus dem normalen Klassenverband und ihre Vereinigung, jedoch nur in geringer Zahl und aus benachbarten Jahrgängen, in *einer besonderen Klasse,* deren Leitung einem für die vorschwebende Aufgabe sich innerlich berufen fühlenden Lehrer anzuvertrauen wäre." (43)

Er scheint dabei durchaus an die gerade in Berlin heftig diskutierten und auch universitär gelehrten Ideen der Reformpädagogik (Nohl) zu denken.

> „Durch die Auswertung aller seiner Kräfte und Fähigkeiten wird es sich in seiner ganzen Person, die sich in dem umgestalteten Schulbetriebe besser auswirken darf, erfassen und richten lassen. Das enge Zusammenarbeiten und -leben in kleiner Schulgemeinschaft wird es an die Notwendigkeit gegenseitiger Rücksichtnahme, an Selbstdisziplin und Selbsterziehung gewöhnen." (Fuchs 1930, 44)

Individualisierung, Ganzheitlichkeit und Gemeinschaft sind in damaliger Zeit aktuelle Schlagworte der reformpädagogischen Diskussion (Oelkers 1989, Hillenbrand 1994), die nun als defektspezifische Maßnahmen in heilpädagogischem Zusammenhang angeführt werden. Damit erhält die Einrichtung der E-Klasse ein progressives Image, wie es die parallelen Bemühungen der Hilfsschulpädagogik intendieren (Hillenbrand 1998b).

5.5 Prinzipien der E-Klasse

Gewissermaßen als Zusammenfassung berichtet Fuchs über die „äußere und innere Organisation der E-Klassen innerhalb der Volksschule" (Fuchs 1930, 44).

Intention der E-Klasse

Die E-Klasse versteht sich als eine Zwischeneinrichtung zwischen Fürsorge- oder Heilanstalt und Volksschule, „als ein letzter Rettungs- und Gesundungsversuch für die erziehlich gefährdeten Kinder." (Fuchs 1930, 45). Die hier betreuten Kinder weisen daher nach seiner Ansicht keine psychiatrischen Störungen auf, sondern „in ihrer Mehrzahl sind sie gesund und nur milieugeschädigt" (Fuchs 1930, 46). Einen Ausbau der E-Klassen zu eigenen Sonderschulen lehnt Fuchs ausdrücklich ab:

> „Die weitere Vermehrung der E-Klassen an einer Stelle oder der Ausbau einer aus E-Klassen bestehenden E-Schule kann nicht gutgeheißen werden, da hierdurch die unbedingt innezuhaltende Unauffälligkeit und engste Zugehörigkeit zur Normalschule, sowie der leitende Zweck einer vorübergehenden Heilbehandlung aufgehoben wäre." (Fuchs 1930, 48f)

Organisationsstruktur

Die E-Klassen stellen eine möglichst unauffällige Einrichtung dar. Sie müssen nicht nur unbedingt für die schwer erziehbaren Kinder selbst unauffällig sein: „Den Schwererziehbaren selbst soll die Sonderstellung ihrer Klasse nicht zum Bewußtsein kommen" (Fuchs 1930, 45), sondern auch innerhalb der Schule. Die Bezeichnung „E-Klasse" taucht daher nur in der Behördensprache auf. Als Element der Förderung gehört zur E-Klasse auch der Besuch eines Kinderhorts, der zugleich einen Beitrag zur Re-Integration leistet:

> „Dieser Hort, anfangs nur für die Kinder der E-Klasse bestimmt, würde allmählich auch Kindern der übrigen Normalklassen Zutritt gestatten, um die Hortgemeinschaft den natürlichen Kindergemeinschaften anzugleichen und die Schwererziehbaren an das natürliche Gemeinschaftsleben zu gewöhnen." (Fuchs 1930, 51)

Rahmenbedingungen

Die E-Klasse besteht aus einer kleinen Gruppe, „nur 12 Kinder gleichen Geschlechts" (Fuchs 1930, 48) aus möglichst gleichen Jahrgangsstufen. „Sie wird einer passend gelegenen und geeignet geleiteten Schule als Parallelklasse eingegliedert" (Fuchs 1930, 48), in der möglichst zwei E-Klassen gemeinsam untergebracht sein sollten.

Erziehung in der E-Klasse

Der Besuch der E-Klassen soll für die Kinder einen Neuanfang, eine neue Chance darstellen.

> „Der Eintritt in die E-Klasse soll für das Kind die völlige Loslösung von den früheren Schulverhältnissen und ein Hineinversetzen in eine neue, ihm vorurteilsfrei gegenübertretende Umgebung bedeuten. Das Vergangene soll abgeschlossen hinter ihm, ein neues Schulleben vor ihm liegen." (Fuchs 1930, 47)

Aus dieser Absicht heraus lehnt Fuchs auch die Erforschung der Vergangenheit, etwa durch die bereits bekannte und bei erziehungsschwierigen Kindern bewährte Psychoanalyse, ab:

„Darum ist jedes Ausfragen, jedes Hineinleuchtenwollen in die geheimsten Gedankengänge des Kindes, jeder Versuch einer Analyse seines Seelenzustandes grundsätzlich zu unterlassen." (Fuchs 1930, 47)

Für den Beginn der Arbeit in der E-Klasse ist zunächst eine Phase der Beruhigung vorgesehen. Der Lehrer muss versuchen, das Kind zu verstehen, Ursachen zu erkennen und zu mildern, z. B. durch Elterngespräche.

„In seiner eigenen pädagogischen Behandlung des Kindes wird es seine erste Aufgabe sein, es durch Betätigung abzulenken und nach dem Maß seiner Kräfte voll zu beschäftigen. Durch sein persönliches Verhältnis zu dem Kind und die Art seines Unterrichts und seiner Erziehung ... wird er weiterhin bestrebt sein, das Kind in seiner Ganzheit zu erfassen und umzustellen, damit es die das Leben und Wirken innerhalb der Gesellschaft beherrschenden sittlichen Werte wiedererkennt und anerkennt." (Fuchs 1930, 48)

In der E-Klasse gelten die Unterrichtsziele der Volksschulklasse. Insbesondere in den Hauptfächern muss die Förderung diese Ziele verfolgen, um die Rückführung in die reguläre Klasse verwirklichen zu können. Dafür gelten die zeitgenössisch aktuellen Methoden. Die Individualisierung etwa gilt als unverzichtbare Vorgehensweise im Unterricht, der auch von einer strengen Stundenplanstruktur befreit und am Gesamtunterricht orientiert ist. Dazu kommen sozialpädagogische Maßnahmen, wie Spiel und gemeinsames Frühstück. Es gilt das Prinzip der personellen Kontinuität, wonach keine Fachlehrer einzusetzen sind, der Lehrer nicht einfach vertreten werden kann und auch keine Besichtigungen oder Hospitationen stattfinden können. Der Lehrer muss mit zuständigen Einrichtungen der Jugendhilfe kooperieren, etwa mit dem Jugendamt, Fürsorgeamt, Jugendgericht oder der Polizei.

Fuchs rechtfertigt sogar den Einsatz von körperlichen Züchtigungsmitteln, wenn auch nur für den äußersten Fall (Fuchs 1930, 53).

Der Lehrer in der E-Klasse

Der Lehrer, seine Persönlichkeit und seine erzieherischen Fähigkeiten besitzen eine zentrale Stellung: „Die E-Klasse steht und fällt mit ihrem Lehrer" (Fuchs 1930, 52). Der Lehrer soll demnach jederzeit überlegen sein. Zugleich muss er kämpfen um die „Seelen dieser Kinder"(Fuchs 1930, 53) und Misserfolge verkraften können. Diese Arbeit stellt eine besondere Belastung dar, so dass ein Lehrer nur eine begrenzte Zeit von 10 bis 12 Jahren in diesen Klassen tätig sein sollte. Die Ausbildung der hier tätigen Lehrer erfolgt durch den Besuch von heilpädagogischen Ausbildungskursen nach Abschluss der Volksschullehrerausbildung. Der Lehrer in E-Klassen wird schon 1930 „den Hilfs- und Sonderschullehrern gleichgestellt" (Fuchs 1930, 54).

Elternarbeit

Die Zusammenarbeit mit den Eltern erweist sich für Fuchs als unverzichtbar. Vor Einleitung der Umschulung in die E-Klasse sind die Eltern zu informieren, nach erfolgter Aufnahme in die E-Klasse nimmt der Lehrer einen Hausbesuch bei den Eltern vor, „um ihnen die Sachlage zu erklären, die von der Schule beabsichtigte Hilfe und Unterstützung deutlich herauszustellen und die Art der notwendigen Andersbehandlung vor Augen zu führen" (Fuchs 1930, 46). Die E-Klassen sind auf das Einverständnis der Eltern angewiesen, da sie noch nicht den Status der Hilfsschule hätten und daher eine Pflichtüberweisung gegen den Willen der Erziehungsberechtigten nicht möglich ist. Insbesondere durch die Darstellung der möglicherweise drohenden Konsequenzen, etwa die Fürsorgeerziehung oder Jugendgefängnis, sollen die Eltern überzeugt werden.

Das Prinzip Re-Integration

Die Rückführung der Kinder bildet einen zentralen Programmpunkt für Fuchs:

> „Die E-Klasse hat die Sonderbehandlung des schwererziehbaren Kindes nur vorübergehend zu übernehmen und die Rückgabe an die natürlich zusammengesetzte Schulgemeinschaft baldmöglichst zu erstreben" (Fuchs 1930, 52).

In der Regel erfolgt die Rückführung nach zwei bis drei Jahren. „Bei der Rücküberweisung kommt grundsätzlich die frühere Schule des Kindes nicht in Frage." (Fuchs 1930, 52) vielmehr soll die neue Regelschule vorurteilsfrei und entgegenkommend die ehemaligen E-Klassen-Schüler aufnehmen. Dazu ist die Rücksprache mit dem neuen Schulleiter und Klassenlehrer nötig und über mehrere Wochen soll nach Fuchs zunächst eine versuchsweise Rückversetzung stattfinden. Nach zweijähriger Erprobung berichtet Fuchs allerdings nur von 14 Kindern, die von den 120 Schülern der E-Klassen zur Normalschule zurückgekehrt sind. 68 Schüler sind weiterhin in E-Klassen verblieben und andere in Fürsorgeerziehung oder auch Hilfsschulen abgegeben worden.

Erfolg

Fuchs berichtet zum Schuljahresbeginn am 1.5.1930 von 9 E-Klassen und einem E-Hort in Berlin. Die E-Klassen etablierten sich allmählich im Schulsystem, denn sie wurden „vom preußischen Ministerium für Wissenschaft, Kunst und Volksbildung als Sonderschulklassen anerkannt und die Lehrkräfte gehaltlich den Hilfsschullehrern gleichgestellt" (Fuchs 1930, 57).

Für die Kinder sieht Fuchs große Fortschritte, wenn auch die Probleme nicht völlig beseitigt werden konnten.

> *„Es ist nicht zu bestreiten, daß die Mehrzahl der besonders betreuten Schwererziehbaren durch die E-Klasse im Abwärtsgleiten tatsächlich aufgehalten und damit der erste Schritt zu ihrem dauernden Verbleiben in der gesitteten Gemeinschaft getan worden ist."* (Fuchs 1930, 60f, Hervorhebung im Original)

So gelangt der Initiator der E-Klassen zu dem Resümee:

> „Nach zweijährigem Bestehen der E-Klassen gestatten die gesammelten Erfahrungen, *den Versuch als gelungen zu bezeichnen, und ermutigen dazu, ihn in der getroffenen Form fortzusetzen."* (Fuchs 1930, 57, Hervorhebung im Original)

Insbesondere die entlastende Wirkung sowohl für die Volksschule wie für die Fürsorgeerziehung erscheint Fuchs als positiver Effekt, der für die Etablierung und Verbreitung seiner Konzeption zur schulischen Förderung von Schülern mit Erziehungsschwierigkeiten spricht.

5.6 Kritik

An zahlreichen Punkten wäre Kritik erforderlich. Ganz zentral ist der fragwürdige Versuch zur Legitimation einer besonderen Schulform auf der Basis der Störungen und Defekte der Kinder. Doch gerade dieses Denkmodell von Fuchs ist z.T. bis heute präsent: Zunächst erfolgt eine Bestimmung der „Natur" der schwer Erziehbaren, die gleich gesetzt wird mit ihren Störungen und Defekten. Aus dieser Bestimmung des Defekts wird eine eigene Schulform und defektspezifische Didaktik abgeleitet oder konstruiert. Dabei muss Fuchs zugute gehalten werden, dass er niemals eine völlige Trennung von der Volksschule im Sinn hatte, sondern räumliche Integration, Vermeidung von stigmatisierenden Effekten und die Re-Integration zentrale Anliegen darstellten.

Viele Themenbereiche eines speziellen Unterrichts bei Erziehungsschwierigkeiten hat Fuchs bereits erkannt: Der zugrundeliegende, nicht fixierbare Begriff, der Versuch einer Klassifizierung der Störungen, die kleine Gruppengröße, das Festhalten an den Zielen der Volksschule, das Prinzip der Durchgangsschule oder Re-Integration, der Einbezug sozialpädagogischer Maßnahmen, Bestrebungen zur Vermeidung von negativen Etikettierungen oder auch die Individualisierung des Unterrichts und Betonung der Lehrer-Schüler-Beziehung erkannte er schon als zentrale Aspekte dieses heilerzieherischen Aufgabenfeldes.

5.7 Lernfragen

- Schreiben Sie die Prinzipien einer E-Klasse nach Arno Fuchs heraus. Vergleichen Sie diese Prinzipien mit den aktuellen amtlichen Vorgaben!
- Formulieren Sie unter diesen Kategorien ihre eigenen Ideen zu einer bestmöglichen Förderung.
- Wie modern ist die Konzeption von Arno Fuchs? Nehmen Sie kritisch Stellung.

6 Konzeptionen schulischer Förderung bei Verhaltensstörungen

Seit den 60er Jahren lässt sich die Entwicklung spezieller, auf Verhaltensstörungen ausgerichteter Konzeptionen des Unterrichts beobachten. Solche speziellen Konzeptionen heilpädagogischen Handelns bei Unterrichtsstörungen bilden z. T. sehr divergierende Vorschläge. Hier soll ein theoriegeleiteter Überblick geboten werden, der wissenschaftlich reflektierte Ansätze aufarbeitet. Eine solche Darstellung kann die bisher entwickelten Handlungsmöglichkeiten aufzeigen, um eine eigenständige Entscheidung und personbezogene Strukturierung zu ermöglichen. Aus Platzgründen muss zumindest auf zwei Ansätze verzichtet werden, deren wichtigste Vorschläge jedoch in anderen Konzeptionen enthalten sind: Zentalls Unterricht für hyperaktive und konzentrationsgestörte Kinder (Zentall/Goetze 1994) sowie der Strukturierte Unterricht nach Grabski et al. (Grabski et al. 1978).

Neukäter und Goetze gehen von zwei großen Gruppen in der Didaktik bei Verhaltensstörungen aus und unterscheiden zwischen strukturierten und strukturiert-schülerzentrierten Ansätzen (Goetze/Neukäter 1993b, 538f.). Als unterscheidendes Kriterium gilt die Dominanz des Lehrers beziehungsweise eine zunehmende Beteiligung der Schüler selbst an den zu treffenden Unterrichtsmaßnahmen. Diese Unterscheidung stellt aufgrund der positiven Konnotationen zur „Schülerzentrierung" bereits eine Wertung dar. Problematisch ist zudem die Tatsache, dass bei näherer Betrachtung jede Konzeption beansprucht, eine Zentrierung auf den Schüler und seine Problemlagen zu verwirklichen. Da aber ein übergreifendes, in diesem Sinne objektives Kriterium für „Schülerzentrierung" fehlt, ist eine solche Einteilung relativ willkürlich.

Wissenschaftlich fundierter erscheinen da die theoretischen Basismodelle, die eine Strukturierung der Pädagogik bei Verhaltensstörungen erlauben und die von Juul (1978) und Benkmann (1989) analysiert und dargestellt wurden. Acht Modelle sind von Bedeutung und können wie folgt skizziert werden:

Das Entwicklungsmodell: Jedes Kind befindet sich in einer kognitiven, sozialen und psychomotorischen Entwicklung, die einerseits individuell verläuft, andererseits in bestimmten Phasen oder Stufen eine besondere Lernfähigkeit besitzt. Eine Verhaltensstörung gilt als Entwicklungsretardierung, die durch entwicklungsfördernde Maßnahmen positiv beeinflusst werden kann.

Das psychodynamische Modell: Für jedes Kind ist die Erfüllung seiner emotional-sozialen Grundbedürfnisse eine Voraussetzung für eine positive Entwicklung. Sind die Bedürfnisse des Kindes nicht adäquat beantwortet worden, können daraus Konflikte und Störungen entstehen. Diese Bedürfnisse müssen bei vorliegenden Verhaltensstörungen nachträglich befriedigt werden.

Das Modell gestörten Lernens (Lernstörungen): Beobachtbare motorische, perzeptive oder kognitive Störungen gelten als neurogen verursacht (Minimale Cerebrale Dysfunktion) und beeinträchtigen wichtige Lernprozesse. Sie führen direkt oder über sekundäre psychische Prozesse zu Verhaltensstörungen. Von einer Therapie der Funktionsstörungen (Wahrnehmung, Motorik) wird auch die Rehabilitation des Verhaltens erwartet.

Das Modell der Verhaltensmodifikation: Ausgehend von der Annahme, dass jedes Verhalten in bestimmten Prozessen (Lerntheorien) gelernt worden ist, stellen Verhaltensstörungen inadäquate, von der Erwartung abweichende Verhaltensweisen dar, die aber durch die Anwendung derselben Lernprinzipien wieder verändert werden können.

Das medizinische Modell: Eine Verhaltensstörung hat seinen Ursprung in Störungen, die einzelne Organe, psychosomatische Funktionen oder das Immunsystem betreffen können. Störungen in kleinen Einheiten beeinträchtigen komplexe Prozesse und manifestieren sich dann in auffälligen Verhaltensformen. Das Modell begründet eine medizinische, bspw. medikamentöse Therapie.

Das ökologische Modell: Die Ursache für eine Verhaltensstörung liegt nach diesem Modell nicht im einzelnen Kind, sondern in einer gestörten Struktur des Ökosystems Kind-Umwelt. Verhaltensstörungen müssen als sinnvolle Verhaltensweisen innerhalb einer spezifischen Lebenswelt verstanden werden. Erzieherisches Handeln zielt daher auf eine Veränderung des gesamten Systems.

Das Gegenkultur-Modell: Insbesondere zu Beginn der 70er Jahre wurde eine massive Kritik am Gesellschafts- und Wirtschaftssystem geübt. Die sozialen Bedingungen verursachen demnach die Verhaltensstörungen. Die Pädagogik bei Verhaltensstörungen besitzt daher einen politisch-gesellschaftskritischen Auftrag.

Das Synthese-Modell: Aus den verschiedenen Ansätzen sollen die jeweils geeigneten Theorien, Konzeptionen und Methoden ausgewählt werden, um die Probleme der Praxis pragmatisch zu bewältigen.

Auf diese Einteilung nach Juul wird hier zurückgegriffen. Die vorzustellenden didaktischen Ansätze werden in diese Basismodelle eingeordnet, wenn auch nicht jedes dieser Modelle didaktische Konzeptionen entwickelt hat. Die Modelle erlauben eher eine wissenschaftliche Einordnung und Kritik, da hier die grundlegenden theoretischen Basisannahmen und nicht moralische Wertsetzungen das Kriterium bilden.

6.1 Das Modell gestörten Lernens: Reizreduktion nach Cruickshank

An der University of Michigan leitete William M. Cruickshank als Direktor das „Institute of Mental Retardation and Related Disabilities" und lehrte dort zugleich als Professor für Erziehung. Während er in der ersten Auflage seines Buches „The brain-injured child in home, school and community" (1967) seine Konzeption für Schule und Unterricht ganz auf dem Ursachenkonstrukt der Hirnschädigung aufbaute, stellte er in der grundlegend überarbeiteten zweiten Auflage stärker die Erscheinungsformen oder Symptome in den Mittelpunkt. Er sieht die Ursachen abweichenden Verhaltens jedoch weiterhin in vorliegenden Hirnfunktionsstörungen, die zu „learning disabilities" führen. Diese Lernstörungen sind für Cruickshank als Wahrnehmungsstörungen zu verstehen (Cruickshank 1981, 31), die zu auffälligen Verhaltensweisen führen können. Er denkt insbesondere an hyperaktive, hyperkinetische und aufmerksamkeitsgestörte Kinder. Solche Verhaltensstörungen sind demnach Ausdruck bestehender hirnorganischer Schäden. Verhaltensstörungen sind Folgen gestörten Lernens aufgrund von Wahrnehmungsstörungen – und didaktische Überlegungen müssen von diesen Symptome ausgehen. Insofern beruht das Modell gestörten Lernens letztlich auf einer medizinisch-neurologischen Basis.

Schlüsselwörter: Reizreduktion • medizinisch-neurologische Basis • Symptome • Prinzip der Reizreduzierung • Strukturierung • Lern- und Arbeitsmittel • Reizverstärkung • Kritik

6.1.1 Hirngeschädigte Kinder

Cruickshank bildet drei Gruppen von hirngeschädigten Kindern, nämlich

„a) solche mit einer definitiv diagnostizierten spezifischen oder unbestimmten neurologischen Schädigung, die außerdem durch eine Reihe hervorstechender psychologischer Probleme charakterisiert sind;
b) solche ohne genaue Diagnose neurologischer Schädigung (obwohl sie vom Neurologen angenommen wird), deren psychologische und Verhaltensmerkmale aber identisch sind mit denen der Kinder, bei denen die Diagnose definitiv ist; oder
c) einige Kinder bestimmter klinischer Gruppen wie z.B. Zerebralparese, Epilepsie, Aphasie, geistige Retardierung, Umweltschäden, emotionale Störung und solcher Gruppen, in denen die üblichen psychologischen Merkmale der Hirnschädigung auftreten und bei denen es entweder feststeht oder logischerweise angenommen wird, daß neurologische Schäden vorhanden sind" (Cruickshank 1981, 30).

Dabei spielt der Intelligenzgrad keine Rolle. Lernstörungen können bei normaler Intelligenz wie auch bei retardierter Intelligenz vorkommen. Emotionale Folgeprobleme überlagern häufig die primäre Schädigung, so dass nach Ansicht Cruickshanks der neurologische Defekt als eigentliche Ursache nicht erkannt wird.

Signifikante Defizite des hirngeschädigten Kindes bestehen nach Cruickshank in fünf Kategorien, die insbesondere die Wahrnehmung betreffen.

Hyperaktivität kann sowohl in sensorischer als auch in motorischer Form bestehen. Bei *sensorischer* Hyperaktivität vermag das Kind nicht zwischen wichtigen und unwichtigen Stimuli zu unterscheiden, so dass auch unwesentliche Reize seine Aufmerksamkeit fesseln und eine längere Phase der Konzentration nicht möglich ist. Das Kind ist dann leicht ablenkbar, was besonders für den Unterricht negative Konsequenzen nach sich zieht. Bei *motorischer* Hyperaktivität fehlt die Fähigkeit, die durch einen Reiz ausgelöste Aufforderung zu motorischer Handlung zu unterdrücken. Motorische Aktivitäten anregende Stimuli können nicht ignoriert werden und führen so zu ständiger Unruhe und grobmotorischer Bewegungsbereitschaft des Kindes.

Mit *Dissoziation* bezeichnet Cruickshank „die Unfähigkeit, Dinge im Zusammenhang zu sehen, als Gesamtheit oder als Gestalt" (Cruickshank 1981, 37). Daraus resultieren häufig massive

Probleme in schulischen Lernprozessen, beispielsweise beim Erstschreiben.

Bei einer *Gestalt-Hintergrund-Reversion* schieben sich die Reize des Hintergrundes vor die des Vordergrundes, so dass eine Gestalt nicht vom Hintergrund abgehoben und erkannt werden kann. Cruickshank sieht darin eine Erklärung für die häufige körperliche Kontaktsuche solcher Schüler zum Lehrer, was diese meist negativ bewerten.

Perseveration meint „die Unfähigkeit, sich mühelos von einer geistigen Tätigkeit einer anderen zuzuwenden" (Cruickshank 1981, 47). Die Lösung von einem Stimulus erfolgt nur träge, der Reiz scheint sehr lange nachzuwirken. Daraus entstehen unsinnige Wiederholungen oder Fortsetzungen einer Tätigkeit. Bei schulischen Aufgaben etwa bleibt das Kind bei einer Aufgabe hängen und kann den Arbeitsauftrag nicht zu Ende führen

Bei vielen hirngeschädigten Kindern beobachtet Cruickshank eine *motorische Unreife, Inkoordination* und *gestörte Körperwahrnehmung*. Daraus entstehen Beeinträchtigungen in den Grundzügen des Lernens, die zu defizitären Schulleistungen führen.

Weitere Defizite konstatiert Cruickshank in den Gedächtnisleistungen und in der Aufmerksamkeitsspanne hirngeschädigter Kinder. Für die Feststellung der beschriebenen Defizite fordert Cruickshank die gründliche medizinische und psychologische Diagnose jedes auffälligen Kindes.

Diese Probleme besitzen zugleich große Bedeutung für die Entwicklung des Kindes. Solche Defizite führen dazu, dass die Ich-Erfahrung und das Selbstwertgefühl beeinträchtigt werden. Das Kind erlebt sich als Objekt der Umweltreize: „Es ist eine Ursache-Wirkung-Reaktion ohne intellektuelle Kontrolle von innen" (Cruickshank 1981, 63). Damit lässt sich die häufig beobachtete ungenügende soziale Anpassung hirngeschädigter Kinder erklären. Auch solchen sozialen Folgen möchte Cruickshank durch seine therapeutische Unterrichtsform entgegenwirken, die den lerngestörten Kindern selbstwertstabilisierende und ermutigende Erfahrungen ermöglichen soll. Damit wird deutlich, wie sehr Cruickshank die Wahrnehmung des Kindes und damit die Wirkung von Umweltreizen für die Entstehung von Unterrichts- und Verhaltensstörungen betont.

6.1.2 Das Prinzip der Reizreduzierung

Aus dem Ursachen-Modell leitet Cruickshank seinen Handlungsansatz ab, den er als neues Modell ansieht:

> „Anstatt Hilfsmittel zur Verfügung zu stellen, die es dem Kind ermöglichen, sich der normalen Umwelt anzupassen, müssen die Erwachsenen die Umwelt ändern, um sie den Bedürfnissen des hirngeschädigten Kindes anzupassen" (Cruickshank 1981, 101).

Da die Bedürfnisse des Kindes durch die gestörte Reizverarbeitung geprägt sind, ist die adäquate Gestaltung der Umweltreize gefordert: Die Reizreduktion durch eine streng strukturierte Unterrichtsgestaltung in einem reizreduzierten Raum. Dieser Schritt bildet die basale Argumentationskette seiner Konzeption: Zunächst wird das Defizit des Kindes bestimmt und daraus ein Handlungsprinzip abgeleitet.

> „Das beste Klassenzimmer für normale Kinder ist gewöhnlich das schlechteste für hirngeschädigte Kinder." (Cruickshank 1981, 102) Denn: „Die Bedürfnisse dieser beiden Gruppen von Kindern sind fast entgegengesetzt." (Cruickshank 1981, 103)

Um die Umwelt an die so bestimmten Bedürfnisse des Kindes anzupassen, konzipiert Cruickshank einen nicht-stimulierenden Klassenraum, die reizreduzierte Lernkabine und reizverstärktes Lern- und Arbeitsmaterial.

> „Die erste und vielleicht wichtigste Forderung für die Umgebung hirngeschädigter Kinder ist die, daß die Reize auf ein Minimum reduziert werden." (Cruickshank 1981, 103)

Der Klassenraum wird in einer einheitlichen, dezenten Farbe gestaltet, die Fenster bestehen aus Milchglas, Teppiche sind schalldämpfend und das Unterrichtsmaterial ist hinter Schranktüren verstaut. Das eigentliche Lernen findet individuell in kleinen Boxen oder Kabinen an den Seiten des Zimmers statt, wo zunächst auch gegessen und ausgeruht wird. „Es gibt nichts in dem Raum außer den Dingen, die für die augenblickliche Aufgabe wesentlich sind" (Cruickshank 1981, 104). Das Auffassungsvermögen für die Lernaufgabe wird nicht durch andere Reize gestört. Eine ästhetisch ansprechende Gestaltung des Raumes durch Poster, Kalender oder eine Leseecke wäre demgegenüber eine kontraproduktive Ablenkung.

Durch diese besondere Form des Unterrichts erhöht sich, so Cruickshank, allmählich die Aufmerksamkeitsbelastbarkeit. Das

Reizreduktion nach Cruickshank 105

Abb. 4: Reizreduzierter Klassenraum (aus: Cruickshank 1981, 108)

Kind ermüdet nicht so leicht, die Zeit zum Lehren und Lernen vergrößert sich und es wird mit größerem Erfolg am Unterricht teilnehmen können. Aufgrund der daraus resultierenden Stärkung des Selbstvertrauens kann der Schüler anschließend wieder an der regulären Form des Unterrichts teilnehmen.

„Es wird nicht gesagt, daß das hirngeschädigte oder hyperaktive Kind immer in einem derartigen Reizvakuum bleiben muß. Es braucht es nur so lange, bis es gewisse Erfolgserfahrungen machen konnte und bis sein Ich so stark ist, daß es selbstbewußter ist und sich sicher fühlt." (Cruickshank 1981, 105)

Das Prinzip der Reizreduzierung soll nicht nur für die Schule, sondern genauso in der Familie Gültigkeit besitzen. „Reizreduzierung ist also der erste Schritt in einem weitreichenden Erziehungsplan für hirngeschädigte Kinder in der Familie und in der Schule" (Cruickshank 1981, 116).

6.1.3 Strukturierung der Erziehung

Die Strukturierung und Reizreduzierung gilt jedoch nicht nur in räumlicher Hinsicht durch die Lernboxen. Auch die Person des Lehrers, die sozialen Gegebenheiten und der zeitliche Ablauf sollen für das Kind eindeutig und strukturiert sein. Die Abfolge der

Lerninhalte erfordert nach Cruickshank ebenfalls eine klare Strukturierung. „Der Lehrer sollte die täglichen Lernerfahrungen des hirngeschädigten Kindes so aufbauen, daß sich die einzelnen Tätigkeiten so weit wie möglich voneinander unterscheiden" (Cruickshank 1981, 142). In der Erziehung benötigen hyperaktive Kinder klare Grenzen und Strukturen, um die aufgrund der sensorischen und motorischen Funktionsstörungen bisher wahrgenommene Unordnung zu korrigieren. Durch eine strukturierte Erziehung können die Kinder die Fähigkeit erlangen, eigene Handlungen zu planen und durchzuführen.

„Seine Umgebung sollte logisch konsequent und voraussagbar sein. Die gesamte Lebenserfahrung eines hirngeschädigten Kindes war Inkonsequenz und Unvoraussagbarkeit. Seine bruchstückhaften Beziehungen geben ihm nur wenig Grundlage für eine konstruktive Entwicklung." (Cruickshank 1981, 149)

Die Akzeptanz der Person des Kindes stellt jedoch die erste Bedingung dar, und so bedeutet die Strukturierung für Cruickshank nicht Rigidität, sondern klares, verlässliches Handeln des Erziehers. Dadurch erlangt das Kind Stabilität und Harmonie.

6.1.4 Strukturierung von Lern- und Arbeitsmitteln

Das Prinzip der Reizreduzierung und Strukturierung gilt ebenfalls für die Medien des Unterrichts. Viele der häufig benutzten Lernmaterialien sind aufgrund der Wahrnehmungs-, Motorik- und Koordinationsstörungen der auffälligen Schüler ungeeignet. Geeignete Medien erleichtern hingegen den Lernerfolg.

Die hohe Empfänglichkeit dieser Kinder für Reize kann positiv genutzt werden, indem die für das Lernen wichtigen Reize verstärkt werden. Der *Reizreduzierung* für die Umgebung entspricht die *Reizverstärkung* für die lernrelevanten Medien. Als Beispiele nennt Cruickshank die Verwendung von Farben oder die Darbietung einer Aufgabe auf einem Blatt.

Die Länge der Aufmerksamkeitsspanne muss berücksichtigt werden. Die entsprechenden Fähigkeiten und Schwächen eines Kindes müssen diagnostisch geklärt sein und diese Zeit darf nicht überschritten werden. Nach Erfolgserfahrungen kann allmählich eine Ausdehnung auf längere Zeiten erfolgen. Als Grundsatz für die Verwendung von Medien gilt:

„Es ist wesentlich, daß alle Unterlagen in Bezug zu den Unfähigkeiten stehen, die die Kinder aufweisen. Aus diesem Grund müssen Lehrer und Eltern Spiele, Beschäftigungen und Unterlagen sorgfältig beurteilen, einmal im Hinblick auf ihren erzieherischen Wert und zum anderen im Hinblick auf ihre Unmöglichkeit, eine besondere psychologische Unfähigkeit, die das hirngeschädigte Kind kennzeichnet, zu ergänzen." (Cruickshank 1981, 155)

Als Hilfe dazu entwickelt Cruickshank eine ganze Reihe von relevanten Kriterien, die für die Analyse von Materialien, Spielen oder Tätigkeiten herangezogen werden können. Ebenfalls sehr praxisnah ist seine Sammlung von Materialien und Vorschlägen für spezielle Förderbereiche, beispielsweise Puzzles für visuell-motorische Fähigkeiten, Vorlesen für die Lautdiskrimination, das Spiel mit Bauklötzen für die räumliche Vorstellung oder Seilspringen für die motorische Schulung. Die gezielte Förderung in einzelnen Schulfächern gehört genauso zu diesem Förderkonzept.

6.1.5 Prinzipien des Unterrichts für hyperaktive Schüler

Aus diesen Überlegungen, die auf den Annahmen über die Entstehung der Verhaltensstörung beruhen, lassen sich einige Prinzipien für den Unterricht bei hyperaktiven Schülern ableiten (Cruickshank 1981, 164):

1. einfache Anleitungen geben;
2. alle notwendigen Materialien bereit legen;
3. die notwendige Bearbeitungszeit muss der Aufmerksamkeitsspanne des Kindes entsprechen;
4. die Aufgabe darf nur eine geringe Chance zu versagen geben;
5. der Inhalt muss an den Entwicklungsstand des Kindes angepasst sein, um Erfolgserfahrungen zu ermöglichen;
6. konkrete Begriffe erleichtern das Lernen;
7. die zugrundeliegenden Kenntnisse müssen tatsächlich vorhanden sein;
8. die aufeinander folgenden Aufgaben sollen sich deutlich unterscheiden, ähnliche Lernprozesse sollen nicht nacheinander erfolgen;
9. Mut zu neuen Ansätzen und Versuchen;
10. ein Schritt zurück oder eine Wiederholung kann notwendig und sinnvoll sein!

11. Ein anderes Lernen als geplant, die Korrektur oder der Abbruch durch den Lehrer sind als Hilfe erlaubt.

6.1.6 Kritik

An erster Stelle ist zu betonen, dass Cruickshank seine Konzeption für Kinder mit Hyperaktivität entwickelte und erprobte. Eigentlich beansprucht dieses Modell keine Gültigkeit für andere Formen von Verhaltensstörungen. Cruickshank selbst führte eine Evaluation seines Programms durch. Dabei ließen sich jedoch keine Effekte, weder in positiver noch in negativer Weise, bestätigen (Goetze/Neukäter 1989b, 524). Das von ihm zugrunde gelegte Ursachenmodell steht zudem grundsätzlich in Frage: Könnte es nicht sein, dass hyperaktive Kinder nicht unter einer Reizüberflutung, sondern unter einem Reizmangel leiden und diesen Mangel zu kompensieren versuchen? Neuere Untersuchungsergebnisse sprechen eher für diese Annahme (Zentall/Goetze 1994). Zudem steckt in diesem Modell ein defizitorientiertes Denken, das ganz auf die Schwächen des Kindes ausgerichtet ist. Die Störung entspringt dem zugrundeliegenden organischen Defekt. Die positiven Fähigkeiten des Kindes werden vernachlässigt.

Für die Diagnose stellt sich die Frage, ob die berichteten Merkmale trennscharf sind. Obwohl die Diagnose angeblich von großer Bedeutung ist, liegen hier unklare Verknüpfungen verschiedener Beobachtungskategorien vor. Die Ähnlichkeit von beobachteten Phänomenen auf der Verhaltensebene erlaubt zudem noch nicht den Rückschluss auf gleiche organische Ursachen, den Cruickshank vollzieht.

Es steht in Frage, ob durch solch ein individualistisches Trainingsprogramm soziales Lernen der Schüler ermöglicht wird, wie es der Autor annimmt. Das zugrundeliegende Menschenbild wird nicht expliziert, es scheint jedoch organistisch-deterministische Züge zu besitzen. Nicht thematisiert wird ebenfalls die didaktische Theorie, die hier Verwendung findet. Die Frage der Lerninhalte etwa, die in der Förderung vermittelt werden sollen, wird nicht diskutiert. Damit aber übernimmt Cruickshank unreflektiert die Normen der Schulen, mit denen diese Schüler in Konflikt geraten sind. Gegenüber der stringenten Strukturierung lassen sich zudem die positiven Erfahrungen mit hyperaktiven Schülern im offenen Unterricht anführen. Gerade für sozial-emotionale Lernprozesse solcher Kinder scheinen offene Unterrichtsformen erfolgversprechender zu sein.

6.1.7 Lernfragen

- Welche Merkmale von „Lernstörungen" nennt Cruickshank? Übersetzen Sie die Fachbegriffe in Verhaltensbeschreibungen.
- Erklären Sie das Prinzip der Reizreduzierung und beschreiben Sie unterrichtliche Anwendungsbereiche.
- Untersuchen Sie exemplarisch verschiedene Unterrichtsmaterialien (Arbeitsblätter, Schulbücher, Material zur Freien Arbeit), ob sie den Prinzipien Reizreduzierung und Reizverstärkung entsprechen.
- Diskutieren Sie die von Cruickshank entwickelten Prinzipien des Unterrichts!

6.2 Das Modell der Verhaltensmodifikation: Der durchstrukturierte Klassenraum nach Hewett und Schumacher

Während Cruickshank eine bestimmte Gruppe von Kindern mit Verhaltensstörungen, nämlich mit hyperaktiven Symptomen, anspricht, dafür ein Verursachungsmodell entwickelt und daraus eine defektspezifische didaktische Konzeption ableitet, beansprucht der Santa Monica Madison Plan von Frank M. Hewett Gültigkeit für alle Schüler mit Verhaltensstörungen. G. Schumacher übertrug erstmals 1975 nach eigenen Forschungsaufenthalten in Los Angeles die Konzeption des „engineered classroom" unter dem Titel des „durchstrukturierten Klassenraums" für Verhaltensgestörte und Lernbehinderte in den deutschen Sprachraum. Allerdings gelang ihm eine Realisierung der Konzeption in Bremer Sonderschulen nur in wenigen Grundzügen (Schumacher 1979, 169ff). Insbesondere konnte er keine empirischen Befunde aus dem deutschen Schulsystem vorlegen. Dies ist insbesondere aufgrund der Kulturschwelle zwischen den USA und Deutschland wichtig. Im folgenden Abschnitt wird zunächst die grundlegende Konzeption von Hewett im Überblick dargestellt und dann die deutsche Adaption eingehender behandelt.

Schlüsselwörter: Durchstrukturierter Klassenraum • 7 Verhaltenskompetenzen • Lerndreieck • Hierarchie von Verhaltenssequenzen • Wertmarken • 9 Interventionsformen • Evaluation • Synthese

6.2.1 Hewetts Konzeption im Überblick

Hewetts Modell beruht auf grundlegenden Theorien des Lernens, wie sie in der Forschungsrichtung des Behaviorismus entwickelt wurden. Die verschiedenen Lerntheorien fasste Gagné in einem hierarchischen Modell zusammen, in dem anspruchsvollere Formen des Lernens, etwa die kognitive Theorie des Problemlösens, auf einfacheren Formen, etwa den Reiz-Reaktions-Modellen beruhen.

Analog zur Hierarchie des Lernens nimmt Hewett eine Hierarchie von sieben Verhaltenskompetenzen an, die im Laufe der individuellen Entwicklung erworben werden müssen. Diese Verhaltensweisen stellen Bedingungen für einen erfolgreichen Bildungsprozess dar. Die einzelnen Stufen sind in der Realität nicht streng voneinander abgetrennt, sondern gehen fließend in einander über. Jede Stufe bildet die Voraussetzung für die nächsthöhere Verhaltenskategorie. Die Verhaltenskompetenzen von Schülern können in diese Hierarchie eingeordnet werden. Bei Unterrichts- und Verhaltensstörungen befinden sich diese Schüler auf einer niedrigeren Stufe des Verhaltens als der Unterricht verlangt. Zugleich erlauben nach Hewett diese Verhaltenssequenzen die Ableitung didaktisch-methodischer Hilfen, die in unterrichtliches Handeln umgesetzt werden können. Das hierarchische Modell der Verhaltenssequenzen baut sich wie folgt auf (Hewett 1968, 43):

1. Aufmerksamkeitsverhalten
2. Antwortverhalten
3. Befehlsausführung
4. Erkundungsverhalten
5. soziales Anpassungsverhalten
6. kognitive Grundfertigkeiten
7. intrinsisches Leistungsverhalten.

Hewett glaubt aus seinen Beobachtungen ableiten zu können, dass der Erwerb dieser Verhaltenssequenzen den Schul- und Lernerfolg bestimmt. Diese Entwicklungssequenzen hat folglich jeder Schüler zu durchlaufen. Schüler mit Verhaltensstörungen erfüllen die geforderten Verhaltenssequenzen (noch) nicht, so dass heilpädagogische Förderung deren Erwerb anstreben muss. Sie kann auf der bereits erworbenen, mittels Lehrereinschätzung diagnostizierten

Entwicklungsstufe ansetzen und die nächste Stufe als Ziel eines Lernprozesses angehen. Die Rehabilitation ist dann erfolgreich, wenn der Schüler die Stufen sechs und sieben erreicht hat. Eine grundlegende Annahme besteht darin, dass jedes Kind die Fähigkeit besitzt, diese Verhaltenskompetenzen zu erlernen. Verhaltensstörungen versteht Hewett folglich als fehlende oder misslungene Lernprozesse, die durch verhaltensmodifikatorische Vorgehensweisen zu kompensieren sind.

Die Förderung erfolgt unter drei Kategorien eines Lerndreiecks: Aufgaben (Curriculum), Verstärkung (Konsequenz) und Struktur (Lernumwelt). Während die Struktur, also die Lernumgebung, durch den Lehrer systematisch gestaltet wird und dann vorgegeben ist, versucht er durch Anpassung der Aufgaben sowie durch Verstärkung die Defizite zu beheben. Die möglichen Interventionen bei auftretendem Störverhalten betreffen wiederum alle drei Komponenten: eine leichtere Aufgabe stellen, wirkungsvollere Verstärker einsetzen oder die Struktur der Lernumwelt verändern.

In seinen empirischen Untersuchungen zur Evaluation des „engineered classroom" konnte Hewett in der Kategorie Aufmerksamkeitsverhalten durchaus positive Effekte nachweisen, hingegen sind Schulleistungsgewinne nur in Mathematik festzustellen. Damit sind aber noch keine empirischen Belege für eine positive Wirksamkeit der Gesamtkonzeption gewonnen. Eine ausführliche Kritik gerade auch an der Evaluation Hewetts stellt zudem die Frage, ob bei der hohen Aufmerksamkeitsleistung der Probanden zu Beginn der Untersuchung in diesem Bereich überhaupt Defizite vorlagen (Goetze/Neukäter o. J., 61). Der kognitive Bereich erfährt zudem eine starke Betonung, dagegen bleiben affektive und sozialemotionale Ziele weitgehend unberücksichtigt.

6.2.2 Der durchstrukturierte Klassenraum nach Schumacher

Die deutsche Adaption durch Schumacher hält sich eng an dieses amerikanische Modell. Seine Berichte über Umsetzungsversuche in Deutschland lösten eine kontroverse Diskussion aus, die eine Reihe kritischer Aspekte herausarbeitete. Der durchstrukturierte

Klassenraum stellt damit einen wichtigen Schritt in der Entwicklung wissenschaftlich fundierter Konzeptionen des Unterrichts mit verhaltensgestörten Schülern dar, so dass dessen Anliegen und Ansatzpunkte zur Kenntnis genommen werden müssen.

Zielsetzungen

Schumacher verfolgt mit dem Transfer des Modells von Hewett durchaus aktuelle Ziele. Im Rahmen der Bildungsdiskussion zu Beginn der 70er Jahre mit ihrem Ideal der Gesamtschule sieht er die spezifische und gezielte Förderung von verhaltensgestörten und lernbehinderten Schülern vernachlässigt. Dagegen stellt das Konzept des durchstrukturierten Klassenraums für ihn eine Alternative zu defektorientierten, sonderschulspezifischen und damit segregierenden Didaktiken dar, die zugleich die Störungen der Schüler gezielt beantworten kann. Er nennt eine Reihe von Grundgedanken (Schumacher 1979, 3):

- durch die Einbindung des Unterrichtskonzepts in eine Regel- oder Gesamtschule wird Diskriminierung abgebaut und soziale Integration Behinderter ermöglicht;
- durch die optimale didaktisch-methodische Aufarbeitung auf der Basis der hierarchischen Verhaltenssequenzen erfolgt eine bestmögliche Vermittlung des Unterrichtsstoffes an Behinderte zur Realisierung von Chancengleichheit;
- Jahrgangsklassen und Zeugniszensuren werden aufgehoben, dafür orientiert sich das Lernen an überprüfbaren Teillernzielen mit dem Ziel der Rückschulung;
- die Behandlung der in der Regel vorliegenden Mehrfachbehinderungen (Sprachstörungen, Lernbehinderungen, Verhaltensstörungen) erfolgt im gleichen didaktischen Rahmen;
- der Modellrahmen integriert wissenschaftliche Erkenntnisse zu einem Gesamtkonzept, das insbesondere für Berufsanfänger eine wertvolle Orientierung darstellt;
- die Bedürfnisse der Schüler werden durch Kontrakte, Erleben von Erfolg und Verstärkung berücksichtigt, was zu größerer Zufriedenheit von Schülern und Lehrern führt;
- das Konzept stellt nur eine geringfügige, ökonomisch tragbare Mehrbelastung dar;

- die Regelschule erhält damit neue Handlungsmöglichkeiten zur Förderung von leichteren Formen von Verhaltens- und Lernstörungen, so dass ihre Verfestigung vermieden werden kann.

Diese Ziele erfordern eine Reform verbreiteter Schul- und Unterrichtsvorstellungen sowie der gängigen Form sonderpädagogischer Förderung, für die der durchstrukturierte Klassenraum eine adäquate, wissenschaftlich fundierte Konzeption darstellen soll.

Wiederum bildet ein bestimmtes Verständnis von Unterrichts- und Verhaltensstörung die Grundlage für die Konzeption. Der Schumachersche Begriff von Verhaltensstörung aber weicht von demjenigen Hewetts ab.

Ein statistischer Begriff von Verhaltensstörung

Während für Hewett eine Verhaltensstörung ein gelerntes, jedoch inadäquates Verhalten darstellt und durch neue Lernprozesse korrigiert werden kann, entwickelt Schumacher eine statistische Definition:

> „Verhaltensgestört sollte man einen Schüler nennen, dessen Gesamtverhalten – unter Berücksichtigung einer gewissen Variationsbreite, die mindestens eine Standardabweichung beträgt – von dem des durchschnittlichen Schülers in habitueller Form abweicht. Er fällt dadurch seiner Umwelt auf und beeinträchtigt erheblich das Schulleben." (Schumacher 1979, 12)

Schumacher glaubt, damit einen wissenschaftlich akzeptablen Begriff als Basis für Diagnostik, Pädagogik und Didaktik gefunden zu haben. Allerdings stellen sich damit erhebliche Probleme:

- Kann man „Gesamtverhalten" überhaupt statistisch einordnen? Wie wird „Gesamtverhalten" erhoben?
- Auffälligkeiten in einzelnen Verhaltensbereichen stellen durchaus Probleme für Erziehung und Unterricht dar (z. B. Essstörungen, Aufmerksamkeitsstörungen)!
- Eine solche Definition beinhaltet auch positive Abweichungen, etwa besondere Belastbarkeit und Leistungsfähigkeit, als Verhaltensstörung – der Begriff ist damit zu weit.
- Die Problematik von Verhaltensstörungen für die Personalisation, Sozialisation und Enkulturation von Kindern (Keller/Novak 1993, 116ff) wird damit nicht erfasst.

114 Konzeptionen schulischer Förderung

- Die Vorstellung von Behinderung und Verhaltensstörung ist an vielen Stellen seines Buches statisch, sie entspricht nicht der optimistisch-dynamischen Sichtweise der Lerntheorien.

Bemerkenswert ist dabei die Beobachtung, dass Schumacher in seinen weiteren Überlegungen sehr viel stärker von solchen Problemlagen ausgeht und für die Begründung auf die Individualität jeweiliger Problemlagen ausdrücklich verweist.

„Die vorstehend beschriebenen vielfältigen Symptome und Ursachen bei Verhaltensgestörten und Lernbehinderten verlangen gezielte sonderpädagogische Maßnahmen. Da dieser Personenkreis heterogen ist, muß auch die Erziehung in erster Linie personbezogen bzw. differenzierend vorgehen." (Schumacher 1979, 99)

Diese Argumentation weicht deutlich von dem angeblich zugrundeliegenden statistischen Begriff von Verhaltensstörung ab.

Leitlinien des durchstrukturierten Klassenraums

Der durchstrukturierte Klassenraum bietet eine nach behavioristischen Prinzipien durchorganisierte Lernumwelt (Aufgaben als Reize, Verstärkung als Konsequenz, klare Strukturen von Zeit und Raum). Die systematisch geregelten Bedingungen, Reize und Konsequenzen sollen gemäß den Lerntheorien zur Änderung des Verhaltens und Erlebens führen. Die strukturierte Umwelt lässt dem selbständigen Handeln des Schülers absichtlich möglichst wenig Raum. Dadurch sollen lernhemmende Reize minimiert werden. Schumacher nennt fünf Leitlinien seiner Konzeption, die für den Erfolg entscheidend sein sollen:

1. Die Entscheidung über die geforderte Lernzielhierarchie wird von der Gesellschaft mit Hilfe von Fachleuten unter Berücksichtigung individueller Bedürfnisse getroffen;
2. mittels der hierarchischen Verhaltenssequenzen erfolgt eine Operationalisierung der Lernziele in Teillernziele;
3. eine Strukturanalyse der Aufgaben stellt die notwendigen Lernvoraussetzungen jeder Stufe und die adäquaten Prüfverfahren fest; grundlegende Lernkompetenzen, also die vorhergehenden Verhaltensstufen, müssen möglicherweise gezielt geschult und eingeübt werden;

4. die Unterrichtsmethode berücksichtigt u. a. die Forderungen der Passung, der Bedeutsamkeit und des Praxisbezugs des Lernprozesses;
5. die Kontrolle des Lernergebnisses zeigt, ob das Lernziel erreicht wurde oder ob ein Schritt zurück in der Hierarchie der Verhaltenssequenzen notwendig ist.

Schumacher beansprucht, im durchstrukturierten Klassenraum keine starre Technik, sondern einen Kreativität anregenden Leitfaden für ein „Optimum der Unterrichtsgestaltung bei Verhaltensgestörten und Lernbehinderten" (Schumacher 1979, 101) anzubieten. Mehrere durchstrukturierte Klassenräume sollen zudem das Lernzentrum innerhalb einer regulären Schule bilden, so dass eine Diskriminierung durch Sonderschulbesuch vermieden werden kann (Schumacher 1979, 124).

Hierarchie von Verhaltenssequenzen

Schumacher übernimmt also die Hierarchie der Verhaltenssequenzen als Modell für unterrichtliche Lernprozesse, die einen Transfer der Lerntypen nach Gagné auf unterrichtsbezogene Verhaltensweisen darstellen soll. In ihrer einprägsamen bildlichen Darstellung sei diese Hierarchie hier widergegeben.

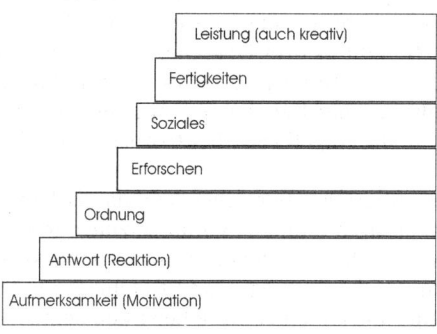

Abb. 5: Sieben Verhaltenssequenzen von Hewett (nach Schumacher 1979, 103)

Diese Stufen der Verhaltenskompetenz nehmen eine zentrale Stellung in der Konzeption ein:

"Die hierarchisch angeordneten Verhaltenssequenzen bestimmen die gesamte Unterrichtsstrategie mit ihren Zielen, Inhalten und zur Methode erhobenen Verstärkung." (Schumacher 1979, 103, Hervorhebung im Original)

Schumacher definiert jede Verhaltenssequenz genauer und beschreibt sie mit Beispielen. Die Verhaltenssequenz „Ordnung" versteht er bspw. als „Befolgen von Anweisungen. Ordnen und Kontrollieren des Arbeitsverhaltens, um zu günstigeren Lernergebnisse zu gelangen. Handeln im Rahmen der Klassenordnung." (Schumacher 1979, 104). Jeder Stufe werden zugleich adäquate, bevorzugt einzusetzende Verstärker zugeordnet. Während auf der Stufe der Aufmerksamkeit insbesondere materielle Verstärker (Smarties, Pfennige, Sternchen, Token-Programme) einsetzbar sind, erhält ein Schüler, der sich auf der 2. Stufe befindet, soziale Beachtung und Privilegien. In den höchsten Stufen bilden der Lernerfolg und das Wissen um den eigenen Lernerfolg, also intrinsische Prozesse, die ausreichenden Verstärker.

Die Hierarchie der Verhaltenssequenzen dient auch der Diagnose, die mittels Checklisten erfolgen kann (Schumacher 1979, 156ff). Der Lehrer schätzt die Verhaltenskompetenzen eines Schülers nach einer einfachen Checkliste ein und ordnet ihn einer Stufe der Verhaltenssequenzen zu. Ausgehend von der diagnostischen Einstufung jedes Schülers in diese Hierarchie stellt der Lehrer die Lerngruppen zusammen, wählt die Reize der Lernumwelt (Aufgaben, Arbeitsmittel) aus und bestimmt die Konsequenzen (Verstärker). So gibt es drei Gruppierungen der sonderpädagogischen Förderung: Stufen 1 bis 3, Stufen 4 und 5 sowie Stufe 6 werden jeweils zu einer Lerngruppe zusammengefasst, bevor die Rückführung in die Regelklasse bei Erreichen der Stufe 7 vollzogen wird.

Zugleich orientiert die Hierarchie das didaktische Vorgehen: Die Aufmerksamkeit stellt somit die Voraussetzung für Antwortverhalten dar, Antwortverhalten wiederum für Ordnungsverhalten, also dem Befolgen von Anweisungen und Befehlen usw. (Schumacher 1979, 104ff). Ausfälle auf einer Stufe bewirken demnach Störungen in den höheren Stufen. Die vom Schüler beherrschte Stufe bildet den Ansatzpunkt sonderpädagogischer Förderung, von dort ausgehend wird die nächste Stufe angestrebt. Ist dieser Lernprozess gemäß den heranzuziehenden Zielkontrollen erfolgreich, besitzt der Schüler nunmehr die Kompetenzen der nächsten Stufe und eine neue Verhaltenssequenz wird zum Ziel. Scheitert ein solcher Lernprozess, muss auf die bereits beherrschte Verhaltenssequenz zurückgegangen werden.

Handlungsfelder des Lehrers sind dabei die drei Seiten des Lerndreiecks *„Aufgaben (Curriculum), Verstärker (Konsequenzen) und Strukturen (Bedingungen der Lernumwelt)"* (Schumacher 1979, 108, Hervorhebung im Original). Die Stufe der Verhaltenssequenz bestimmt auch die Gestaltung dieser Handlungsfelder. Auf der Stufe der Aufmerksamkeit erfolgt beispielsweise die Aufgabenstellung unter Ausschaltung störender Reize in überschaubaren Einheiten, die durch kleine, handlungsorientierte und praktische Lernschritte motivieren und zum Erfolg führen sollen. Die Verstärker schätzt Schumacher als primitiv, aber wirkungsvoll ein: Bonbons, Erdnüsse, Pfennige oder erwünschtes Spielzeug schlägt er vor. Bereits nach 4-8 Wochen könnten sie durch soziale Verstärker abgelöst werden. Die Struktur orientiert sich auf dieser Stufe noch stark an den Möglichkeiten des Schülers, in den höheren Stufen wird immer stärker die Anpassung an unterrichtsadäquates Verhalten gefordert (Schumacher 1979, 110ff).

Interventionen gehen ebenfalls von den drei Seiten des Lerndreiecks aus: Aufgaben erleichtern, wirkungsvollere Verstärker einsetzen oder die Strukturen verändern sind primäre Interventionsformen bei auftretenden Unterrichts- und Verhaltensstörungen. Zusätzlich kommen gezielte Interventionsformen zum Einsatz (s.u.).

Organisation des Unterrichts

Das charakteristische Merkmal dieser Konzeption liegt in der Strukturierung des Klassenzimmers. Die Raumstruktur besteht neben einer frontalen Sitzgruppe vor der Tafel aus drei Zentren, die wiederum einzelne Verhaltenssequenzen beinhalten.

Zu einer Klasse gehören 12 bis 16 Schüler, die vom Sonderschullehrer als Klassenleiter und einem Assistenten geführt werden. Sehr ausführlich stellt Schumacher das Münzverstärkungssystem (token economies) dar, das intensiv zur Verhaltensformung

118 Konzeptionen schulischer Förderung

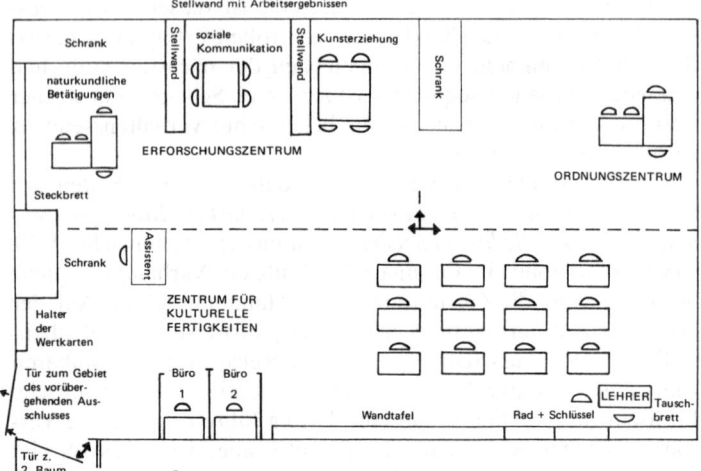

Abb. 6: Der durchstrukturierte Klassenraum (Schumacher 1979, 125)

eingesetzt wird. Schon zu Beginn seines Besuches in der Fördergruppe erhält ein Schüler 10 Wertmarken, auf denen Smarties liegen, für „Pünktlichkeit" und „Platz einnehmen". Damit wird zugleich die Bedeutung der Wertmarken einleuchtend erklärt. Alle 15 Minuten kann der Schüler nun weitere Wertmarken erwerben, indem er Aufgaben erfüllt oder bestimmte Verhaltensweisen zeigt (Schumacher 1979, 126ff). Kontingenz-Verträge und individuelle Anforderungen ermöglichen weitergehende Lernprozesse gemäß der hierarchischen Verhaltenssequenzen. Schumacher sieht darin eine emotionale Entlastung für Lehrer und Schüler:

> „So zeigt sich der ‚durchstrukturierte Klassenraum' als ein verhältnismäßig neutraler, konfliktfreier Interaktionsraum, der verhaltensgestörte Schüler für erwünschtes Verhalten belohnt und ihnen durch individuell abgestimmte Maßnahmen Selbstachtung verschafft."
> (Schumacher 1979, 129)

Ein Tagesplan mit den Kriterien für mögliche Wertmarken verdeutlicht die überragende Bedeutung der verhaltensmodifikatorischen Maßnahmen.

Der durchstrukturierte Klassenraum 119

Tab. 4: Verhaltensmodifikatorischer Tagesplan (Schumacher 1979, 138 f)

Zeit	Aufgaben	Kriterien für Wertmarken
8.30	Kommen und Platz nehmen	5 für Bereitsein zum Arbeiten, davon 3 für pünktliches Kommen, 2 für ordentlich Sitzen
8.35	Ordnung	10 für Befolgen des Arbeitsbogens, davon 2 für Beginnen, 3 für Durcharbeiten, 5 für Übernahme der Schülerrolle
8.40	Lesen (Lesefertigkeit, individuelles Lesen, Wortübungen, Aufsatzschreiben)	10 für jede der drei 15minütigen Arbeitsperioden nach vorstehenden Kriterien
9.40	Kleine Pause außerhalb des Raumes	10 für gutes Verhalten in der Pause, davon 2 für reibungsloses Verlassen des Raumes, 5 für gutes Betragen in der Pause, 3 für geordnetes Zurückkehren an den Platz
9.50	Rechnen (Rechenfertigkeit, individuelles Rechnen, Rechenstudium)	10 für jede der drei fünfzehn minütigen Arbeitsperioden nach denselben Kriterien wie bei der Ordnungszeit.
10.50	Frühstückspause im Raum	5 für manierliches Essen
11.00	Große Pause mit körperlichen Übungen	10 für gutes Verhalten in der Pause davon 2 für reibungsloses Verlassen des Raumes, 5 für gutes Betragen in der Pause, 3 für geordnetes Zurückkehren an den Platz
11.20	Zuhören beim Geschichtenvorlesen, Schallplattenvorspielen, Radiospielen, Schulfernsehen durch Videorecorder	10 nach denselben Kriterien wie bei der Ordnungszeit
11.30	Erforschen (naturkundliche Betätigungen, Kunsterziehung und soziale Kommunikation)	10 für jede der drei fünfzehnminütigen Arbeitsperioden nach denselben Kriterien wie bei der Ordnungszeit
12.20	Entlassen	Addieren der erhaltenen Wertmarken bzw. entsprechenden Markierungen auf der Wertkarte und Einzeichnen in die Arbeitsberichte. Persönlicher Abschlußkontakt unter therapeutischen Gesichtspunkten.
ca. 12.45	Schulschluss	

Das Konzept sieht dabei eine Differenzierung der jeweiligen Aufgaben nach Leistungsniveau der Schüler und den Einsatz individualisierender Fördermaterialien ausdrücklich vor. Die Lernprozesse erfolgen oft als Gruppenarbeit in 15minütigen Arbeitsphasen.

Welche Bedeutung hat aber nun die Struktur des Raumes? Einerseits ermöglichen die einzelnen Zentren die inhaltliche Arbeit in dieser speziellen Lernumgebung. Die Erforschungsperiode findet im Erforschungszentrum statt, wo auch die Lernmaterialien zur Verfügung stehen, hingegen gibt es im Büro wenig ablenkende Materialien, so dass die Konzentration auf die Kulturtechniken erleichtert wird. Aber entscheidender ist die Bedeutung der Raumstruktur für mögliche Interventionen.

Pädagogische Interventionen

Schumacher glaubt, dass durch eine solche verhaltensmodifikatorische Unterrichtsgestaltung gesonderte Interventionen eigentlich überflüssig werden. Bei der Überforderung des Schülers durch eine Unterrichtssituation geht der Sonderschullehrer in seinen Anforderungen eine oder mehrere Stufen in der Verhaltenssequenz zurück beziehungsweise verändert die Komponenten des Lerndreiecks.

Nur in Ausnahmefällen (Wut- oder Trotzausbrüche, übermäßige Angst, Frustration) sind daher Interventionen überhaupt vorgesehen, die beim Auftauchen entsprechender Symptome sofort zu realisieren sind. Schumacher nennt neun Interventionsformen, die wiederum bestimmten Stufen der Verhaltenssequenzen zugeordnet sind.

Stufe 6 „Fertigkeiten": Senden ins Büro. Der Schüler bekommt eine Aufgabe aus dem Bereich der kulturellen Fertigkeiten und belegt durch Aufhängen eines Holzschlüssels das Lernzentrum „Büro". Hier herrscht eine exklusive Arbeitsatmosphäre, so dass diese Maßnahme nicht als Strafe aufzufassen ist. Vielmehr kann der Schüler ungestört wie ein Erwachsener im Büro arbeiten.

Stufe 6 „Fertigkeiten": Aufgabenänderung. Durch Erleichterung oder Wechsel der Aufgabenstellung soll das Interesse des Schülers an der Aufgabe belebt werden.

Stufe 5 „Soziales": Verbale Erinnerung. Der Lehrer erinnert den Schüler, welche Aufgaben und Verhaltensformen von ihm erwartet werden.

Stufe 4 „Erforschen": Senden ins Erforschungszentrum. Analog zur Intervention 1 wird der Schüler mit einem eigenen Arbeitsauftrag ins Erforschungszentrum geschickt.

Stufe 3 „Ordnung": Senden ins Ordnungszentrum. Mit einer Aufgabe zum Ordnungstraining wird der Schüler ins Ordnungszentrum geschickt.

Stufe 2 „Antwort": Herausnahme aus dem Klassenraum und Übernahme einer Aufgabe. Lehrer und Schüler verlassen den Klassenraum und sprechen eine Aufgabe, die meist der Aggressionsabfuhr dient, ab. Nach Erfüllung der Aufgabe kehrt der Schüler in den Klassenraum zurück und erhält eine Verstärkung.

Stufe 1 „Aufmerksamkeit": Individuelle Betreuung. Hier ist Einzelfallhilfe durch den Lehrer, Assistenten oder Schulpsychologen notwendig. Verstärker können erhöht oder auf materielles Niveau modifiziert werden. Erst wenn der Schüler wieder ansprechbar ist, darf er wieder am Unterricht teilnehmen.

Zeitweiliger Unterrichtsausschluss: Für 15 oder 30 Minuten kann der Schüler keine Wertmarken erwerben und befindet sich in dieser Zeit in einem anderen Raum unter Aufsicht (Schulleiter, Hausmeister). Ist das Verhalten in dieser Zeit korrekt, kann der Schüler ohne weiteres in den Unterricht zurückkehren.

Längerer Schulausschluss: Nimmt der Schüler den zeitweiligen Ausschluss nicht an oder wird diese Maßnahme mehr als dreimal täglich notwendig, schickt der Lehrer ihn nach Hause. Allerdings ist für Schumacher diese Maßnahme aufgrund der Vorteile des durchstrukturierten Klassenraums nahezu unnötig.

Insgesamt sollen diese Interventionen auf sachliche Weise erfolgen, so dass der Schüler ohne emotionale Belastung wieder dem Unterricht folgen kann. Gemäß dem Konzept des durchstrukturierten Klassenzimmers stellen die Seiten des Lerndreiecks die primären Ansatzpunkte für unterrichtliche Interventionen dar: Erleichterung von Aufgaben, wirkungsvollere Verstärker und eine veränderte Lernumwelt sind also die wichtigsten Handlungsformen des Lehrers.

6.2.3 Evaluation

Während Hewett durchaus empirische Untersuchungen durchführen konnte, gelang dies Schumacher während eines Versuchs in Bremen nicht. Vielmehr berichtet er von grundlegenden Schwierigkeiten, bei Lehrern überhaupt Akzeptanz für die Konzeption des durchstrukturierten Klassenraums zu erreichen. Er verweist jedoch auf Untersuchungen zu ähnlichen Programmen, die seiner Ansicht auf insgesamt positive Effekte hinweisen. Eine Evaluation der Konzeption des durchstrukturierten Klassenraums kann Schumacher jedoch nicht vorlegen.

6.2.4 Kritik

Der durchstrukturierte Klassenraum stellt ein komplexes Programm dar, in das nicht nur Ergebnisse der Lerntheorien und Verhaltensmodifikation, sondern auch anderer psychologischer Schulen eingehen. Hinzu kommen Anleihen beim Konzept der Reizreduktion nach Cruickshank und reformpädagogische Gedanken von selbständigem Lernen in Gruppen (Petersen). Schon diese Verbindung ist problematisch, da hier aus sehr verschiedenen Theorierichtungen eine eklektische Synthese konstruiert wird, ohne die Kriterien dafür offen zu legen. Gerade die Grundlagen dieser Konzeption fordern kritische Überlegungen heraus, die von größerer Bedeutung sind.

- Die Erstellung der Verhaltenshierarchie erfolgt recht pragmatisch und wird wenig von wissenschaftlicher Theorie geleitet. Eine Stufenfolge wird den komplexen Entwicklungsprozessen kaum gerecht und die Annahme einer Hierarchie wird später von Hewett selbst in Frage gestellt (Goetze/Neukäter o. J., 58).
- Das Lerndreieck drängt zur Rückfrage, warum gerade diese drei Kategorien wichtig sind – andere wichtige Faktoren, etwa die Lehrerpersönlichkeit, bleiben unberücksichtigt. Zudem erfolgt keine Analyse der Struktur, vielmehr wird gerade dieser zentrale Aspekt der Konzeption als gegeben vorausgesetzt.
- Die Diagnostik entspricht nicht den Testgütekriterien. Für solche weit reichende Entscheidungen werden auf jeden Fall zusätzliche Informationsquellen benötigt.
- Deutlich im Vordergrund steht die kognitive, leistungsorientierte Dimension, affektive und soziale Zielsetzungen bleiben im Hintergrund.
- Die differenzierten Maßnahmen der Verhaltensmodifikation erfordern eine hohe Aufmerksamkeit des Lehrers. Die von ihm

durchgeführte Verstärkung, also von außen, kann zu einer Störung intrinsischer Motivation führen.
- Grundsätzlich bestehen gravierende ethische Probleme mit jeder Form von Verhaltensmodifikation gerade in pädagogisch-didaktischer Hinsicht. Personalisation oder Emanzipation kann gerade nicht durch konsequente Fremdsteuerung erreicht werden.
- Ein Assistenzlehrer ist unter den traditionellen Schulbedingungen kaum gegeben.
- Die Interventionsmaßnahmen sind teilweise unter den gegebenen schulrechtlichen Bedingungen nicht durchführbar (Timeout versus Aufsichtspflicht!). Sie laden zudem zu Störverhalten ein, indem nämlich Belohnungen nach störendem Verhalten im Anschluss an den Ausschluss noch leichter zu erwerben sind.
- Die Evaluation berücksichtigt nur wenige Aspekte. Sie ist unter den Bedingungen deutschsprachiger Schulkultur bisher noch nicht erfolgt.

Hervorzuheben bleiben die Anregungen, die von dieser Konzeption ausgingen. Zudem wird versucht, rationale Gedankengänge und wissenschaftliche Ergebnisse in didaktisches Handeln zu übersetzen. Insofern stellt der durchstrukturierte Klassenraum einen wichtigen Beitrag zur wissenschaftlichen Behandlung des Problems gestörten Unterrichts dar.

6.2.5 Lernfragen

- Wie stehen Sie zu dem Begriff von Verhaltensstörungen nach Schumacher?
- Notieren Sie sich die einzelnen Stufen der Verhaltenshierarchie und ordnen Sie beobachtetes Schülerverhalten ein.
- Welche Elemente des durchstrukturierten Klassenraums finden Sie in Klassenräumen wieder? Welche Zonen erscheinen Ihnen besonders hilfreich?
- Könnte die Hierarchie der Interventionsformen eine zutreffende pädagogisch-didaktische Hilfe für Sie darstellen?

6.3 Das Modell der Verhaltensmodifikation: Kooperative Verhaltensmodifikation nach Redlich und Schley

Während der durchstrukturierte Klassenraum seinen Schwerpunkt auf *kognitive* Zielbereiche legt, versucht die Kooperative Verhaltensmodifikation von Redlich und Schley die *sozialen* Beziehungen und das Verhalten in der Lerngruppe bzw. Klasse nach lerntheoretischen Erkenntnissen zu verbessern. Zu den grundlegenden Prinzipien der Verhaltensmodifikation gehören die Lerntheorien der Klassischen Konditionierung, der operanten Konditionierung sowie das Lernen am Modell. Das Adjektiv „kooperativ" verdeutlicht, dass die Autoren Redlich und Schley eine Weiterentwicklung des klassischen Modells der Verhaltensmodifikation leisten. Damit stellen sich einige zentrale Fragen an diese Konzeption:

- Welche Intention steht hinter dieser Weiterentwicklung?
- Welche theoretischen Erweiterungen fließen in die Konzeption ein?
- Wie sehen Handlungskonzept und Anwendungsbereiche aus?

Ausgehend von der Zielbestimmung werden die theoretischen Grundlagen aufgezeigt, die als Fundament eines prägnanten Handlungskonzepts in unterschiedlichen Anwendungsfeldern dienen.

Schlüsselwörter: Modell der Verhaltensmodifikation • Merkmale von Störungen • Problemlösungsprozesse • 4 Säulen der kooperativen Verhaltensmodifikation • Handlungsstrategie • Anwendungsbereiche • Kritik

6.3.1 Die Intention

Ausgangspunkt ist die These, dass Störungen und Schwierigkeiten in jeder Lerngruppe vorkommen können. Erziehung und Unterricht gelten sogar „als unablässige Folge von Problemlösungsprozessen" (Schley 1989, 546), die „den Lehrer als pädagogischen Problemlöser" (Schley 1989, 547) in seinen Kompetenzen herausfordert. Es ist daher ein normales Phänomen, wenn Unterrichts- und Verhaltensstörungen auftreten. Aufgrund der Komplexität der auftretenden Probleme erscheint jedoch die Hilfe und Beratung zur Problemlösung unabdingbar notwendig. Naive Problemlösungsstrategien scheitern nämlich sehr häufig an der Struktur pädagogischer Problemsituationen, die durch folgende Stichpunkte gekennzeichnet ist (Schley 1989, 548):

- hohe Komplexität: viele Einflüsse sind wirksam;
- Intransparenz: zahlreiche Faktoren sind nicht bekannt;
- Vernetzung: die Einflussgrößen wirken aufeinander;
- Eigendynamik: es findet ein Prozess statt, der zumindest teilweise nicht vorhersagbar ist;
- polytelische Zielstruktur: zur gleichen Zeit gelten mehrere Ziele;
- eine gewisse Offenheit der Ziele: häufig lässt sich nicht genau feststellen, ob das Ziel erreicht ist oder nicht.

Unterrichts- und Verhaltensstörungen stellen also ein komplexes Netz von Problemen dar, die sich gegenseitig bedingen und stabilisieren (Schley 1989, 550). Aufgrund des Zeit- und Erfolgsdrucks kommen Lehrer jedoch nicht umhin, diese Komplexität zu reduzieren, damit sie ihre Handlungsfähigkeit erhalten können. In der Realität lassen sich daher naive und somit problematische Lösungsstrategien bestimmen:

Monokausale Erklärungen: es werden eindeutige Gründe konstruiert, die möglichst schnell in handlungsanleitende Lösungsstrategien „umzusetzen" sind,

Lösungsfixiertes Denken: meist ist die Suche nach scheinbar eindeutigen und klaren Lösungsrezepten zu beobachten,

Monologisches Vorgehen: der Lehrer versteht sich als pädagogischer Einzelkämpfer und verzichtet auf Erfahrungsaustausch mit Kollegen und Schülern,

Mangelnde Zielformulierung: Lehrer erwarten die sofortige und restlose Beseitigung der Probleme, ohne kontinuierliche Lernprozesse in Rechnung zu stellen oder sich zunächst auf einzelne Zielbereiche zu konzentrieren,

Mangelnder Methodeneinsatz: die Anwendung nur einer Methode widerspricht dem netzartigen Charakter der Problemsituation, so dass entweder „mehr von demselben" (Schley 1989, 553), also erhöhter Einsatz der gleichen Methode, oder „Stakkato", ein schnelles Springen zwischen verschiedenen Methoden, erfolgt,

Fehlende Erfolgsprüfung: Lehrer führen kaum eine Selbstevaluation durch und beachten auch kaum unerwünschte Nebenwirkungen.

Die naiven Lösungsstrategien können jedoch in der Regel nicht erfolgreich sein, da der Netzcharakter des Problems nicht berücksichtigt wird. Vielmehr führen sie zu Stabilisierungen der Problemsituationen, wie sie in der „Teufelsacht" zum Ausdruck kommen.

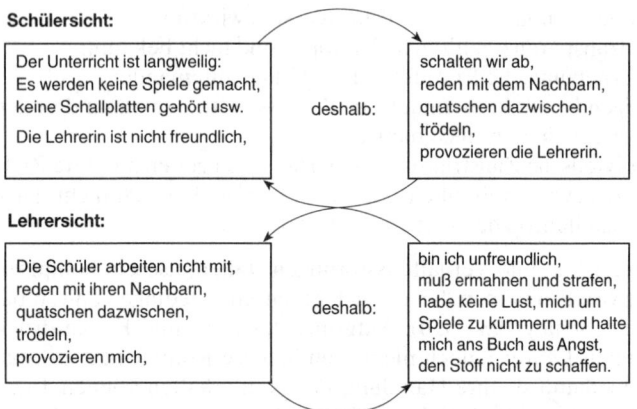

Abb. 7: Negative Erwartungen bei Unterrichtsstörungen: die „Teufelsacht" (Schley 1989, 557)

Die skizzierten Strukturmerkmale naiver Problemlösungsstrategien erklären die häufige Unwirksamkeit erzieherischen Handelns bei gestörten Unterrichtssituationen. Die kooperative Verhaltensmodifikation beansprucht demgegenüber, eine bessere Form der Problemlösung zu sein – sie intendiert daher eine gesteigerte Kompetenz von Lehrern zur Problemlösung.

6.3.2 Theoretische Grundlegung und Erweiterung

Kooperative Verhaltensmodifikation versteht sich als qualitativ fortgeschrittene, fundierte und reflektierte Problemlösungsstrategie. Ziel ist jedoch nicht der Lehrer ohne Schwierigkeiten – vielmehr ein Lehrer, der Unterrichtsstörungen erkennt, überwindet und dabei selbst lernt. Zur Verbesserung der Problemlösekompetenz von Lehrern, die zugleich die netzartige Struktur gestörter Unterrichtsprozesse berücksichtigen soll, ziehen Redlich und Schley vier verschiedene Theorierichtungen heran:

- aus der Lernpsychologie die *klassische Verhaltensmodifikation* mit den Prinzipien des Lernens am Modell (Bandura) und dem instrumentellen Lernen (Skinner),
- aus kognitionstheoretischen Erkenntnissen das *Selbstbewertungskonzept*, das in einen Lernprozess umgestaltet wird,
- aus systemtheoretischer Sichtweise die Betonung der *Kooperation* zwischen den Beteiligten Lehrer, Schüler und Berater sowie
- die Umsetzung der Elemente in eine *Handlungsstrategie*, die eine Strukturierungshilfe für die Beteiligten des Problemlöseprozesses darstellt.

Diese Grundannahmen stellen die vier Säulen der kooperativen Verhaltensmodifikation dar, die wie in Abbildung 8 abgebildet werden können.

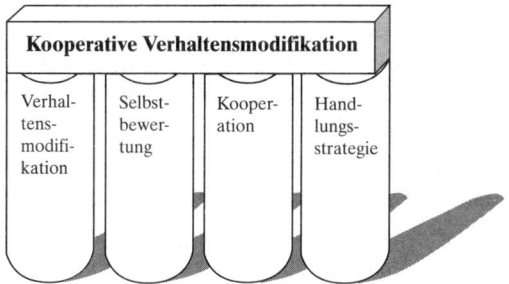

Abb. 8: Struktur der Kooperativen Verhaltensmodifikation (nach Redlich/Schley 1981, 12)

Die einzelnen Säulen sind knapp zu erläutern, um dann die Anwendung eines solchen Problemlöseprozesses darzustellen.

Klassische Verhaltensmodifikation

Seit den 70er Jahren finden Umsetzungsversuche der Verhaltensmodifikation in der Schule statt (Belschner et al. 1975). Insbesondere die theoretischen Prinzipien des Lernens am Modell nach Bandura und des Lernens am Erfolg nach Skinner fundieren solche Maßnahmen. Redlich und Schley ziehen für das Problem der Unterrichtsstörungen insbesondere die Grundregel „*Unerwünschtes Verhalten ignorieren und erwünschtes Verhalten belohnen*" (Redlich/

Schley 1981, 17, Hervorhebung im Original) heran. Allerdings verstehen sie die Verhaltensmodifikation eher als sprachliches Modell denn als soziale Verhaltenstechnologie. Die entscheidenden Vorzüge der Klassischen Verhaltensmodifikation fassen die Autoren wie folgt zusammen (Redlich/Schley 1981, 18):

- der *Allgemeinheitsgrad* erlaubt die Verwendung bei vielfältigen Problemen;
- der *Bestätigungsgrad* gilt als hoch, so dass von einer Wirksamkeit entsprechender Interventionen auszugehen ist;
- der *Realitätsbezug* erfordert und ermöglicht die Anwendung der Erkenntnisse in der Wirklichkeit und zugleich die Weiterentwicklung der Theorie in der Konfrontation mit der Realität;
- die *Eindeutigkeit* mittels Operationalisierungen vermeidet Missverständnisse und erlaubt kooperatives Handeln;
- der *Abstraktionsgrad* entspricht dem Niveau, auf dem konkrete Handlungen gesucht und gefunden werden können;
- die *Einheitlichkeit* von Diagnose und Intervention wird durch die Orientierung an den gleichen Lernprinzipien und Operationalisierungen gewährleistet.

Die z. T. vehemente Kritik an der klassischen Verhaltensmodifikation führte zur Erweiterung dieses Konzepts in drei Richtungen:

1. Selbstbewertung statt Fremdverstärkung
2. Kooperation statt Weisung
3. Strategie statt Schema.

Hintergründe und Vorgehensweisen dieser neueren „Säulen" kooperativer Verhaltensmodifikation verändern die Konzeption entscheidend gegenüber früheren Ansätzen der Verhaltensmodifikation. Sie bilden zentrale und daher eingehender zu behandelnde Merkmale.

Selbstbewertungskonzept

Das wissenschaftliche Interesse der Psychologie richtete sich in den 70er Jahren zunehmend auf die internen Prozesse der Entwicklung und des Lernens (Piaget). Gegenüber der vom frühen Behaviorismus weitgehend unberücksichtigten internen Verarbeitung von Reizen, den Prozessen in der so genannten „black box", wurde deutlich, welch immense Bedeutung den Informationsverarbeitungsprozessen für Lernen, Emotion und Verhalten schon im Kindesalter zukommt. Diese Neuorientierung wird häufig als „kognitive Wende" bezeichnet. Kognitive Forschungen und Theorien stellen heute zentrale Felder pädagogischer Psychologie dar und bestimmen als „Hilfen zur Analyse und Veränderung problematischer Interaktionen" (Schley 1989, 564) ebenfalls die Weiterentwicklungen der pädagogischen Verhaltensmodifikation.

Die Grundannahme besteht darin, „daß Menschen in weiten Bereichen eher durch intern ablaufende (Denk-)Prozesse gesteuert werden als durch äußere Reize" (Redlich/Schley 1981, 21). Eine zentrale Vermittlerrolle in den kognitiven Prozessen spielt die Sprache: Fremdinstruktionen und Fremdbewertungen, Selbstinstruktionen und Selbstbewertungen erfolgen auf sprachliche Weise. Negativ geprägte Selbstbewertungen etwa können eine Hemmung der Lernprozesse zur Folge haben. Schülern mit Verhaltensstörungen soll durch die Kooperative Verhaltensmodifikation geholfen werden, eine realistische Selbstbewertung zu erlernen. Der Selbstbewertungsprozeß besteht aus fünf Elementen:

1. Gemeinsame Zielsetzung: Was wollen wir erreichen?
2. Beschreibung der Zielverhaltensweisen als Mittel zur Zielerreichung: Was müssen wir tun, um das Ziel zu erreichen?
3. Selbstbeobachtung des tatsächlichen Verhaltens: Entspricht das tatsächliche Verhalten dem Zielverhalten?
4. Selbstbewertung: Enspricht das erreichte Verhalten dem Zielverhalten?
5. Abschließende gemeinsame Beurteilung: Haben wir unser Ziel erreicht? (Redlich/Schley 1981, 25)

Die Kontrolle über das gezeigte Verhalten erfolgt mittels operationalisierter Selbstbeobachtungsbögen, die vom Schüler beispielsweise pro Tag in einer Unterrichtsstunde geführt werden.

Kooperation

Eine grundlegende Veränderung der klassischen Verhaltensmodifikation stellt der Einbau einer kooperativen Komponente dar. Der Problemlösungsprozeß gilt als Vorgang, der in erster Linie die Zusammenarbeit der Beteiligten erfordert, in den auch Berater von außen hinzugezogen werden können. Die Struktur der Kooperation im Modell von Redlich und Schley besteht daher aus Lehrer, Schüler und Berater, deren jeweilige Kompetenzen betont werden (Redlich/Schley 1981, 31). Der Lehrer hat die Aufgabe der Wissensvermittlung und der Erfüllung des Erziehungsauftrags, er kennt die konkreten personalen, sozialen und äußeren Bedingungen – er ist der „Feldfachmann". Die Schüler sind Fachleute für ihre persönliche Sicht des Problems, aber auch für ihre Selbststeuerung, die von keinem anderen Beteiligten übernommen werden kann. Der Berater kennt zwar die konkreten Bedingungen des Problems nicht, dafür besitzt er spezifische Kompetenzen in Methoden und Techniken der Kooperativen Verhaltensmodifikation. Er kann zudem Hilfestellung zur Reflexion des Problems bieten – er wird als „Modellfachmann" bezeichnet (Redlich/Schley 1981, 33).

Die Kooperation der Beteiligten setzt kommunikative Fähigkeiten voraus, die mittels eines Sender-Empfänger-Modells der Kommunikation begründet werden. Drei Komponenten der Verständigung gelten als notwendig:

Die Verständnis-Komponente: der Empfänger überprüft, ob er die Botschaft kognitiv wie emotional richtig verstanden hat;

Die Stellungnahme-Komponente: der Empfänger nimmt Stellung zur Botschaft;

Die Informations-Komponente: der Empfänger wird nun zum Sender und übermittelt möglichst eindeutige, die Kommunikation weiterführende Informationen oder Emotionen.

Diese drei, nur künstlich zu trennenden Elemente einer gelingenden Kommunikation sind nicht immer in wünschenswerter Weise in der Kompetenz der Teilnehmer am Unterrichtsprozess gegeben. Gezielte Übungen und Trainings zunächst bei Lehrern und Beratern, später dann auch bei den Schülern erweisen sich häufig als notwendig.

Handlungsstrategie

Diese vielfältigen, aus unterschiedlichsten Theorierichtungen zusammengeführten Aspekte verknüpfen Redlich und Schley zu einer umfassenden Handlungsstrategie. Die drei Hauptphasen, nämlich die Diagnose, die Interventionsplanung sowie die Inter-

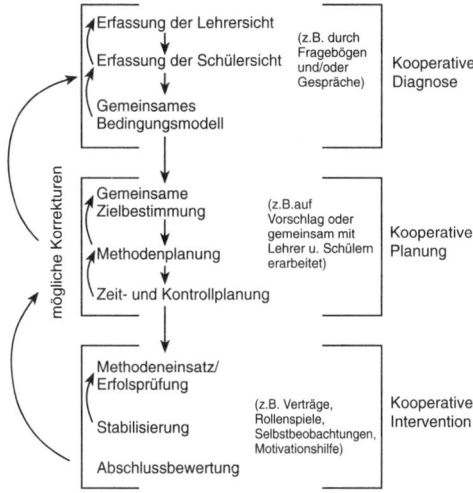

Abb. 9: Handlungsstrategie der Kooperativen Verhaltensmodifikation (Redlich/Schley 1981, 41).

ventionsdurchführung erfolgen kooperativ, so dass alle Beteiligten ihre Perspektiven und Kompetenzen einbringen können. Ein detailliertes Schema verdeutlicht die einzelnen Schritte der Kooperativen Verhaltensmodifikation nach Redlich und Schley.

Leitfragen, eingesetzte Fragebögen und veranschaulichende Grafiken konkretisieren diesen Prozess (Schley 1989, 554ff). Er ist insofern reversibel, als jederzeit eine Kontrolle und Korrektur möglich ist. Auch der Ansatzpunkt oder der Beginn des Prozesses kann flexibel gehandhabt werden.

6.3.3 Anwendungsbereiche

Die Verfasser sehen Einsatzmöglichkeiten ihres Konzepts in verschiedensten Schulen und institutionellen Zusammenhängen vor. Ihr Vorschlag zur Unterrichtsgestaltung bei Unterrichts- und Verhaltensstörungen berücksichtigt ausdrücklich alle Schulformen und Altersstufen (Schley 1989, 564).

Fragebogen H 8 (Auszüge)

1. In unserer Klasse ist der Ton der Mitschüler untereinander freundlich
   ☐ immer ☐ meistens ☐ oft ☐ manchmal ☐ selten ☐ nie

2. Es kommt vor, daß jemand in unserer Klasse ausgelacht wird
   ☐ viel zu oft ☐ zu oft ☐ selten ☐ nie

3. Wenn einige Schüler etwas sagen, werden sie unterbrochen, sie können nicht ausreden
   ☐ viel zu oft ☐ zu oft ☐ selten ☐ nie

   ....

5. Es kommt vor, daß stärkere Mitschüler schwächere ausnutzen, sie z. B. quälen
   ☐ ja ☐ nein ☐ weiß nicht

6. In unserer Klasse helfen sich Schüler untereinander
   ☐ immer ☐ meistens ☐ oft ☐ manchmal ☐ selten ☐ nie

10. Ich finde unsere Klassengemeinschaft
    ☐ sehr gut ☐ gut ☐ manchmal gut ☐ schlecht ☐ sehr schlecht

12. Mich stört in der Klasse ganz besonders:
    ....
    ....
    ....

14. Mir gefällt in unserer Klasse:
    ....
    ....

15. Ich möchte, daß sich unsere Klassengemeinschaft verbessert
    ☐ ja ☐ nein ☐ weiß nicht

Abb. 10: Fragebogen zur Erhebung der Schülersicht (Schley 1989, 557)

Alltags-, Kommunikations- und Interaktionsprobleme in unterschiedlichen Formen des Unterrichts können mit dem Handlungskonzept der kooperativen Verhaltensmodifikation gelöst werden. Daher bietet sich diese Konzeption auch als Handlungsstrategie für *integrative* Unterrichtsformen an. Die Stabilisierung von Lerngruppen, die durch Unterrichts- und Verhaltensstörungen belastet sind, ermöglicht die spezifische Förderung von Problemschülern. Die Prävention und Vermeidung von selektiven Maßnahmen wird dadurch möglich. Schließlich kann durch die Kooperative Verhaltensmodifikation auch die erzieherische Arbeit in *sonderpädagogischen Einrichtungen,* etwa Schulen für Erziehungshilfe, für Schüler

> **Vertrag**
>
> Zwischen diesem Mathekurs aus Jahrgang 7 und Herrn Naher wird folgender Vertrag geschlossen:
>
> 1. **Beginn:** Der Vertrag fängt in der Unterrichtsstunde immer dann an, wenn der Unterricht an der Tafel erfolgt (also nicht bei Gruppenarbeit) und jeder Schüler seinen Kontrollbogen auf dem Tisch liegen hat.
> 2. **Regeln:** Es werden folgende Regeln für die Schüler und den Lehrer festgesetzt: Schülerregel: Wenn ich etwas sagen möchte, rufe ich nicht dazwischen, sondern melde mich. Lehrerregel: Ich nehme keine Zwischenrufe an, aber alle Schüler, die sich melden.
> 3. **Dauer des Vertrages:** Nach 6 Wochen soll gemeinsam entschieden werden, ob der Vertrag weiterlaufen, verändert oder aufgehoben werden soll.
> 4. **Kontrolle:** Die Schüler und der Lehrer kontrollieren selbst, ob die Regeln eingehalten werden oder ob sie verletzt werden.
>
> Jedesmal, wenn ein Schüler sich meldet, muß er sich einen Pluspunkt anstreichen, wenn er dazwischenruft, einen Minuspunkt. Wird er vom Lehrer auf Grund seiner Meldung drangenommen, streicht er dies ebenfalls an. Die Punkte der Strichlisten werden vom Lehrer gesammelt und in Schaubildern graphisch dargestellt.
>
> An einer anderen Übersicht werden die Punkte eingetragen, mit denen der Lehrer gegen seine Regel verstoßen hat, d. h. wenn er eine Meldung nicht beachtet oder einen Zwischenruf annimmt.
>
> Der Vertrag tritt am 5. Januar 78 in Kraft.
>
> ....
> Schüler   Lehrer

Vertrag zwischen Lehrer und Schülern (Schley 1989, 559)

mit Verhaltensstörungen verbessert werden: Sie „bewährt sich hier als Strategie der systemischen Entwicklung von Interventionen, als Möglichkeit der gezielten Erfolgskontrolle und Evaluation für einzelne Interventionsschritte und vor allem als notwendiger Beitrag zur Selbst-Wahrnehmung" (Schley 1989, 566). Gerade in der Aufnahme kognitiver Elemente sieht Schley einen entscheidenden Beitrag im Übergang von der Fremd- zur Selbststeuerung und damit „ein Element der Rehabilitation" (Schley 1989, 567).

6.3.4 Beispiele

Die Erhebung der Schülersicht stellt ein wesentliches kooperatives Merkmal dar. Ein Fragebogen für die 8. Klasse einer Hauptschule verdeutlicht das Vorgehen (Abb. 10).
Die gemeinsame Planung der Handlungsstrategie mündet dann in einen Vertrag zwischen Lehrer und Schülern (S. 133).
Als Hilfe zur Selbstbeobachtung und zur Kontrolle des Erfolgs dienen Checklisten, die für die Schüler wie in Abbildung 11 aussehen.

Für jüngere Klassen sind solche Materialien natürlich umzugestalten und an das Entwicklungsalter anzupassen. So haben sich beispielsweise Smileys als Bewertungsmittel schon bei Grundschülern bewährt. Hier stellen sich neue didaktische Aufgaben für Lehrer: Wie lassen sich anspruchsvolle sozial-kognitive Lernprozesse für die Schüler nach dem Prinzip der Passung gestalten?

6.3.5 Kritik

Neukäter und Goetze äußern Bedenken gegen die Gleichsetzung von affektiven und kognitiven Bereichen (Goetze/Neukäter o. J., 76). Dadurch können in der Klasse emotionale Problemlagen in einer Weise zu Tage treten, für die der Lehrer nicht ausgebildet ist, und unterrichtliches Arbeiten unmöglich machen. Für aktuelle Krisenereignisse bietet diese Konzeption zudem keine Handlungsvorschläge an. Einen Berater, wie er im Konzept vorgesehen ist, gibt es in den Schulen nicht. Seine Position im Problemlöseprozess ist zudem nicht unproblematisch: Lehrer erwarten konkrete Hilfen, die der Berater jedoch nicht geben soll. Die Umsetzung der geplanten Handlungsstrategie findet außerdem ohne die Teilnahme und Beobachtung durch den Berater statt.

Problematisch erscheint zudem die Verknüpfung solch divergierender Ansätze wie Kognitivismus und Behaviorismus oder die Einbindung unterschiedlicher Therapiemodelle (kognitiv und klientenzentriert) und der Kommunikationstheorie. All das weist auf

Beobachtungsbogen für jeden Schüler

1. a) ich habe alles verstanden (+)   b) ich habe etwas nicht verstanden (−) und nachgefragt (+)

z. B. _____   + − +

2. Ich habe dazwischengerufen (/)

z. B. //

3. Ich habe mich gemeldet (/) und bin drangekommen (+)

z. B. +/ / + /

Lehrereinschätzung auf der Verständlichkeitsskala

z. B. | 10 9 8 7 ✗ 5 4 3 2 1 0 |

Lehrer hat sehr verständlich gefragt und vorgetragen (Aufgabe gestellt)   Lehrer war einigermaßen verständlich   Lehrer war absolut unverständlich

Selbsteinschätzung der Klasse auf der Mitarbeitsskala

z. B. | 10 9 8 7 6 5 ✗ 3 2 1 0 |

wir haben sehr gut mitgearbeitet   wir haben befriedigend mitgearbeitet   wir haben sehr schlecht mitgearbeitet, waren sehr laut, häufige Zwischenrufe

Abb. 11: Checkliste zur Selbstbeobachtung (Schley 1989, 561)

einen unreflektierten Eklektizismus hin. In der Unterrichtspraxis führt dies zu Unsicherheiten, welchen Prinzipien jetzt angesichts der konkreten Problemlage der Vorrang einzuräumen ist: Soll die Intervention nach den Regeln der klassischen Verhaltensmodifikation, nach kognitiven Prinzipien oder systemisch-kooperativen Vorschlägen erfolgen? Wie kann ich entscheiden, welche Handlungsform in dieser Problemlage die angemessene ist?

Gerade aus didaktischer Perspektive werden Ansätze der Verhaltensmodifikation kritisch beurteilt. In einer Diskussion brachte Wolfgang Klafki, Nestor der deutschen Didaktik, die Kritik auf den Punkt:

„Ich bin der Meinung, daß ein Konzept, das von vornherein das selbstbestimmungsfähige Subjekt aus seinem Konzept ausklammert – und das tut notwendigerweise die behavioristische Theorie, sonst ist sie nicht mehr das, was ihr Name besagen will – nicht an irgendeiner Stelle plötzlich das Subjekt, das selbstbestimmungsfähige Wesen, wieder hineinmogeln kann." (Klafki in Gudjons et al. 1986, 108)

Man kann also gemäß dieser Kritik nicht eine technologische Vorgehensweise, nämlich die Verhaltensmodifikation, nachträglich durch Kooperation und Partnerschaftlichkeit verschönern!

6.3.6 Lernfragen

- Welche wichtigen Lerntheorien werden im Modell der Verhaltensmodifikation verwendet? Klären Sie deren Vorstellungen über den Prozess des Lernens.
- Welche Erweiterungen fließen in das Konzept von Redlich und Schley ein? Aus welchen Quellen stammen sie?
- Studieren Sie eingehend die Schritte der Handlungsstrategie. Welche Probleme und Störungen könnten auftreten?
- Überlegen Sie Hilfsmittel zur Durchführung des Selbstbewertungsprozesses durch die Schüler.

6.4 Das psychodynamische Modell: Konfliktverarbeitung im Unterricht nach Baulig

Während seiner Tätigkeit als Klassenleiter in einer Sonderschule entwickelte und erprobte V. Baulig die tiefenpsychologische Konzeption eines konfliktverarbeitenden Unterrichts, über die er in seiner Dissertation berichtet (Baulig 1982). Die Sonderschule stellt einen institutionellen Bereich des heilpädagogisch-psychotherapeutischen Tagesheims für verhaltensgestörte Kinder der Stadt Frankfurt a. M. dar, das Kinder mit ausagierendem Verhalten im Grundschulalter betreut.

Schlüsselwörter: psychodynamische Konfliktverarbeitung • Verstehen • Lehrer-Schüler-Beziehung • Stigmatisierung • Konfliktverarbeitung • Methoden der Konfliktlösung • Entwicklung der Gruppe

6.4.1 Intention des Versuchs

Im Rahmen seiner Dissertation reflektiert Baulig den von ihm selbst durchgeführten Unterrichtsversuch in seiner Klasse. Dafür arbeitet er eine ganze Reihe von Ansätzen der Erziehung bei ausagierenden, externalisierenden Verhaltensstörungen auf: von der Psychoanalyse Sigmund Freuds zu ausagierendem Verhalten, dem marxistischen Verständnis von Aggression nach Günter Ammon, der Labeling-Approach-Theorie über die tiefenpsychologisch inspirierten Handlungsmodelle von Aichhorn, Redl und Wineman bis hin zu Bettelheim und Sigrell. Von großer Bedeutung für Baulig ist insbesondere Reisers Ansatz eines konfliktlösenden Unterrichts, den Baulig in gewisser Weise weiterentwickelt.

Auf einer solchen psychodynamisch orientierten Basis konzipiert Baulig verschiedene Ansatzmöglichkeiten unterrichtlichen Handelns, die er dann mit Beispielen aus seiner Klasse eingehender darstellt. Folgende Handlungsbereiche werden thematisiert:

1. die Beziehung von Schülern und Lehrer,
2. pädagogische Einwirkungen auf Stigmatisierungen,
3. Maßnahmen zur Konfliktverarbeitung,
4. Maßnahmen zur Strukturierung und Ich-Stützung,
5. Maßnahmen zur Stärkung des Selbstbewusstseins,
6. Ausbau der Frustrationstoleranz sowie
7. Ausbau der Realitätsorientierung.

Diese Ansatzpunkte stehen unter der allgemeinen Zielsetzung, „mit Hilfe unterrichtsbezogener Interventionen die Schüler zu einer intensivierten Partizipation am Unterricht hinzuführen" (Baulig 1982, 123). Aufgrund der psychosozialen, häufig deprivierenden Lebensbedingungen der Schüler stellt dieses Ziel eine erfolgreiche Rehabilitation dar, die eine Rückführung in die Regelschule erlaubt. Zu betonen ist dabei, dass der Versuch Bauligs im normalen Rahmen einer Schule für Erziehungshilfe stattfindet, also nicht unter den exzeptionellen Bedingungen eines Modellversuchs. Gerade deswegen kann sein Ansatz große Relevanz für die Alltagswirklichkeit bei Unterrichts- und Verhaltensstörungen in solchen Institutionen beanspruchen. Vor jedem Handeln steht für Baulig jedoch das *Verstehen*.

138 Konzeptionen schulischer Förderung

6.4.2 Ausagierende Schüler verstehen

Für ein besseres Verständnis ausagierenden Schülerverhaltens sind verschiedene heilpädagogisch relevante Prozesse zu beachten. So muss der soziokulturelle Hintergrund erfasst werden, da Problemverhalten oft im Konnex zu familiären Belastungen entstehen. Der Lehrer sollte Erkenntnisse von sozialpsychologischen Stigmatisierungsprozessen, denen die Schüler unterliegen, gewinnen. Psychologische Informationen zur Ich-Entwicklung, zu Gruppenkontakten und zur Gruppenfähigkeit zeigen den individuellen Entwicklungsstand auf. Von medizinischer Seite stellen Informationen zu psychophysischen Beeinträchtigungen, wie etwa Hirnschäden oder auch bestimmte Sprachstörungen, wichtige Beiträge zum Verstehen der Schüler dar. Erst diese Verstehensbasis erlaubt den Aufbau einer positiven Lehrer-Schüler-Beziehung und die daraus resultierende Erkenntnis von Handlungsmöglichkeiten.

6.4.3 Handlungsansätze

Diese Informationen bestimmen die Maßnahmen und Gestaltungsprinzipien für das pädagogisch-didaktische Handeln in sechs zentralen „Einwirkungsbereichen" (Baulig 1982, 138). Für jeden dieser Bereiche entwickelt Baulig spezifische Handlungsmöglichkeiten, die im folgenden skizziert werden. Eine Verknüpfung dieser Ansätze zu einem Maßnahmenpaket erkennt er dabei als notwendig und sinnvoll.

Gestaltung der Lehrer-Schüler-Beziehung

Die Vermittlung angstfreier, stabiler Beziehungen zu einer männlichen Person im Gegensatz zur erlebten Vaterposition und zu widersprüchlichen Erziehungsstilen zeigte sich unter den konkreten Bedingungen dieser Sonderschule als erste notwendige Konsequenz (Baulig 1982, 134). Das Beziehungsangebot des Lehrers steht damit an zentraler Stelle: „Die bewußt gestaltete Lehrer-Schüler-Beziehung ist ein Zentralisationspunkt für die Einsetzung unterrichtlicher Maßnahmen" (Baulig 1982, 138). Dafür soll „ein identifikationsförderliches Klima" (Baulig 1982, 138) aufgebaut werden, also die Möglichkeit für die Schüler, eine Bindung zum Lehrer aufzubauen. Daraus ergibt sich die Notwendigkeit, dass die Schüler hauptsächlich eine Bezugsperson, nämlich den Klassenlehrer, angeboten bekommen und damit emotionale Kontinuität erleben. Für den Lehrer gilt zunächst das Prinzip des „Akzeptierens des kindlichen Soseins" (Baulig 1982, 139), das durch Ich-Stützung und emotionale Wärme nach Rogers gekennzeichnet ist. Hilfreich erweist sich dabei die Unterscheidung von Symptom und Person, indem Interventionen beispielsweise gegen das auffällige Verhalten, aber nicht gegen die Person gerichtet sind. Der Lehrer muss also zugleich die Person akzeptieren und das Verhalten kritisieren.

Solche Interventionen erfolgen durch die verbale Spiegelung des Problemverhaltens und durch das offene Ansprechen von Emotionen bei gleichzeitiger Vermittlung von positivem Interesse an der Person des Schülers. Dabei muss der Lehrer weiterhin zu seiner Rolle stehen und darf die unterrichtlichen Zielsetzungen und die Hoffnung auf deren Erfüllung nicht verschweigen. Die Beziehung erlebt dadurch eine Entwicklung hin zu mehr Sachlichkeit und Selbständigkeit der Schüler. Innerhalb des schulischen Rahmens dürfen die Schüler über die Beziehungsgestaltung mit entscheiden. Die institutionellen Bedingungen der Schule bilden somit weiterhin den entscheidenden Rahmen.

Pädagogische Einwirkung auf Stigmatisierungen

Die Schüler unterliegen aufgrund des Besuchs der Schule für Erziehungshilfe und ihres familiären Hintergrunds erheblichen Stigmatisierungen. In der erzieherischen Arbeit lag der Schwerpunkt zunächst auf der Aufarbeitung der von den Schülern erlebten Herabsetzungen ihres Selbst, z.B. negative Unterstellungen zu ihrer schulischen Leistungsfähigkeit oder Kränkungen aufgrund des Besuchs einer Sonderschule. Gegenseitige Stigmatisierungen der Schüler aufgrund von körperlichen Merkmalen werden, z.T. mit Hilfe konfliktverarbeitender Geschichten, thematisiert. Eine positive Bedeutung bekommen dabei die in Schulen für Verhaltensgestörte gültigen Regelschullehrpläne (Baulig 1982, 142), die zu einer Stabilisierung des Selbstkonzeptes als normal leistungsfähige Schüler beitragen können.

Methodisch stehen Formen des Spiels und Gesprächs im Vordergrund. Interaktions- und Rollenspiele verdeutlichen die erlittenen Stigmatisierungen und arbeiten sie gemäß psychoanalytischen Vorstellungen auf. In späteren Phasen zielen die Gruppengespräche auf eine Immunisierung gegen Etikettierungen von außen. Gespräche über die in der Regelschule herrschenden Bedingungen und Anforderungen sowie die Einübung angemessener Verhaltensweisen, insbesondere durch Rollenspiele, setzt Baulig gezielt zur Vorbereitung der Re-Integration ein.

Konfliktverarbeitung im Unterricht

Die interessantesten unterrichtlichen Strategien stellen die Überlegungen zur Konfliktverarbeitung im Unterricht dar, denn Konflikte sieht Baulig als Ursache für Aggressionen. Die Verarbeitung und Lösung von Konflikten setzt eine positive, von Vertrauen geprägte Lehrer-Schüler-Beziehung voraus. Durch gezielte didaktische Maßnahmen kann der Lehrer diesen Prozess unterstützen.

Die von Baulig beschriebenen Unterrichtsinhalte, Methoden und Projekte konkretisieren diesen zentralen Ansatzpunkt psychodynamischer Unterrichtsgestaltung bei Verhaltensstörungen recht einprägsam. Eine direkte Thematisierung von Konflikten im Gespräch ist aufgrund der starken Affektbelastung insbesondere zu Beginn des Schulbesuchs häufig unmöglich. Daher setzt Baulig *konfliktorientierte Geschichten*, etwa selbsterfundene Fabeln, ein (Baulig 1982, 145). Die Identifikation mit einem Tier der Fabel erlaubt dem Schüler die distanzierte Verarbeitung individueller und gruppenbezogener Konflikte, die zugleich affektive Belastungen verringert.

Verschiedene Unterrichtsthemen enthalten in symbolisierter Form die Lebensprobleme der Schüler. Durch diese Lerninhalte kann ein *konfliktverarbeitender Unterricht* initiiert werden. Damit sind psychosoziale Themen gemeint: Der Lerninhalt „Wohnungen des Menschen" repräsentiert beispielsweise die Sehnsucht der Schüler nach Geborgenheit. Im Rahmen einer Unterrichtssequenz zu diesem Thema können dann die sozial-emotionalen Konflikte angesprochen und reflektiert werden. Allerdings berichtet Baulig auch von daraus entstehenden Spannungen zum Sachinhalt. Im angesprochenen Beispiel konnte die Realität „der völlig ungeborgenen Wohnsituation der meisten Menschen dieser Welt" (Baulig 1982, 147) nicht behandelt werden, um größere psychische Belastungen der Schüler zu vermeiden!

Als *konfliktverarbeitende Maßnahmen* kommen insbesondere das Interaktionsspiel, das allmählich zum Psychodrama erweitert wird, zum Einsatz. Hier ist jedoch mit einem längeren Lernprozess zu rechnen. Baulig berichtet von seinen Bemühungen, nach vier Wochen erste Ansätze zum Interaktionsspiel aufzugreifen und in sehr kurzen Szenen zu realisieren. Sie „endeten zumeist in ungesteuerten Aggressionen" (Baulig 1982, 148). Hier sind Anbahnung, gezielte Hilfen und Eingriffe des Lehrers nötig. Später bringen die Schüler selbständig belastende Situationen aus ihrer Lebenswelt in den Unterricht ein. Durch diese Spiegelung der Probleme will der Lehrer eine Bearbeitung und Distanzierung der Konflikte ermöglichen.

Orientiert an Fritz Redls Life-Space-Interview setzt Baulig in verschiedenen Situationen und Formen *problemorientierte Gespräche* ein. Zunächst steht die Lenkung durch den Lehrer im Vordergrund, der insbesondere Hilfen zur Verbalisierung von Gefühlen auf recht einfachem Niveau anbietet. Diese Gesprächsformen können als Einzelgespräch zur Intensivierung der Beziehung und zur Aufarbeitung von starken Affekten oder als Gruppengespräch (jedoch erst nach 9 Monaten!) bei Klassenkonflikten und zur Konfliktlösung erfolgen.

Erst nach ca. einem Jahr können die genannten Maßnahmen auch kombiniert werden. Zu den *kombinierten Methoden* zählen Film, Interaktionsspiel und Gruppengespräch. Besonders eindrücklich ist der Bericht über das anhaltende Problemverhalten des Schülers Siegfried, das über den Film „Animal Farm" nach dem Roman von George Orwell im Interaktionsspiel und dem anschließenden Gespräch thematisiert wird (Baulig 1982, 153ff). Die Schüler analysieren damit indirekt ihre Klassensituation. Der Lehrer sieht darin einen großen Erfolg: „Die erpresserische, machtvolle Rolle von S. konnte entscheidend gemildert werden" (Baulig 1982, 156).

Unterrichtsgespräche zur Konfliktlösung sowie *themenbezogene Kreisgespräche* sind recht anspruchsvolle und daher erst spät einsetzbare Maßnahmen. Die Gesprächsführung des Lehrers orientiert sich dabei an den Prinzipien der Gesprächspsychotherapie nach Rogers. Bei akuten Konflikten in der Klasse ist das gemeinsame Unterrichtsgespräch zur Konfliktlösung notwendig und erfordert vom Lehrer besondere Fähigkeiten der Gesprächsführung. So kann eine Phase des Einzelgesprächs eingeschoben werden oder eine Pause im Gesprächsverlauf notwendig sein. Bei themenbezogenen Kreisgesprächen, die Probleme wie Sexualität, Prügeln als Mittel der Konfliktlösung o. ä. zum Inhalt haben, ist eine freiwillige Teilnahme die Voraussetzung. Zu dieser Maßnahme gehört einerseits die persönliche Betroffenheit der Schüler, andererseits die sachliche Information durch den Lehrer und die gemeinsame Diskussion über Handlungsmöglichkeiten.

Neben diesen Maßnahmen zur Konfliktverarbeitung zieht Baulig auch bereits früher entwickelte Methoden heran.

Maßnahmen zur Strukturierung und Ich-Stützung

Unter Strukturierung versteht Baulig die Dosierung oder Ausschaltung von Reizen, „die zu ausagierendem Verhalten führen und den Aufbau innerseelischer Steuerungsinstanzen und somit die Aktivierung schulischen Lernens beeinträchtigen" (Baulig 1982, 160). Hier greift er z.T. auf die Erkenntnisse Cruickshanks zurück, wenn auch in tiefenpsychologischer Interpretation. Davon erhofft sich der Autor die Stützung des Ichs ausagierender Schüler. Dadurch sollen weniger Situationen mit aggressivem Agieren entstehen und ein verstärkter Aufbau der realitätsorientierten Eigensteuerung erfolgen.

Dem dienen auch klare *Regeln* in der Gruppe. Damit wird die Lehrer-Schüler- wie auch die Schüler-Schüler-Interaktion durchschaubar und eine Stärkung der Ich-Steuerung möglich. Die Regeln selbst müssen klar formuliert sein, d.h. die Situation ihrer Gültigkeit, die Konsequenzen für Befolgen und für Nicht-Befolgen sind eindeutig festgelegt und schriftlich oder durch Piktogramme dokumentiert. Baulig berichtet davon, dass diese Regeln für die Gruppe und die individuelle Psyche der Schüler eine wichtige Hilfe darstellen. Aufgrund eines solchen, möglichst objektiven Maßstabs gelingt es, dem betroffenen Schüler die Konsequenzen eines Regelbruchs nicht länger als „Diskriminierung seiner Gesamtpersönlichkeit" (Baulig 1982, 161) zu vermitteln, sondern nicht akzeptable Verstöße gegen objektive Notwendigkeiten. Die Regeln selbst verbieten aber nicht nur Auseinandersetzungen. Vielmehr regeln sie auch Situationen der Konfliktaustragung bis dahin, dass zwei Schüler unter Aufsicht des Lehrers einen Ringkampf durchführen können (Baulig 1982, 162f)!

Die *strukturierte Gestaltung des Klassenraums* erwies sich besonders zu Beginn der Arbeit als notwendig, um die Steuerungsfähigkeit der Schüler nicht zu überfordern: Ausschluss der Fluchtgefahr durch Abschließen der Fenster, Bemalen der Fenster, Verzicht auf bunte Farben in der Klasse, Einzelarbeitsplätze, persönliche Arbeitsmittel und Ordnungsfächer weisen auf die Realisierung von Cruickshanks Prinzip der Reizreduktion hin.

Auf *Unterrichts- und Leistungsanforderungen* verzichtet Baulig nicht. Vielmehr begründet er die Funktion von Unterrichtsanforderungen mit der möglichst weitgehenden Normalisierung für die Schüler. Erwartungen des soziokulturellen Umfelds, der Institution Schule und auch der Schüler selbst sowie die klare Rolle des Lehrers begründen die Notwendigkeit eines leistungsfordernden Unterrichts (Baulig 1982, 165f). Allerdings bedeutet das nicht, dass hier die Anforderungen der Regelschule analog gestellt werden! Vielmehr „soll eine Unterrichtssituation geschaffen werden, die im Hinblick auf die Qualität und die Quantität des Unterrichtsstoffes und der Stoffvermittlung auf das Unterrichtserleben der Kinder abgestimmt ist" (Baulig 1982, 166). Die individualisierte Gestaltung der Unterrichtsanforderungen wird somit zum zentralen Auftrag heilpädagogischen Handelns. Damit verfolgt Baulig mehrere Intentionen:

- die Schüler erleben die Möglichkeit eigener affektiver Steuerung,
- diese Fähigkeit wird in einen Unterrichtsrhythmus ausgebaut und führt zu Sicherheit in schulischen Anforderungssituationen,
- durch Passung der Anforderungen gelingt eine Verminderung von Leistungsängsten,
- die Erfahrung von Leistungsfähigkeit führt zu einer kontinuierlichen Steigerung und Stabilisierung der Motivation wie der Lernleistungen.

Die erfolgreiche Bewältigung von schulischen Leistungsforderungen stellt eine Handlungsmöglichkeit zur erfolgreichen Rehabilitation von Schülern mit Verhaltensstörungen dar.

144 Konzeptionen schulischer Förderung

Prinzipien der Unterrichtsgestaltung

Baulig stellt in einem Überblick die leitenden Unterrichtsprinzipien für eine vorwiegend psychodynamisch orientierte Unterrichtskonzeption zusammen.

Kontinuität: Für die Klasse gibt es nur einen Lehrer, Unterrichtsrhythmus und -struktur sind gleichmäßig. So finden die Fächer immer in der Folge Deutsch – Mathematik – Sachunterricht – Freie Phase statt. Die Artikulation gibt ebenfalls Kontinuität: „In den einzelnen Fächern gab es einen fachtypischen Erarbeitungsrhythmus, der den Kindern Vertrauen in den eigenen Lernprozeß gewähren soll" (Baulig 1982, 167).

Dezentralisierung: Die Arbeit der Schüler soll möglichst unabhängig von einem negativ besetzten Lehrerbild erfolgen, z.b. durch Arbeitsblätter in der Einzelarbeit, Einsatz von Montessori-Material oder LÜK-Kästen.

Reizdosierung (Cruickshank): Die Arbeitsmaterialien und das Lernumfeld müssen eine klare Konzentration auf den Lernimpuls besitzen.

Neutralisierung (Sigrell): Bei der Themenwahl sind mögliche negative Affekte zu berücksichtigen, um eine Überforderung zu vermeiden.

Differenzierung: Zur Berücksichtigung des unterschiedlichen Kenntnisstandes, besonders in den Hauptfächern, sind differenzierte Arbeitsformen notwendig.

Individualisierung: Der individuelle Leistungsstand gilt als Ausgangspunkt des Lernens, besonders in der frei gewählten Arbeit, die ein Mal pro Woche stattfindet.

Kontinuierliche Steigerung der Leistungsanforderungen: Dem Schüler sollen Leistungsfortschritte ermöglicht und verdeutlicht werden, sowohl im Lerninhalt als auch im Lernverhalten.

Hürdenhilfe: Bei einem stockenden, von Abbruch bedrohten Lernprozess gibt der Lehrer flexibel und frühzeitig individuelle Hilfen. Auch die Partnerarbeit kann zur Unterstützung herangezogen werden.

Immanente Belohnung: Die Anforderungen sind lösbar und die Lösung ist als solche erkennbar. Dadurch erhält der Schüler ein Erfolgserlebnis, das die Bereitschaft zu neuem Lernen fördert.

Konfliktverarbeitung: Wenn beim Lernen massive Konflikte auftreten, gibt der Lehrer konfliktverarbeitende Hilfe, insbesondere Gespräche zur Selbstbewertung.

Entwicklungsbezogene Alternierung des Unterrichtsrahmens: Aufgrund des Ziels der Re-Integration wird die Unterrichtsgestaltung allmählich der Regelschule angepasst (Frontalunterricht, Partnerarbeit, Unterrichtsgespräch). Eine von Akzeptanz und Vertrauen geprägte Beziehung

stellt die Basis für diesen Prozess dar. Gespräche in der Gruppe und Einzelgespräche tragen Merkmale der Gesprächspsychotherapie.
Kooperation: Kooperative Hilfeleistungen durch Mitschüler, z.B. einem „Rechenpartner" (Baulig 1982, 170), sind kontinuierlich aufzubauen.

Stärkung des Selbstbewusstseins und Ausbau der Frustrationstoleranz

Da die Schüler oft eine geringe Frustrationstoleranz aufweisen, sind Maßnahmen zur Stärkung des Selbstbewusstseins und zum Ausbau der Frustrationstoleranz eine wichtige Möglichkeit zur Verhaltensänderung bei ausagierenden Verhaltensweisen. Schulische Anforderungen werden oft als Angriff auf das Selbst der Schüler verstanden. Dagegen stärken positive Erfahrungen in der Lehrer-Schüler-Interaktion das Selbstbewusstsein. Das Erleben der ansteigenden Leistungsfähigkeit führt zu einer Steigerung der Frustrationstoleranz.

Für diese Ziele greift Baulig in den ersten Monaten sogar auf verhaltensmodifikatorische Maßnahmen zurück. Durch materielle Belohnungen (Bonbons) erfolgt der Aufbau schulisch relevanter Verhaltensweisen, z.B. für Pünktlichkeit und erbrachte Leistung. Auch verbales Lob, insbesondere für gelungene Schulleistungen, wird eingesetzt. Allmählich erfolgt die Anpassung an die Bedingungen der Regelschule und damit eine realistischere Bewertung.

In der Unterrichtsgestaltung steht die Vermittlung von Akzeptanz bei zunächst erfolgter verringerter Bedeutung der Leistungen, die Ermöglichung der Bewältigung von Lernproblemen, die allmähliche Intensivierung der unterrichtlichen Anforderungen, der Ausbau der Arbeitsspannen, zunehmende gegenseitige Hilfen der Schüler und die Vermittlung von Sicherheit in der Bewältigung von Aufgaben im Vordergrund. Hinzu kommen spezifische Gestaltungsangebote: Basteln und malen nimmt zunächst viel Zeit in Anspruch! Deren Einsatz fördert Selbstbewusstsein und Leistungsbereitschaft, bevor eine allmähliche Reduktion des Umfangs erfolgt. Regelspiele in der Gruppe steigern die Frustrationstoleranz (Brettspiele, Interaktionsspiele, Ausscheidungsspiele).

Förderung der Realitätsorientierung

Viele Kinder mit auffälligen Verhaltensweisen wachsen in „Scheinrealitäten" (Baulig 1982, 174) auf. Außerhalb der Familie machen solche Kinder zudem häufig negative Erfahrungen, so dass „oft eine undifferenzierte Negativierung der gesamten außerfamilialen Realität" (Baulig 1982, 174) entsteht. Um eine positivere Wahrnehmung der Realität zu ermöglichen, intendiert Baulig beispielhaft für die soziale Wirklichkeit Schule die Aufarbeitung innerer und äußerer Realitäten der Schüler, um dadurch ein realitätsadäquates Verhalten aufzubauen. Dazu gehört in erster Linie die Beachtung schulischer Regeln. Hierzu einige Beispiele:

- „Jeder Schüler muß ein bestimmtes schulisches Lernpensum ableisten" (Baulig 1982, 176).
- „Schüler dürfen in ihrer Arbeitsfähigkeit nicht von Mitschülern gestört werden" (Baulig 1982, 176).
- „Schüler, die den gleichen Lernstoff bearbeiten, haben den Auftrag, sich gegenseitig zu helfen" (Baulig 1982, 176).
- „Jeder Schüler soll in seinen Lernäußerungen akzeptiert werden" (Baulig 1982, 177).
- „Die Sitzordnung darf nur einmal in der Woche geändert werden (montags). Man darf sich nur zu einem Partner setzen, der damit einverstanden ist" (Baulig 1982, 177).

Diese Regeln sind begründet und mit klaren Konsequenzen verknüpft. Aber schulische Regeln allein reichen nicht aus, um eine bessere Realitätsorientierung zu erreichen. Vielmehr erfolgt in einer späteren Phase auch die Aufarbeitung negativer Erfahrungen des früheren Schulbesuchs mit einer Klärung der Rollenanforderungen an die Schüler. Und die familiale Umwelt, die Situation im Tagesheim sowie die gesellschaftliche Realität von Kindern bilden häufige Themen von Unterrichtsgesprächen.

Eine zentrale Aufgabe erhält auch die begleitende Elternberatung, die nach den Vorschlägen Bauligs intensiviert werden muss (Baulig 1982, 180).

6.4.4 Beispiele

Von besonderem Interesse sind die berichteten Unterrichtsprozesse zur Konfliktverarbeitung. An drei Beispielen wird das Vorgehen Bauligs verdeutlicht.

Anhand einer *konfliktverarbeitenden Fabel* thematisiert der Unterricht Stigmatisierungsprozesse aufgrund abweichender Körpermerkmale, etwa das Hänseln eines Mitschülers wegen seiner roten Haare. Durch die Geschichte erkennen die Schüler, dass verschiedenartiges Aussehen kein Grund für eine soziale Ablehnung ist.

> „An einem schönen Frühlingstag hüpften viele hellbraune Eichhörnchen von Ast zu Ast so munter und zufrieden, als ob es gar keine Feinde gäbe. Plötzlich hörten alle voller Schrecken ein Raascheln in den Zweigen über ihnen. Erschreckt huschten die Tiere davon, ein jedes unter einen anderen Zweig voller dichter Blätter. An der Stelle, wo sie eben noch sprangen, konnten sie vom Versteck aus ein kleines Tier sehen, das so einen langen buschigen Schwanz hatte wie sie, genau so einen Kopf und ähnliche muntere Augen. Als sie sahen, daß das Tier nicht größer war als sie, kehrten sie zu ihrem früheren Ast zurück. Ein hellbraunes Eichhörnchen faßte Mut und sagte zu dem dunkelbraunen Tier: „Du siehst aber komisch aus, wie kann man nur so dunkel sein?" Darauf das dunkle Tier: „Ich bin genauso ein Eichhörnchen wie ihr, da, wo ich herkomme, da sehen wir alle so dunkel aus." „Ein Eichhörnchen bist du erst, wenn du von Ast zu Ast springen kannst wie wir," sagten die anderen, „spring einmal vor, dann werden wir sehen, wer du wirklich bist." Das braune Eichhörnchen sprang zu einem weit entfernten anderen Ast. Nun merkten alle, daß auch dunkle Eichhörnchen richtige Eichhörnchen sind. Sie sprangen munter von Ast zu Ast, bis die untergehende Frühlingssonne allmählich an Wärme verlor." (Baulig 1982, 145f)

Die *Kombination* verschiedener Verfahren und Medien verdeutlicht Baulig sehr eindrucksvoll anhand des Problems des aggressiven und dominanten Schülers Siegfried (Baulig 1982, 153ff). Allerdings ist ein solches Vorgehen erst nach einer längeren Phase der Arbeit mit der Gruppe möglich.

Die Klasse sieht gemeinsam den Film „Animal Farm" nach dem Roman George Orwells. Nach der Revolution gegen den unterdrückenden Farmer reißt das Schwein Napoleon die Herrschaft an sich und zieht andere Tiere zur Unterdrückung heran, bis es schließlich entmachtet wird. Viele der Schüler hatten in der Klassensituation analoge Positionen wie die Tiere im Film inne. Im Anschluss an den Film spielen die Kinder im Rollenspiel sehr detailliert und diszipliniert die Geschichte nach. Im folgenden Gespräch, vom Lehrer deutlich geleitet, gelingt der Transfer zur Klassensituation. Baulig berichtet von positiven Konsequenzen: Das Streben nach Dominanz von Siegfried konnte entscheidend gemildert werden, der Verweis auf die Animal Farm konnte immer wieder zur Regulierung problematischer Verhaltensweisen genutzt werden.

Gespräche mit Einzelnen und in der Gruppe stellen eine der grundsätzlichen Handlungsmöglichkeiten bei ausagierendem Verhalten dar. Baulig skizziert verschiedene Formen solcher Gespräche: problemorientierte Einzel- und Gruppengespräche, die bei unterschiedlichen Zielen, etwa dem Beziehungsaufbau, der Affektverarbeitung oder der Konfliktlösung, auch verschiedene Strukturen und kommunikative Handlungsweisen des Lehrers erfordern. Dazu gehört auch das themenbezogene Kreisgespräch, in dem konfliktträchtige Themen mit Hilfe von Sachwissen bearbeitet werden. Beim Thema „Prügel als Mittel der Konfliktlösung" (Baulig 1982, 159) gliedert sich dieses Gespräch in 4 Phasen:

1. Die Schüler nennen Situationen, in denen sie geprügelt wurden.
2. Nach Aufforderung des Lehrers beschreiben sie die Gefühle eines Geprügelten.
3. Sie diskutieren die Verhaltensfolgen beim Geprügelten, wie sie innerhalb einer Gruppe auftreten können.
4. Die Schüler besprechen alternative Verhaltensweisen zum Ausagieren von negativen Affekten in sozialen Situationen, beispielsweise in der Schule.

Durch die Sensibilisierung für die Gefühle der Opfer kann die Voraussetzung für eine Veränderung des Umgangs mit Wut, Zorn und Aggression geschaffen werden. Die Darstellung als erfolglose Handlung führt zur Distanzierung und zur Bereitschaft, ausagierende Verhaltensweisen zu ändern.

6.4.5 Wertung

Ein Urteil über Erfolg oder Misserfolg dieses psychodynamischen Unterrichtsversuchs bei Unterrichts- und Verhaltensstörungen kann sich (leider) nicht auf empirische Studien stützen. Baulig berichtet in seiner Reflexion vor allem über die Erkenntnisgewinne aus den Auseinandersetzungen mit verschiedenen Theorie (Baulig

1982, 184ff) und formuliert eigentlich nur die Prämissen seiner Arbeit auf der Basis seiner Erfahrungen neu. Damit liegen keine objektiven, empirisch-methodisch geleiteten Erkenntnisse zu diesem Ansatz vor. Baulig erkennt diese Grenzen an: „Unser unterrichtliches Vorgehen kann u. E. der Konzeptbildung zur schulischen Betreuung ausagierender Kinder dienen" (Baulig 1982, 203). Dazu bietet Baulig eine umfangreiche Sammlung von Vorschlägen, die vom Unterrichtsmaterial über die Elternarbeit und Schulorganisation bis zur Lehrerbildung reichen (Baulig 1982, 205ff).

6.4.6 Entwicklung der Gruppe

Besonders überzeugend sind seine Überlegungen zur phasischen Entwicklung in der Gruppe (Tab. 5).

Hier zeigt sich eine in tiefenpsychologischer Sprache formulierte Theorie der Gruppenentwicklung, die durchaus eine wertvolle Hilfe für das Verstehen von Gruppenprozessen und damit für die Arbeit eines Lehrers angesichts von Unterrichts- und Verhaltensstörungen sein kann.

6.4.7 Kritik

Ein grundlegendes Defizit besteht darin, dass keine empirische Evaluation der Konzeption vorliegt. Den Anspruch, durch diese Handlungsorientierung eine bessere Rehabilitation von schwierigen Schülern und ein besseres Handeln bei Unterrichts- und Verhaltensstörungen zu ermöglichen, kann Baulig nur anhand seiner persönlichen Beobachtungen, also nur auf einer wissenschaftlich relativ ungesicherten „Datenbasis", für erfüllt halten.

Der konfliktverarbeitende Unterricht baut einerseits auf Theorien der Tiefenpsychologie auf, zieht andererseits aber auch ganz andere Ansätze heran: das Modell der Verhaltensmodifikation oder das Modell gestörten Lernens mit seinem Prinzip der Reizreduktion tauchen gleichermaßen auf. Erneut ist damit der Vorwurf des Eklektizismus zu erheben.

Sehr positiv ist wohl zu werten, dass Baulig hier einen konkreten Einblick in das unterrichtliche Handeln des Lehrers gewährt, der mit Hilfe verschiedener Theorien, insbesondere des psychodyna-

Konzeptionen schulischer Förderung

Tab. 5: Phasen der Gruppenentwicklung nach Baulig (1982, 195f)

Phasische Veränderungen in der Gruppe (nach Baulig)

Phase der auffälligen Beziehungsdistanz
Schüler: Desorientierung, Angst vor dem Lehrer

Lehrer: Vermittlung von Orientierung, Sicherheit und Geborgenheit

Phase starker Beziehungsambivalenz
Schüler: Ambivalente, abgespaltene Beziehungen zu Schülern und Lehrer; Weglaufen

Lehrer: Aufarbeiten von Projektionen durch Darstellung der eigenen Person, Aufzeigen von Konsequenzen

Phase zunehmender Ambivalenztoleranz
Schüler: Verstärkte Verbindung von libidinösen und aggressiven Impulsen

Lehrer: Akzeptieren der Schüler in ihrer Ambivalenz, Förderung des Ausdrucks der Ambivalenz

Phase zunehmender Gruppenbildung
Schüler: Partielle Selbstregulation von Konflikten, Ansätze zur Kooperation

Lehrer: Anlässe zur Kooperation im Unterricht, verstärkter Realitätsbezug in schulischer Arbeit

Phase der Ablösungsangst
Schüler: Angst vor Verlassen der vertrauten Unterrichtssituation bewirkt verstärkte Tendenz zum Wiederaufleben früherer Störungen

Lehrer: Betonung der Unwiderruflichkeit des nahenden Abschieds und von Sicherheit, daß die Schüler zur Reintegration fähig sind. Konfrontation mit zukünftiger schulischer Realität.

Phase der Trauerarbeit
Schüler: Nehmen die Unwiderruflichkeit des Abschieds wahr und äußern Trauer

Lehrer: Betonung der Notwendigkeit von Trauerreaktionen und Äußerung auch eigener diesbezüglicher Reaktionen gegenüber den Schülern

Phase der Ablösung und Neuorientierung
Schüler: Sind sich sicherer über die Bewältigung der Abschiedssituation und äußern sich über die Zeit danach

Lehrer: Unterstützung der Neuorientierung und Versuch der emotionalen Distanzierung von den Schülern

mischen Modells, seine Arbeit kontrolliert und weiterentwickelt. Die Verknüpfung dieser theoretischen Basis mit dem unterrichtlichen Arbeiten insbesondere im konfliktverarbeitenden Unterricht weist anschaulich die Möglichkeiten und Grenzen des Unterrichts bei Verhaltensstörungen nach.

6.4.8 Lernfragen

- Überlegen Sie Situationen eines Schulvormittags, die zur Intensivierung der Lehrer-Schüler-Beziehung genutzt werden könnten. Wie beginnen Sie das Gespräch?
- Welche Themen sind für Schüler heute besonders konfliktträchtig? Welche tiefenpsychologischen Handlungsmöglichkeiten bieten sich an?
- Reflektieren Sie die Prinzipien der Unterrichtsgestaltung. Versuchen Sie für sich eine Rangreihe nach Realisierbarkeit zu erstellen.
- Wie können sich die Probleme in der Gruppenentwicklung konkret auswirken? Welche Hilfen bietet der tiefenpsychologische Ansatz?

6.5 Das psychodynamische Modell: Neutralisierung der Lerninhalte nach Sigrell

Bo Sigrell berichtet über die Förderung von sozial und emotional gestörten Kindern in Schweden. Für diese Kinder bestehen besondere Beobachtungsklassen, die als spezielle Einrichtungen an größeren Gesamtschulen einen zeitweiligen Sonderunterricht anbieten. Die der Störung zugrundeliegende Problematik ist für Sigrell die Angst der Kinder vor neuen, unbekannten, erschreckenden und verunsichernden Dingen und Situationen in ihrer Umwelt.

> „Diese Angst veranlaßt die Schüler, sich zu isolieren. Ihr Ich hat jedoch nicht die Fähigkeit, von außen kommende Stimuli zu ignorieren, die ihre Angst provozieren und aktualisieren." (Sigrell 1971, 123)

Angesichts dieser psychosozialen Belastungssituation reflektiert Sigrell ausführlich die Handlungsmöglichkeiten von Schule und Unterricht.

Schlüsselwörter: Neutralisierung • psychosoziale Belastungssituation • Stützung der Persönlichkeit • Angstproblematik • Entdramatisierung • Kritik

6.5.1 Stützung der Persönlichkeit

Die Gestaltung der Lernbedingungen stellt einen ersten Schritt heilerzieherischen Handelns dar: Die fehlende innere Sicherheit der Kinder soll durch äußere, stabile Strukturen kompensiert werden. Die Klarheit, Überschaubarkeit und Sicherheit eines regelmäßigen Tages- und Stundenrhythmus dient hier der Stärkung der Ich-Kompetenz des Kindes. Der Erwerb von Arbeitsmustern, die Ermöglichung von zielerreichendem Lernen und ein reduziertes Reizangebot im Klassenzimmer führen zu Erfolgserlebnissen im schulischen Lernen und dadurch zu einer psychosozialen Stabilisierung, die die Kinder befähigt, ihre Isolation zu überwinden. Die Motivation zu schulischem Lernen wird fundiert und gesteigert.

Die Struktur einer Unterrichtsstunde sollte daher möglichst gleich bleibend organisiert sein. Die Lernanforderungen müssen durch das Prinzip der Passung der individuellen Leistungsfähigkeit des einzelnen Schülers entsprechen. Strukturierung und Individualisierung prägen nach Sigrell den fördernden Unterricht bei Unterrichts- und Verhaltensstörungen.

Die soziale Dimension des Unterrichts stellt für ihn ein zweites, heilerzieherisches Handlungsfeld dar. Die Arbeit in der Gruppe erfordert die Akzeptanz der Gruppennormen zugunsten eines gemeinsamen Ziels. Dadurch entwickelt sich ein Wir-Gefühl der Gruppe, das die soziale Isolation aufbricht und die Angst vor neuen Kontakten durch bessere Erfahrungen mindert. Auch der Aufbau einer Gruppen-Identität, z.B. durch gemeinsame Erlebnisse und durch die Abgrenzung von anderen Gruppen, verstärkt diese positiven Prozesse.

Neben diesen Merkmalen nimmt in Sigrells Konzept die Aufbereitung der Inhalte und Materialien des Lernens eine zentrale Stellung ein.

6.5.2 Neutralisierung

Die didaktische Konzeption stellt eine Ableitung aus Sigrells Verständnis der Problemlagen der Kinder dar. Aufgrund der Angstproblematik der sozial-emotional gestörten Kinder soll alles vermieden werden, was diese Emotionen anspricht und provoziert. Das Unterrichtsmaterial darf keine angstbesetzten Assoziationen und Phantasien hervorrufen, sondern muss dem Schüler helfen, sich auf den Lernprozess zu konzentrieren. Auch die Methode des Unterrichts muss Problemreize vermeiden.

> „Wenn Material und Methoden so sind, daß ein gestörtes Kind anfängt, an seine Probleme zu denken oder abgelenkt wird, so sind sie als pädagogische Hilfsmittel für diese Schüler ungeeignet. Material und Methode sollen den Spielraum für alles andere als das, womit sich das Kind im Augenblick beschäftigt und was es zu lernen versucht, möglichst einengen." (Sigrell 1971, 123)

Die Vermeidung angstbesetzter Reize gilt nicht nur für die Beurteilung von Unterrichtsmaterialien, sondern auch bei der Durchführung von freien Unterrichtsgesprächen, etwa beim Gespräch über die am Wochenende gesehenen, häufig Gewalt verherrlichenden Filme. Bestimmte Fächer sind im besonderen Maße belastet, z.B. bei der Behandlung von Kriegen im Fach Geschichte, die Familie als Thema im Fach Sozialkunde oder bei der Behandlung von Erziehung (Erziehungskunde). Die Aufgabe des Lehrers ist es nun, entweder solche Inhalte, Methoden und Materialien zu meiden oder sie so umzugestalten, dass die negativen Effekte möglichst nicht auftreten.

> „Der Lehrer muß also die Inhalte, die für die Schüler erregend oder überstimulierend sein können, entdramatisieren." (Sigrell 1971, 123)

Zwei didaktische Leitfragen sollen die Unterrichtsplanung bestimmen:

> „1. Wie stark tangieren geplante Unterrichtsthemen die psychosozialen Konflikte der Kinder? 2. Inwieweit werden lernhemmende Affekte durch die geplante Thematik evoziert?" (Baulig 1982, 112)

Anhand dieser Fragen kann die Neutralisierung und Entdramatisierung angeleitet werden.

6.5.3 Entdramatisierung

Wenn der konfliktträchtige Inhalt nicht vermeidbar ist, schlägt Sigrell die Entdramatisierung vor. In solchen Fällen „muß sich der Lehrer an Fakten halten und ruhig alle Versuche dämpfen, das Fach zum Gegenstand persönlicher Diskussionen zu machen" (Sigrell 1971, 123). Die Thematik kann dann beispielsweise zeitlich und räumlich in weite Entfernungen verlegt werden, sogar sachlich falsche Aussagen können legitim sein.

Sigrell berichtet beispielsweise von einem Schüler, der immer wieder die angstbesetzte Frage nach der Möglichkeit eines Atomkriegs stellte. Er erhielt vom Lehrer die „neutrale wenn auch falsche Antwort" (Sigrell 1971, 124), dass eine Atombombe hier nicht eingesetzt würde und dass die an anderen Orten betroffenen Menschen zudem Rettungsmöglichkeiten hätten! Durch die emotionale Entlastung erhält der Schüler erst die Möglichkeit, erfolgreich am Unterricht teilzunehmen.

Das Prinzip der Neutralisierung lenkt also den Blick auf möglicherweise auftretende Affekte, die durch eine provozierende Wirkung von Elementen des Unterrichts selbst auftreten können. Mögliche Effekte dieser Art gilt es schon in der Planung des Unterrichts zu berücksichtigen.

6.5.4 Beispiel

Die Neutralisierung von Lerninhalten muss auch für scheinbar so unproblematische Lerninhalte wie das Lesen bedacht werden.

> „Man kann dieses Problem auch am Anfangsleseunterricht exemplifizieren. Viele Lehrbücher beginnen hier mit ‚wohlvertrauten' Wörtern wie: Mutter, Vater, Zuhause etc. Es dreht sich um das Wochenend-Häuschen und das Idyll Zuhause. Kinder mit einem sehr schwierigen Hintergrund haben diesen Typ von Zuhause oder von Beziehungen nicht als Realität erlebt und werden plötzlich an ihre Sonderstellung erinnert. Ihre Probleme werden zu einem sehr ungeeigneten Zeitpunkt aktualisiert, nämlich wenn der grundlegende Leseunterricht angefangen wird, und man kann kaum sagen, daß dies eine optimale Lernsituation schafft." (Sigrell 1971, 124)

6.5.5 Kritik

Die Betonung der didaktischen Strukturierung sowie der erzieherischen Funktion der Gruppe sind aus anderen Konzeptionen bereits bekannt und brauchen hier nicht näher diskutiert zu werden. Einen originellen Beitrag Sigrells stellt das Prinzip Neutralisierung dar. Danach sollen Elemente des Unterrichts hinsichtlich ihrer emotionalen Effekte auf die Schüler reflektiert und eventuell modifiziert werden. Damit intendiert Sigrell die Berücksichtigung der emotional-sozialen Störungen der Kinder im Unterricht der Beobachtungsklassen.

Das Prinzip Neutralisierung (Sigrell) steht dem Prinzip der Konfliktverarbeitung (Baulig) inhaltlich diametral gegenüber, wenngleich Baulig selbst die Neutralisierung als „sinnvolle Ergänzung" (Baulig 1982, 113) seines konfliktverarbeitenden Unterrichts ansieht. Dann wäre einerseits gezielt und absichtlich ein konfliktverarbeitender Unterricht zu planen und durchzuführen, in anderen unterrichtlichen Situationen hingegen wäre jedes Ansprechen von Konflikten möglichst zu vermeiden. Dann stellt sich natürlich die Frage, nach welchen Kriterien solche Entscheidungen zu fällen sind. Davon sprechen weder Sigrell noch Baulig.

Sigrells Prinzip beruht auf der Annahme, dass der individualisierte, Lernerfolg ermöglichende und gruppenorientierte Unterricht in sich heilende oder therapeutische Wirkungen hat, so dass eine gezielte Bearbeitung der kindlichen Konflikte durch den Lehrer unnötig ist. Inwiefern diese Voraussetzung tatsächlich zutrifft, dazu legt Sigrell jedoch keine Belege vor. Er gibt auch keine empirischen Befunde über den Erfolg seiner Konzeption an.

Fragwürdig wird die Neutralisierung insbesondere, wenn sogar Verfälschungen von Lerninhalten gefordert sind. Dies stellt einen Widerspruch zu grundlegenden didaktischen Prinzipien dar (Seitz 1992). Welche Wirkung hat ein solches Vorgehen, wenn der Schüler bald darauf erkennt, dass ihn der Lehrer belogen hat?

Die Neutralisierung bleibt sehr der Symptomebene verhaftet. Der Hintergrund und die Folgewirkungen von Unterrichts- und Verhaltensstörungen auf andere Lebensbereiche werden ausgeblendet. Zudem steht hier das Agieren des Lehrers sehr stark im Vordergrund, die Bedeutung anderer Personen im Umfeld des Kindes (Eltern, Klassenlehrer, auch von Sozialpädagogen und Medizinern) bleibt unbeachtet.

6.5.6 Lernfragen

- Wie begründet Sigrell das Prinzip der Neutralisierung?
- Suchen Sie Beispiele für das Auftreten belastender Affekte durch Unterrichtsinhalte und Medien.
- Halten Sie den Prozess der „Entdramatisierung" für alle Themen durchführbar? Konstruieren Sie Beispiele.

6.6 Das Psychodynamische Modell: Unterricht als Ermutigung

Innerhalb der tiefenpsychologischen Ansätze bei Verhaltensstörungen erlangte die Individualpsychologie Alfred Adlers große Bedeutung. Schon Adler selbst praktizierte seine psychodynamische Theorie nicht nur in der Psychotherapie, sondern auch in der Heilerziehung: Durch die Tätigkeit in seiner Wiener Erziehungsberatungsstelle versuchte er, Eltern und ihren Kindern zu helfen. Und in den 30er Jahren wurden seine individualpsychologischen Prinzipien durch Birnbaum und Spiel auch auf die Schule übertragen.

Diese Beobachtungen signalisieren eine deutliche Nähe der Individualpsychologie zu Fragen der Erziehung und insbesondere zu Fragen der Heilerziehung. Obwohl eine solche Verbindung allgemein anerkannt ist, hält sich das Interesse der Heilpädagogik an der Individualpsychologie in Grenzen: „Die sonderpädagogische Rezeption steht erst in den Anfängen" (Bleidick 1989, 823). Bleidick stellt eine Konzeption zur Anwendung der individualpsychologischen Prinzipien auf den Unterricht mit verhaltensgestörten und lernbehinderten Schülern vor (Bleidick 1985, 1989), die auf seinen eigenen, mit wissenschaftlich-empirischen Methoden allerdings nicht überprüften Praxiserfahrungen basieren.

Zum adäquaten Verständnis müssen die zugrundeliegende Theorie der Individualpsychologie und deren Anwendungen auf Verhaltensstörungen erläutert werden, bevor Grundsätze für die Gestaltung des Unterrichts zur Darstellung kommen.

Schlüsselwörter: Individualpsychologie • Minderwertigkeitsgefühl • Geltungsstreben • Gemeinschaftsgefühl • Ermutigung • Umfinalisierung • Gestaltung des Unterrichts • Gemeinschaftsorientierung

6.6.1 Individualpsychologie und Verhaltensstörungen

Der Begriff Individualpsychologie provoziert leicht falsche Assoziationen. Adler wollte mit dieser Begriffswahl gerade nicht das Individuum im Gegensatz zur Soziabilität betonen. Sein Begriff richtete sich vielmehr *gegen* die Aufteilung der Persönlichkeit in Instanzen, Triebe oder Elemente, wie sie sein Lehrer Freud in der klassischen Psychoanalyse entwickelt hatte. Vielmehr spricht sich Adler *für* die Einheit und unteilbare Ganzheit des Individuums aus. Damit richtet sich die individualpsychologische Schule gegen die Grundannahmen Freuds: Sie betont gerade die sozialen Aspekte psychischer Entwicklungen und Störungen.

> „Statt einer topischen Gliederung der Psyche in verschiedene Bereiche oder Instanzen wird in der Individualpsychologie die unteilbare Einheit und Ganzheit der Person und die Einmaligkeit jedes einzelnen Menschen hervorgehoben. Adler unterstreicht auch die Fähigkeit des Organismus zu Wachstum und Entfaltung – insbesondere zur Überwindung von Mängeln" (Kriz 1985, 50).

Ausgangspunkt der Theorie Adlers ist das *Minderwertigkeitsgefühl* jedes Menschen, das bereits in der Kindheit aus verschiedenen Gründen entstehen kann: durch das Erleben von Hilflosigkeit und Schwäche des Kindes gegenüber Erwachsenen, durch eine Organminderwertigkeit, durch soziale und/oder ökonomische Benachteiligungen, durch die Benachteiligung aufgrund des (meist weiblichen) Geschlechts, aufgrund der Geschwisterkonstellation, durch eine zu harte oder verwöhnende Erziehung bzw. durch besondere Konfliktsituationen. Es können also sowohl organische als auch soziologisch-psychologische Faktoren zur Entstehung des Minderwertigkeitsgefühl beim Kind führen. Solche Erfahrungen der Minderwertigkeit stellen nach Adler eine biosoziale Konstante des Menschseins dar, bilden aber zugleich das dynamische Element und den treibenden Motor psychischer Entwicklung.

> „Die Person reagiert auf Unvollkommenheit und Unzulänglichkeit. Das Minderwertigkeitsgefühl drängt nach seiner Überwindung, nach einem Ausgleich." (Bleidick 1989, 824)

Das *Geltungsstreben,* also das Bestreben zur Kompensation der erlebten Minderwertigkeit, ermöglicht „die schöpferische Bewältigung der unvollkommenen Daseinsbedingungen" (Bleidick 1989,

824), auf einer höheren Ebene sogar die Entwicklung menschlicher Kultur. Allerdings kann die Erfahrung der Minderwertigkeit auch übersteigert wahrgenommen werden und dann zu einem *Minderwertigkeitskomplex* führen. Der Minderwertigkeitskomplex verlangt nach Überkompensation und bildet damit den Grund einer psychischen Fehlentwicklung.

Das Kompensationsstreben folgt einem Ziel, dieser Prozess besitzt eine teleologische Struktur. Adler betont gerade an dieser Stelle die soziale Verfassung des Menschen. Das Geltungsstreben folgt nämlich dem Ziel eines Erlebens von Gemeinschaft und der Grundtrieb des Menschen ist das Streben nach *Gemeinschaftsgefühl*. Durch das Erleben von Gemeinschaft erhofft sich das Individuum die Aufhebung seiner Minderwertigkeit.

Das Gemeinschaftsstreben besitzt jedoch einen Gegenspieler im *Willen zur Macht*. Auch dieses Streben stellt eine Form der Kompensation von Minderwertigkeitserlebnissen dar, allerdings mit einer negativen Tendenz: „Darum ist der Wille zur Macht *die* Überkompensation des Charakters schlechthin" (Bleidick 1989, 824, Hervorhebung im Original). Während das Gemeinschaftsstreben eine Kompensation zur nützlichen Seite hin darstellt, steckt im Willen zur Macht die Tendenz zur unnützen Seite. Adler konzipiert damit schon vor Freuds „Erfindung" des Todestriebs eine mehrdimensionale tiefenpsychologische Theorie. Beide „Triebe" oder Bestrebungen konkurrieren miteinander und bilden damit eine dynamische Struktur.

„Ähnlich wie im Spannungsverhältnis von Minderwertigkeitsgefühl und Kompensation, bilden soziales, sachliches Gemeinschaftsgefühl und selbstbezogenes, ichhaftes Machtstreben eine Antinomie" (Bleidick 1989, 824).

Die Dynamik aus beiden Trieben erhält in der Individualpsychologie eine sehr positive Wertung:

„Dieses Streben nach Geltung und Macht – oder, in anderen Worten, nach Besonderheit und Überlegenheit – die Kompensation der Minderwertigkeit also, ist für die evolutionäre Entwicklung und die Menschheit insgesamt förderlich, sofern sie in den Dienst der Gemeinschaft gestellt wird und in dieser Gemeinschaft zu hervorragenden Leistungen führt." (Kriz 1985, 56)

Allerdings besteht die Gefahr, dass die Kompensation der Minderwertigkeit durch gemeinschaftsdienliches Geltungsstreben und

Machtstreben misslingt, verzögert wird, stecken bleibt oder auf eine unnützliche, nämlich gemeinschaftswidrige Seite ausweicht. Daraus erklärt die Individualpsychologie alle psychischen Störungen.

Diese Dynamik der individuellen Auseinandersetzung mit dem zugrundeliegenden Minderwertigkeitsgefühl führt schon in der frühen Kindheit zu prägenden psychischen Grundmustern im Kind, zu bestimmten Einstellungen zu sich selbst und zur Welt. Adler umschreibt diese Strukturen mit Leitlinie, Lebensstil und Lebensplan.

> „Der Lebensstil wird meist schon in den ersten Lebensjahren grundgelegt. Er wirkt fortan als ein zielgerichtetes Leitbild des Handelns, der Lebensführung und der subjektiven Sicht aller Dinge." (Bleidick 1989, 825)

Dieser Lebensstil steht hinter den Verhaltensweisen und Einstellungen eines Menschen und kann meist konzentriert formuliert werden: Ich bin ein Versager, Glückspilz oder Erfolgsmensch; ich versuche wie mein Vater, reich und erfolgreich zu werden. Die an der Oberfläche sichtbaren Verhaltensweisen dienen der Erreichung des zugrundeliegenden Zieles.

> „Der Lebensstil dient dazu, daß der Mensch sein Ziel, bzw. sein Leitbild für die Bewältigung der Anforderungen seiner Umwelt erreichen kann und damit Gefühle der Selbstmächtigkeit erreicht werden." (Kriz 1985, 54)

Somit steht nicht so sehr die Kausalität (Ursache) als vielmehr die Finalität (Zielrichtung) im Blickpunkt des Interesses der Individualpsychologie. Adler betont so die Ganzheitlichkeit des Menschen: Nicht nur ein einzelner Trieb in einem psychischen Apparat, sondern alle Aspekte des Menschseins, etwa auch Wahrnehmung, Kognition und Sozialverhalten, sind davon angeleitet.

Diese Perspektive prägt denn auch das Verständnis von Verhaltensstörungen. Sie entsprechen dem frühkindlich geprägten Lebensplan. Verhaltensstörungen, die Adler unter dem Begriff Neurosen thematisiert, sind demnach „immer das Ergebnis einer nicht vollständig gelungenen und in das Sozialgefüge produktiv eingeordneten Überkompensation" (Bleidick 1989, 825). Aufgrund einer massiven Erfahrung von Minderwertigkeit, der zu einem Mangel an Gemeinschaftsgefühl führt, versuchen diese Kinder durch Überkompensation auf der sozial unnützlichen Seite einen Lebensplan zu verwirklichen, der ihnen in bestimmten, gemeinschaftswidrigen Formen dennoch einen Selbstwert sichert.

> „Der tiefere Sinn der Neurose, des ‚Arrangements' fehlangepaßten Verhaltens, ist die Selbstrechtfertigung des Neurotikers, der sein Verhalten rationalisiert, vor sich selbst rechtfertigt und entschuldigt." (Bleidick 1989, 826)

So dient ein psychosomatisches Leiden dazu, vor Anforderungen auszuweichen und dennoch einen Ichwert zu erhalten: „Ich könnte schon, wenn ich nicht diese Störung hätte..." Dieser Krankheitsgewinn stabilisiert die Symptomatik und macht deren Veränderung so problematisch.

In der Frage der Ursachen solcher fehllaufenden Kompensationen spielt die Erziehung selbst eine zentrale Rolle. Denn Adler sieht insbesondere drei Gruppen von Kindern als gefährdet an (Kriz 1985, 56):

- gehasste, vernachlässigte, überstreng erzogene Kinder,
- Kinder mit Erfahrungen großer Organminderwertigkeit und
- verzärtelte und verwöhnte Kinder.

Erziehung und Therapie bei Verhaltensstörungen müssen daher an der zugrundeliegenden Konstruktion des Lebensplans ansetzen und diese verändern. „Die ‚Umfinalisierung' einer Lebensleitlinie gehört zu den schwierigsten pädagogischen Aufgaben, zumal dann, wenn es sich um Fehlentwicklungen der Persönlichkeit handelt" (Bleidick 1989, 825).

Der Sohn Alfred Adlers, Kurt Adler, fasst die individualpsychologische Theorie und Neurosenlehre in einer Skizze zusammen (S. 161). Dabei erkannte Adler schon früh den Zusammenhang von Lern- und Verhaltensschwierigkeiten, die er mit diesem Modell auch recht plausibel erklären kann. Bleidick fasst das individualpsychologische Verständnis wie folgt zusammen:

> „Die Individualpsychologie geht davon aus, daß Verhaltensstörungen zielgerichtete Arrangements sind, um der Mutlosigkeit zu entgehen, mit dem bohrenden Insuffizienzgefühl fertigzuwerden, sich auf sozialem Felde bewähren zu müssen und nicht zu können, und insofern fehlgeleitete Kompensationen auf der ‚unnützen Seite des Lebens'." (Bleidick 1989, 832)

Unterricht als Ermutigung 161

Individualpsychologische Skizze der Norm und der Fehlschläge.

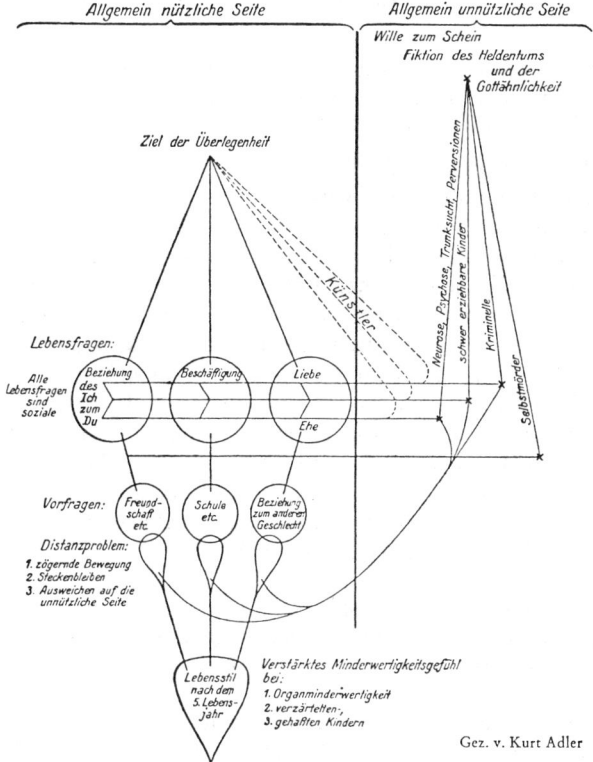

Abb. 12: Überblick zur Individualpsychologie von Kurt Adler (aus Kriz 1985, 57)

6.6.2 Individualpsychologische Erziehungsprinzipien

In der Individualpsychologie liegen Therapie, Erziehung und Heilerziehung eng beieinander. Sie setzt dabei nicht bei einer differenzierten Symptomatik oder Ätiologie an, sondern gemeinsamer Ausgangspunkt allen Handelns ist der zugrundeliegende Lebensstil und Lebensplan, da alle Verhaltensprobleme dessen Ausdruck sind. Die

Therapie bereitet dabei durch Korrektur der individuellen Teleologie die weiterführende Aufgabe der Erziehung und des Unterrichts vor.

> „Die Befreiung vom ichhaften Lebensplan ist Therapie. Der Aufbau des gemeinschaftsdienlichen und sachlichen Weltbildes ist Anliegen von Erziehung und Unterricht." (Bleidick 1989, 827)

Den Ausgangspunkt bildet die Diagnose, die als individualpsychologische Daseinsanalyse zu verstehen ist. Das Verstehen des Charakters und der problematischen Verhaltensweisen erfolgt durch die Erkenntnis der Quellen des Minderwertigkeitsgefühls, die zur Entstehung des neurotischen Lebensplans und den problematischen Versuchen zur Überkompensation, also den Verhaltensstörungen, führen. Die entscheidende Aufgabe der Diagnostik ist demnach, das *Ziel* des Symptoms erkennen. Dabei kann insbesondere die Frage ‚Was würdest du tun, wenn Du das Leiden nicht hättest?' hilfreich sein. Die Antwort weist nämlich auf das unbewusst Vermiedene hin. Das gestörte Arrangement des Lebens dient der Vermeidung dieses Zieles, es sichert die Unmöglichkeit, es erreichen zu können und entlastet daher von der Pflicht zu dessen Erreichung. Die Therapie erfolgt in drei Phasen:

1. das Verstehen des Lebensplans,
2. die Aufklärung des Klienten über seinen Lebensplan und
3. die Stärkung des Gemeinschaftsgefühls.

Dazu muss zunächst der Klient zur vertrauensvollen Mitarbeit gewonnen werden, so dass er die Therapie als Form der Selbsthilfe anerkennt. Der Klient erfährt in der Therapie die *Ermutigung*, seinen Lebensplan zu ändern. Wichtig ist daher nicht die Änderung der Symptome, sondern die *Umfinalisierung* des Lebensplans. Dafür besitzt die individualpsychologische Therapie allerdings kaum explizite Techniken.

> „Therapie als Selbstheilung bedeutet schließlich, daß es keine allgemeinverbindliche Technik der Behandlung von Lebensschwierigkeiten, Lern- und Verhaltensstörungen geben kann. Ihre Kunst ist gerade das verständnisvolle Eingehen auf die Zielsetzung der individuellen Persönlichkeit." (Bleidick 1989, 828).

Bleidick charakterisiert die Adlersche Praxis der Erziehungsberatung, die oft auch vor Zuhörern öffentlich stattfand, als frühe Form von klientenzentrierter Gesprächspsychotherapie. Das Ziel der Aufklärung über den zugrundeliegenden und dann auch änderbaren Lebensplan führt zu eher rationalen Formen des Gesprächs, weniger zu emotionalen Katharsiseffekten.

Welche Bedeutung haben diese individualpsychologischen Handlungsgrundsätze für Erziehung und Unterricht? Zunächst einmal vermag Erziehung prophylaktischen Charakter anzunehmen.

> „Eine Erziehung, welche das Kind auf die Aufgaben des Lebens angemessen vorbereitet, erspart letztlich alle Therapie." (Kriz 1985, 61)

Dazu gehört die Stillung der (früh-) kindlichen Bedürfnisse und eine konsequente, nicht verzärtelnde Liebe der Erzieher. Im weiteren Entwicklungsverlauf übernehmen Erziehung und Therapie ganz ähnliche Aufgaben, so dass in der Individualpsychologie nicht streng getrennt wird:

> „Therapie als Umfinalisierung des Lebensplans ist in ihrem Kern Umerziehung, auch wenn diese auf die Kräfte von Selbstgestaltung und Selbsterziehung setzt." (Bleidick 1989, 829)

Auf der Basis der individualpsychologischen Theorie, die ein optimistisches Menschenbild impliziert, erhält die Erziehung spezifische Schwerpunkte. Individualpsychologisch orientierte Erziehung ist:

- eine sozialpädagogische Gemeinschaftserziehung,
- eine Hilfe zur Evolution des Gemeinschaftsgefühls auf der Basis des Glaubens an die gute Natur des Menschen,
- geprägt von einem pädagogischen Optimismus der kaum begrenzten Bildsamkeit jedes Menschen mit gleichzeitiger Negation anlagemäßiger Beschränkungen,
- eine Hilfe zur Kompensation gegen die unausweichliche Minderwertigkeit,
- immer auch Umfinalisierung des Lebensplans,
- dem Prinzip der Ermutigung verpflichtet,
- eine „Erziehung ohne Autorität und Strafe" (Bleidick 1989, 829).

Insgesamt bildet die Gemeinschaft das Ziel und Mittel der Erziehung! Davon wird auch die Unterrichtsgestaltung bestimmt.

6.6.3 Individualpsychologische Gestaltung des Unterrichts

Aus den Erziehungsvorstellungen der Individualpsychologie entsteht keine detaillierte didaktische Konzeption, eher eine Orientierungslinie zur Gestaltung der Schul- und Unterrichtsrealität, die eine deutliche Nähe zu reformpädagogischen Entwürfen aufweisen. Schule und Unterricht unterstehen, genau wie Therapie und Erziehung, dem Leitmotiv Gemeinschaft. Sie können sogar einen hervorgehobenen Beitrag zur Stärkung des Gemeinschaftsgefühls leisten. Eine Klasse etwa besitzt die Potenz, zu einem Erfahrungsfeld für verschiedene Formen von Gemeinschaft zu werden (Bleidick 1985, 119ff):

Erlebnisgemeinschaft: Der Lehrer versucht den Kontakt zur Gruppe und zu den einzelnen Schülern über das Verstehen und die gemeinsamen Aktivitäten herzustellen.

Stützungsgemeinschaft: Der Lehrer bietet den Schülern eine Entlastung von ihren Minderwertigkeitskomplexen und psychosozialen Problemen an.

Aussprachegemeinschaft: Der Lehrer sucht den Sinn der Störung und damit den zugrundeliegenden, fehlerhaften Lebensplan zu enthüllen.

Arbeits- und Hilfeleistungsgemeinschaft: Durch gegenseitige Hilfe erfolgt eine allmähliche Stabilisierung und eine Steigerung der Belastbarkeit.

Verwaltungsgemeinschaft: Der Lehrer tritt als Regisseur auf, der den Schülern durch planmäßige Gestaltung von Situationen die wichtigen Erfolgserlebnisse ermöglicht und dadurch eine allmähliche Ablösung anbahnt.

Nach Möglichkeit soll die Klasse diese Funktion unterstützen und mittragen, wofür wiederum gestaltete Lernprozesse (Erlebnisse, Klassengespräche, Einüben in Hilfeleistungen, Entwicklung von Planungsverhalten, Selbstverwaltung) notwendig sind. Erstmals auf Schulebene praktiziert wurden diese Maßnahmen von 1931 bis 1934 in einer individualpsychologischen Versuchsschule in Wien durch Birnbaum und Spiel. Hier gab es keine Noten, die Gemeinschaftserziehung stand im Mittelpunkt und die Vorbeugung von Lern- und Verhaltensstörungen galt als Hauptaufgabe. Auch als angemessenes erzieherisches Handeln auf bereits vorhandene Probleme erwiesen sich diese Prinzipien als tragfähig.

Gerade diese gemeinschaftsorientierte Gestaltung des unterrichtlichen Prozesses realisiert den Kern individualpsychologischer Erziehung. Der Unterricht verwirklicht damit das beste Mittel bei Lern- und Verhaltensstörungen: „Hervorragendes Erziehungs- und Unterrichtsmittel ist die Ermutigung." (Bleidick 1989, 832)

6.6.4 Beispiel

Eine israelische Schule legte einen eindrucksvollen und lesenswerten Bericht über die vielfältigen Möglichkeiten individualpsychologisch orientierter Schul- und Unterrichtsgestaltung vor. Die Schule „Beroschim" in Tel Aviv stellt ein Beispiel für die Realisierung der Prinzipien Ermutigung und Gemeinschaft bei psychosozialen Störungen dar (aus: Hertzog/Barnea-Braunstein 1980, 58-60).

Ilana Tchetchik ist die Klassenlehrerin unserer obersten Klasse, die von 13- bis 14jährigen Schülern besucht wird, von denen einige bereits mitten im Pubertätsprozess stehen. Sie hat mit Hilfe ihrer Schüler zusätzlich zu den Klassengesprächen und den persönlichen Unterhaltungen mit jedem Kind einen besonderen Kommunikationsweg entwickelt. Jedes Kind ihrer Klasse besitzt ein „Verkehrsheft", das dem „Briefwechsel" mit der Lehrerin dient. Hat ein Kind ein Problem, schreibt es dies in das Heft, übergibt es der Klassenlehrerin, und nach ein bis zwei Tagen erhält das Kind sein Heft mit der Antwort der Lehrerin zurück.

> Chajim, 13 Jahre, schreibt in sein „Verkehrsheft": „Ich möchte Dir einen Fall berichten, der gestern passiert ist. Als ich von der Schule nach Hause kam, sagte mir mein Bruder, ich solle ihm die Schuhe putzen. Ich wollte nicht, und er hat mich so verdroschen, dass fast Striemen davon zurückgeblieben sind. Aber meine Mutter tat warmes Wasser darauf. Ich möchte, dass Du mir einen Rat gibst, was ich jetzt tun soll. Kannst Du mir einen Brief an meinen Vater mitgeben, damit er einwilligt, dass ich Judo lerne? Damit ich mich verteidigen kann." Die Klassenlehrerin schreibt ihre Antwort in das Heft: „Ich verstehe sehr gut, dass die Situation mit Deinem Bruder schwierig für Dich ist. Es ist immer schwer, wenn man einen großen Bruder hat. Als ich ein Kind war, schlug mich meine große Schwester, und sie beherrschte mich. In fast jeder Familie ist das so. Möchtest Du, dass ich Euch zuhause besuche und mich mit Deinem Bruder unterhalte? Dass ich mit Deinem Vater spreche? Ich bin dazu bereit. Was möchtest Du, dass ich ihnen sagen soll? Und inzwischen nimm es Dir nicht zu sehr zu Herzen. Du hast bei unserem Klassengespräch gehört, wie alle Kinder über die Probleme erzählten, die sie mit großen Brüdern haben."
>
> Nachdem 3 Wochen vergangen sind, schreibt Chajim wieder in sein „Verkehrsheft": „Gestern habe ich meine Mutter sehr aufgeregt, und jetzt tut es mir leid. Wie kannst Du mir helfen? Und ich möchte, dass Du mit meinem Vater

> wegen Judo sprichst, denn ich will mich selbst verteidigen können." Die Klassenlehrerin schreibt als Antwort in das Heft: „Mein lieber Chajim, ich begreife Deine Gefühle, nachdem Du Deine Mutter aufgeregt hast, sehr gut. Weil Du ein Gewissen hast, leidest Du, wenn Du etwas getan hast, was nicht gut ist. Gerade Menschen mit einem guten Herzen wie Du müssen sich bemühen, sich zu beherrschen, denn sie leiden, wenn sie jemanden verletzen. In letzter Zeit haben wir einige Male erlebt, dass Du in Wut gerietest, aber es gelang Dir dann doch, Dich selber zu beherrschen."

Zusätzlich zu dem engen persönlichen Kontakt, der zwischen dem Kind und der Klassenlehrerin durch dieses Mittel des schriftlichen Austausches geschaffen wird, enthält diese Form des Dialogs einen weiteren therapeutischen Faktor. Die meisten unserer Kinder scheuen sich vor dem Schreiben, denn hierin haben sie in der Vergangenheit Misserfolge erlebt. Bei dem schriftlichen Austausch mit der Klassenlehrerin sind sie gefühlsmäßig so beteiligt, dass für die Angst vor dem eigentlichen Schreibakt kein Platz mehr bleibt.

6.6.5 Kritik

Kritisch muss gegen die individualpsychologische Konzeption eingebracht werden, dass kaum empirische Bestätigungen für den Erfolg des Prinzips Ermutigung vorliegen! Vielmehr argumentiert die individualpsychologische Schule mit ausgewählten Fallbeispielen, wodurch jedoch keine Aussage über die Gültigkeit und Tragweite dieser Prinzipien möglich ist.

Für die Unterrichtsgestaltung bietet die Individualpsychologie nur recht allgemeine Gestaltungsprinzipien, die kaum direkte Handlungs- und Strukturierungshilfen bieten. Der zugrundeliegende Erziehungsoptimismus eignet sich vielleicht recht gut zur Motivierung der Lehrer angesichts von Unterrichts- und Verhaltensstörungen, er wird jedoch angesichts realer Erfahrungen oftmals in Frage gestellt.

Die zugrundeliegende Argumentation, die die Finalität im Gegensatz zur Kausalität betont, erscheint konsistent und kann durchaus wichtige Beiträge zum Verstehen von schwierigen Schülern liefern. Gerade aufgrund seiner motivierenden Wirkung auf Lehrer – deutlich abzulesen an der Schule Beroschim – bleibt dieser Ansatz für das didaktische Handeln bei Unterrichts- und Verhaltensstörungen durchaus aktuell! Dafür sprechen auch individualpsychologisch inspirierte Aktualisierungen, etwa im Therapeutisch-orientierten Sonderunterricht (Vernooij), die große Bedeutung gemeinschaftlichen Handelns in erlebnispädagogischen Ansätzen mit Kindern und Jugendlichen in Problemlagen und die Betonung des sozialen Lernens angesichts der zunehmenden Unterrichts- und Verhaltensstörungen. Die Parallelen zum Jena-Plan, der die Schule als Gemeinschaft zum Ausgangspunkt nimmt und der gewissermaßen als Konkretisierung gelten könnte, sind sehr deutlich. Die Individualpsychologie scheint damit gültige Aspekte des Handelns in einer konsistenten psychodynamischen Theorie gefasst zu haben.

6.6.6 Lernfragen

- Wie entwickeln sich Verhaltensstörungen in individualpsychologischer Sicht?
- Welche zwei Erziehungsprinzipien schlägt die Individualpsychologie vor? Wie schätzen Sie deren Relevanz bei Unterrichts- und Verhaltensstörungen ein?
- Versuchen Sie, die verschiedenen Aspekte der „Gemeinschaft" in einem schulischen Wochenplan zu verankern. Wo und wann können die verschiedenen Formen von Gemeinschaft im Laufe einer Unterrichtswoche verwirklicht werden?

6.7 Das Entwicklungs-Modell: Der Entwicklungstherapeutische Unterricht nach Wood und Bergsson

Im Zentrum des Ansatzes von Mary M. Wood steht der Entwicklungsgedanke. In den letzten Jahren erfolgte eine deutschsprachige Adaption durch Marita Bergsson (Bergsson 1995). Mary Wood, Professorin für Sonderpädagogik in den USA, entwickelte im Rutland-Center in Athens (Georgia) das Konzept des Entwicklungstherapeutischen Unterrichts (ETU), über das sie seit den 70er Jahren publiziert.

Die Entwicklung des Kindes wird mittels verschiedener wissenschaftlicher Theorien beschrieben und als Orientierung für den

Unterricht und die heilpädagogische Förderung genutzt. Durch die Einteilung in *Stufen* und *Bereiche* der Entwicklung eines Kindes werden genauere Operationalisierungen möglich. Daraus konstruiert Wood ein Schema der Entwicklung, das *Entwicklungscurriculum*, das als Diagnose-Instrument und zugleich als Handlungsstrategie für Erziehung und Unterricht dient.

Von der Schulorganisation her stellt die Entwicklungstherapie eine integrative Form der Förderung dar, denn die Schüler mit Verhaltensstörungen besuchen weiterhin ihre Regelklassen und erhalten täglich oder dreimal pro Woche eine zusätzliche Förderung von jeweils zwei Stunden durch drei Lehrkräfte in Gruppen von 5 bis 8 Kindern (Wegler 1979). Bei Bedarf ist jedoch auch die gesonderte Förderung in einer speziellen Institution möglich.

Seit 1989 arbeitet Bergsson an dem Transfer dieser Konzeption in deutsche Verhältnisse, was durch die Gründung des Sonderpädagogischen Förderzentrums für Erziehungshilfe in Essen 1991 für die Schulpraxis und durch ihre Dissertation in theoretischer Hinsicht gelungen ist (Bergsson 1995). Sowohl Wood als auch Bergsson berichten über die erfolgreiche Förderung und Re-Integration ihrer Schüler nach einer relativ kurzen Verweildauer (nach Wood: 13 Monate). Die Konzeption erhielt daher die Anerkennung durch das zuständige Ministerium der USA als „besonders förderungswürdig" (Bergsson 1995, 2). Der Entwicklungstherapeutische Unterricht stellt also eine wissenschaftlich begründete, praktisch erprobte, integrative und hochdifferenzierte Strategie der Förderung von Schülern mit Verhaltensstörungen dar.

Auf welchen theoretischen Grundlagen beruht nun dieses Modell? Dazu gehören Annahmen über das Phänomen Verhaltensstörungen auf der Basis des Entwicklungsgedankens, das Entwicklungscurriculum für die Diagnose und Förderung, eine Sammlung unterschiedlicher Interventionsformen sowie strukturelle Bedingungen wie Schulorganisation, Lehrerteam und Kooperation mit Kollegen und Eltern.

Der in diesem Kontext verwendete Begriff „Therapie" ist dabei relativ unscharf und offen (Bergsson 1995, 14ff). Er bezeichnet eher einen pädagogischen Prozess: „Die Therapie wird als Entwicklungsfortschritt der Kinder gesehen" (Wegler 1979, 103). Inhaltlich umfasst der Therapiebegriff also nicht so sehr die (technologische) Umsetzung einer zugrundeliegenden psychologischen Ursachentheorie als vielmehr den Gedanken einer gezielten, theoriegeleiteten Handlungsstrategie in einem schulisch-unterrichtlichen Kontext, die den Lern- und Entwicklungsprozess eines Kindes gezielt anregt und voranbringen möchte. Unter Therapie kann man in diesem Kontext daher ein reflektiertes, heilerzieherisches Handeln verstehen. Mit diesem Verständnis soll der von Wood selbst verwendete Begriff „Entwicklungstherapie" hier Verwendung finden.

Schlüsselwörter: Entwicklungs-Modell • Entwicklungsstufen • Therapie • 4 Axiome • Defizite • Kompetenzen • Entwicklungscurriculum • Diagnostik • entwicklungstherapeutischer Unterricht • pädagogisch-therapeutische Interventionen • Team • Organisation • Beratung • Eltern

6.7.1 Basisannahmen

Diese Konzeption basiert auf vier grundlegenden Axiomen, die als Wertentscheidungen selbst nicht mehr wissenschaftlich begründbar sind, jedoch den Ansatz in charakteristischer Weise prägen (Bergsson 1995, 2ff).

Normalität versus Devianz: Kinder mit Verhaltensauffälligkeiten zeigen nicht nur störende und schädliche Verhaltensweisen, sondern besitzen auch normale Verhaltenskompetenzen, die jedoch oftmals nicht beachtet oder als untypisch fehlinterpretiert werden.

Entwicklung in Sequenzen: Die kindliche Entwicklung verläuft normalerweise „in einer Hierarchie von Stufen und Sequenzen" (Wegler 1979, 102), die durch wissenschaftliche Ergebnisse der Entwicklungspsychologie dokumentiert sind. Das Kind erweitert dadurch spontan sein Verhaltensrepertoire. Die Entwicklung verläuft auf je einzigartige Weise, andererseits ist sie aufgrund der biologischen, ökologischen und biographischen Bedingungen auch vorhersagbar.

Freude und Erfolg: Nur wenn das entwicklungsgemäße, situationsadäquate Verhalten für das Kind „freudvolle und befriedigende erfolgreiche Resultate bringt" (Bergsson 1995, 3), wird solches Verhalten frühere inadäquate Verhaltensformen ersetzen. Heilpädagogische Förderung muss solche Verhaltensänderungen ermöglichen und bewusst machen, die zugleich den weiteren Lernprozess positiv anregen.

Relevante Erfahrungen: Die Erfahrungen mit solch besseren Verhaltensweisen, die das Kind in der heilpädagogischen Förderung macht, müssen Bedeutung in seinem persönlichen und sozialen Umfeld haben. Adäquates Verhalten führt auch im Transfer auf den Alltag zu befriedigenden Ergebnissen.

Insbesondere das erste Axiom stellt einen wichtigen Wechsel der Perspektive dar: Die Förderung beginnt nicht mit einer einseitigen Defizitbeschreibung, sondern mit einer möglichst objektiven Deskription von Defiziten *und* Kompetenzen, von Schwächen *und* Stärken. Für die konkrete Durchführung setzt das Entwicklungscurriculum den Schwerpunkt deutlich auf die Beschreibung von Kompetenzen und Stärken, also auf die Suche nach positiven Verhaltensweisen des Kindes. Diese Form der Diagnose wird sowohl zu Beginn der Entwicklungstherapie als auch zur begleitenden Erfolgskontrolle durchgeführt.

6.7.2 Das Entwicklungscurriculum

Wood entwickelt als Basis ihres gesamten Vorgehens ein differenziertes Curriculum der kindlichen Entwicklung. Sie greift dazu auf Ergebnisse der Entwicklungspsychologie unterschiedlicher Herkunft zurück und zieht Teile der Theorien von Piaget, Lowenfeld, Erikson, Kohlberg oder Bandura heran.

Das Entwicklungscurriculum teilt die kindliche Entwicklung in fünf Stufen und vier Lernbereiche ein. Jeder Stufe wird ein Richtziel zugeordnet, das in den vier Lernbereichen Verhalten, Kommunikation, Sozialisation und (vor-)schulische Fertigkeiten konkretisiert wird. Diese Stufenziele in einem 4x5-Felder-Schema werden weiter präzisiert, so dass 144 beobachtbare und positiv beschriebene Einzelziele, in einer späteren Version sogar 171 Items, formuliert sind.

Die Stufe 1 reicht von 0 bis ca. 2 Lebensjahren und hat als Richtziel „auf die Umgebung mit Freude reagieren". Stufe 2 (bis 5 Jahre) hat als Ziel demnach „auf die Umgebung mit Erfolg reagieren", Stufe 3 (bis 9 Jahre) das „Lernen von Fähigkeiten, um erfolgreich in der Gruppe teilzunehmen", Stufe 4 (bis 12 Jahre) „Sich einbringen in Gruppenprozesse" und Stufe 5 (bis 16 Jahre) „Anwendung individueller und Gruppenfähigkeiten in neuen Situationen" zum Ziel (Wegler 1979, 105). Diese Ziele gelten für die verschiedenen Entwicklungsbereiche: „Verhalten" fasst dabei die „physischen Anpassungsreaktionen" (Wegler 1979, 104) zusammen, „Kommunikation" beinhaltet interpersonale Prozesse, „Sozialisation" meint Vorgänge der Gruppenerfahrung und Gruppenfähigkeit und „schulische Fertigkeiten" enthält die schulbezogene Lernbereitschaft und entsprechende kognitive Fähigkeiten. Die

Konkretisierungen der Richtziele der Entwicklungsstufen zu Leitlinien in den vier Lernbereichen sind aus der Tabelle zu entnehmen. Das Curriculum insgesamt „versteht sich als Übersetzung einer breiten Basis psychologischer und sozialwissenschaftlicher Theorien und Forschungen in pädagogische bzw. sonderpädagogische und unterrichtliche Praxisanleitungen" (Bergsson 1995, 4).

Welche Bedeutung hat dieses differenzierte Schema für Unterrichts- und Verhaltensstörungen? Die Beobachtung und Einordnung von Schülern mit Verhaltensstörungen führt zu dem Ergebnis, dass solche Kinder in ihrer Entwicklung eine Diskrepanz zwischen Alter und erwartbarer Entwicklungsstufe aufweisen. Verhaltensstörungen lassen sich nach diesem Ansatz als sozial-emotionale Entwicklungsretardierung verstehen.

Tab. 6: Das Entwicklungscurriculum von Mary Wood (aus: Wegler 1979, 106-107)

Das Entwicklungscurriculum von Mary Wood

Stufe	Verhalten	Kommunikation	Sozialisation	Schulische Fertigkeiten
I	Den eigenen Fähigkeiten und dem Körper vertrauen	Gebrauch von Wörtern, um Bedürfnisse zu befriedigen	einem Erwachsenen ausreichend vertrauen, um auf ihn zu reagieren	auf die Umgebung mit Klassifizierung und Diskriminierung reagieren, grundlegendes Sprachkonzept, Körperkoordination
II	Erfolgreiche Teilnahme an Routinehandlungen und Aktivitäten	Gebrauch von Wörtern, um andere in konstruktiver Weise anzusprechen	Teilnahme an Aktivitäten mit anderen	Teilnahme an der Schulzimmerroutine mit Sprachkonzepten hinsichtlich ähnlicher und unterschiedlicher Merkmale und Begriffe; klassifizierender und ordnender Umgang mit Zahlen; Körperkoordination
III	Anwendung von individuellen Fähigkeiten in Gruppenprozessen	Gebrauch von Wörtern, um sich in der Gruppe auszudrücken	Zufriedenheit in Gruppenaktivitäten finden	In der Gruppe mit den grundlegenden Fähigkeiten einer expressiven Sprache teilnehmen. Symbolische Darstellung von Erfahrungen und Begriffen; funktionale, halbabstrakte Begriffsbildung
IV	Individuelle Anstrengung für den Erfolg der Gruppe	Gebrauch von Wörtern, um die Bewußtheit zwischen Fühlen und Verhalten bei sich und anderen auszudrücken	Spontan und erfolgreich als Gruppenmitglied teilnehmen	Erfolgreich Begriffe und Symbole in der formalen Schularbeit und in Gruppenerfahrungen verwenden
V	Auf kritische Lebenserfahrungen anpassungsfähig und konstruktiv reagieren	Gebrauch von Wörtern, um Beziehungen herzustellen und zu bereichern	Eigenständiges Aufbauen und Pflegen positiver Gruppenbeziehungen	Erfolgreich Begriffe und Symbole in der formalen Schularbeit und zur persönlicher Bereicherung verwenden

Zugleich – und das ist die Stärke dieses pragmatisch konstruierten Schemas – weist das Entwicklungscurriculum auf das nächste Lernziel, den nächsten Entwicklungsschritt und damit auf den möglichen Handlungsansatz zur Förderung hin. Das Curriculum leitet damit das Arrangement neuer Lernerfahrungen an. Einsetzbar ist diese Förderung in allen relevanten pädagogischen Institutionen und Handlungsbereichen: Kindergarten, Regelschule, Fördergruppen bis hin zur Sonderschule mit dem Verfahren zur Feststellung des sonderpädagogischen Förderbedarfs werden genannt (Bergsson 1995, 4).

6.7.3 Diagnostik

In der Eingangsuntersuchung bildet dieses operationalisierte Entwicklungscurriculum das wichtigste Instrument neben den üblichen Informationsquellen wie Eltern- und Lehrerbefragung, psychologische Testverfahren sowie medizinische und psychiatrische Untersuchungen. Aufgrund von Beobachtungen in verschiedenen Situationen werden die Schüler durch die Lehrer, Eltern und Sonderpädagogen eingeschätzt. Das Diagnose-Instrument, für die USA DTORF (Developmental Teaching Objectives Rating Form) und für den deutschsprachigen Raum ELDiB (Entwicklungstherapeutischer Lernziel-Diagnosebogen), stellt hierarchisch und sequentiell die Feinziele zusammen. Eine Fassung des ELDiB liegt inzwischen nicht nur für die Pädagogen, sondern auch für die Eltern und das Kind selbst vor (Bergsson 1995, 143ff). Es erlaubt die Beurteilung der Verhaltensweisen des Kindes nach „beherrscht" – „ansatzweise gezeigte Fertigkeiten" – „Überforderung". Daraus wird die Einschätzung der Entwicklungsstufe des Kindes im jeweiligen Lernbereich möglich. Zugleich wird sichtbar, welche Fertigkeiten als Ziel der nächsten Förderphase anzustreben sind. Daraus lässt sich der Individuelle Erziehungsplan zusammenstellen, der in individuell präzisierten Ausdrücken die angestrebten Ziele festhält. Diese Form der Diagnostik erfüllt fünf wichtige Funktionen (Bergsson 1995, 6):

1. die Einschätzung des aktuellen Entwicklungsstandes anhand der Items durch (möglichst) alle an der Erziehung des Kindes beteiligten Personen (Eltern, Lehrer, Sonderpädagoge, das Kind selbst) und die Erlangung eines Konsenses in der Aufstellung des Erziehungsplans;

2. die Zuweisung zu Förderprogrammen bzw. zur Sondererziehung auf der Basis der festgestellten Entwicklungsverzögerung;
3. die Planung des Förderprogramms zum Aufbau und zur Stabilisierung der ansatzweise gezeigten Fertigkeiten;
4. die Zuordnung der Schüler zu Gruppen, die derselben Entwicklungsstufe angehören und für die daher eine ähnliche Förderung angesetzt werden kann;
5. die Fortschrittsevaluation, die die Entwicklungsfortschritte und zugleich die Effektivität des Förderprogramms überprüft.

Ein besonderer Vorzug besteht bei dieser Diagnostik in ihrer direkten Verbindung zu Ansatzpunkten der individuellen Förderung, die hier leicht und direkt erfolgen kann.

6.7.4 Unterrichtsgestaltung

Grundsätzlich besuchen die geförderten Kinder weiterhin ihre Regelklasse, insbesondere in den für die Schulleistungen besonders relevanten Fächern. Als Maßnahme der Entwicklungstherapie erhalten sie zwei Stunden „entwicklungstherapeutischen Unterricht" (ETU), wenn sie in die Stufen I bis III eingeschätzt werden, oder von einer Stunde, wenn sie in die Stufen IV und V eingeordnet sind.

Dieser Zeitrahmen besitzt festliegende Strukturen. Spezifische Phasenabläufe für jede Stufe wiederholen sich in jeder Fördereinheit und erlauben den Kindern dadurch Vorhersagbarkeit und Sicherheit. Der jeweils gültige Arbeitsplan für den Tag und die Woche hängt zudem auf Plakaten im Klassenzimmer aus. Für die unteren Stufen ist die Dauer einer Phase kürzer (ca. 10 Minuten) und die Anzahl der Phasen größer (ca. 9), in höheren Stufen werden die Phasen länger (bis ca. 22 Minuten) und ihre Anzahl geringer (bis ca. 4).

Jede einzelne Phase ist wiederum klar in vier Teile gegliedert: Einleitung, schrittweiser Ablauf, Beendigung und Übergang zur nächsten Unterrichtsaktivität. Der Lehrer hat dabei die Aufgabe, in der Einleitung zu motivieren und zu informieren, den Ablauf zu kontrollieren, zu intervenieren und Feedback zu geben, in der Beendigung das Geschehen zu reflektieren und motivational sowie organisatorisch in die nächste Arbeitsphase überzuleiten.

174 Konzeptionen schulischer Förderung

Tab. 7: Strukturen des Entwicklungstherapeutischen Unterrichts (Wegler 1979, 112)

Stundenpläne im Entwicklungstherapeutischen Unterricht auf verschiedenen Entwicklungsstufen

Klasse der Stufe I	Klasse der Stufe II	Klasse der Stufe III	Klasse der Stufe IV
Spiel im Zimmer	Erzählzeit	Erzählzeit	Arbeitszeit (schulische Fertigkeiten)
Wahrnehmungs- u. Motoriktraining	Vorschulische Übungen an der Tafel	Arbeitszeit für schulische Fertigkeiten	Gruppenprojekte
Geschichtenzeit (Erzählen Vorlesen)	Spiele im Klassenzimmer	Pause im Freien (mit Gruppenspielen)	Imbiß
Kunstaktivitäten (Malen, Zeichnen, Werken)	Geschichtenzeit	Essenspause	Pause im Freien (Sportspiele, Schwimmen)
Essenspause (Milch u. Kekse)	Kunstaktivitäten in der Gruppe	Zeit für besondere Aktivitäten (Musik, Kunst, Rollenspiel, Schulspiel, Gruppenobjekte)	
Toilettengang			
Spiele zur Übung der Sinnesfunktionen	Spiele im Freien		
Essenspause			
Übungszeit (vorschulische Fertigkeiten)	Musikzeit		
Sprachtraining			
Wahrnehmungs- u. Motoriktraining II			
Musikzeit			
Gesamtdauer des Unterrichts: täglich 2 Std. Durchschnittliche Dauer eines Abschnitts: 10 Min.	*Gesamtdauer* des Unterrichts: 2 Std. an vier Tagen pro Woche Durchschnittliche Dauer eine Abschnitts: 12 Min.	*Gesamtdauer* des Unterrichts: 1,5 Std. an drei Tagen pro Woche Durchschnittl. Dauer: 19 Min.	*Gesamtdauer* des Unterrichts: 1,5 Std. an drei Tagen pro Woche Durchschnittl. Dauer: 22 Min.

Auch der Raum ist klar strukturiert. Das Klassenzimmer ist in verschiedene Bereiche eingeteilt, die bestimmten Aktivitäten zugeordnet sind: Arbeitsbereich, Bereiche zum Spielen, zum Gestalten, zum Lesen und einen Bereich zum gemeinsamen Essen (Bergsson 1995, 213). Zu Beginn des Unterrichts informiert der Lehrer über die durchzuführenden Aktivitäten und den zugeordneten Bereich. Einige Kernaktivitäten bleiben für alle Stufen gleich:

- der gemeinsame Beginn und Abschluss mit ritualisierter Begrüßung und Verabschiedung;

Tab. 8: Wochenplan im Entwicklungstherapeutischen Unterricht (Bergsson 1995, Anhang, 165)

Wochenplan im Entwicklungstherapeutischen Unterricht

Wochenplanung:

Aktivität	Montag	Dienstag	Mittwoch	Donnerstag	Freitag	Bemerkungen
Gruppenbeginn	Begrüßung; Tageserlebnisse; Tagesplan;	dto.	dto.	dto.	dto.	
Arbeit I	„Robinsons Reise auf dem Schiff", Text hören; erzählen; Wortfeldarbeit: Schiffsaufbau	„Robinsons wunderbare Rettung vor dem Ertrinken", Robinson schreibt eine Flaschenpost	„Robinson baut eine Hütte". Sammelliste für Baumaterialien von Insel und Schiffswrack	„Robinson trifft Freitag", Verständigung: Gestik, Lautmalerei, einfache Wortformen	„Robinson überlebt und verläßt die Insel", Robinson und Freitag berichten den Matrosen über ihre Erlebnisse	Audio-Cassette; verschiedene Aufgaben (Bücher) der Geschichte; Bildszenen aus den Büchern zum Ausmalen (bei Schwierigkeiten, zuzuhören)
Kreativität oder Bewegung	„Entert auf in die Wanten"	Robinson erkundet die Insel (Bewegungsparcour)	Modell einer Hütte aus natürlichen Materialien bauen	Versteckspiel, Anschleichen, Überraschen	Lied: Veränderte Version von „Atte katte nuwa">>> Was sieht Robinson?	Holz, Sisal, Bast, Blätter etc; Werkzeuge;„Hindernisse" für den Bewegungsparcour
Imbiß	Schiffszwieback und Tee	Exotische Früchte probieren	Mahlen von Getreidekörnern; Zubereitung von Fladenbrot	Robinson und Freitag teilen das Essen: Kokosnüsse	Erstes Essen wieder auf dem Schiff: Brot und Käse; Wasser	Mehrere exotische Früchte zur Auswahl; Kokosnüsse (geschält, aber nicht geteilt); Schiffszwieback; Getreide
Gruppenabschluß	Rückblick und Selbsteinschätzung	dto.	dto.	dto.	dto.	

- musische und kreative Aktivitäten, die von Tanz über Werken bis zu Entspannung reichen;
- zwei Arbeitsphasen mit schulischen Inhalten und
- eine Imbissphase.

Für alle Phasen gelten die im Individuellen Erziehungsplan festgelegten Entwicklungsziele, so dass die einzelnen Unterrichtsaktivitäten danach ausgewählt werden, ob sie der Erreichung dieser Entwicklungsziele dienlich sind. Inhaltlich stehen diese Unterrichtsaktivitäten unter einem Wochenthema, das die einzelnen Aktivitäten während der gesamten Woche miteinander verbindet. Unter diesem Thema erfolgt die inhaltliche und unterrichtliche Konkretisierung der Entwicklungsziele.

Diesen Ansprüchen muss auch das eingesetzte Unterrichtsmaterial dienen. Es soll eine intrinsische Motivation auslösen, mehrere Bereiche des Entwicklungscurriculums ansprechen, dem Schüler erfolgreiches Arbeiten ermöglichen und ihn aktivieren sowie beim Gruppeneinsatz „dem Ausbau sozialer Fähigkeiten dienen" (Bergsson 1995, 9). Die Qualität verändert sich von eher einfach strukturierten, konkreten und manipulatorischen Eigenschaften hin zu komplexeren, abstrahierenden und expressive Fähigkeiten fördernden Materialien.

Das Arrangement des Entwicklungstherapeutischen Unterrichts beruht darauf, dass durch aktive Planung und Strukturierung des Förderprogramms die inadäquaten, störenden Verhaltensweisen nicht auftreten. Das präventive Agieren des Lehrers vermeidet das symptomorientierte Reagieren!

6.7.5 Pädagogisch-therapeutische Interventionen

Diese Betonung des präventiven Handelns bestimmt auch die Interventionsstrategien, die Wood aus unterschiedlichen Quellen zu einem systematischen Repertoire zusammengestellt hat. Sie entnimmt diese Handlungsformen der Pädagogischen Verhaltensmodifikation, dem Modellernen, der Tiefenpsychologie, der Ich-Psychologie nach Fritz Redl, der Gestalttherapie und Interaktionspädagogik, aber auch den früher genannten Ansätzen der Reizreduktion und des strukturierten Klassenraums. Dabei ist die pragmatische Fragestellung leitend: „Wann setze ich welche

Tab. 9: Interventionsstrategien (aus: Bergsson 1995, 11)

Interventionsstrategien

STRATEGIE	STUFE I	STUFE II	STUFE III	STUFE IV	STUFE V
Positives Feedback und Lob	3 durch sensorische Erfahrungen und von sich zuwendenden Erwachsenen	3 vom Erwachsenen individuelle Aktivität	3 vom Erwachsenen für Gruppenaktivität	3 vom Erwachsenen und von Peers	2 Peers, Erwachsene und Selbst
Motivation durch Materialien	3	3	3	2	0
Strukturierung des Unterrrichtsgeschehens	3	3	2	1	1
Umlenkung und Umgestaltung	2 meist physisch	3 wechselt zu verbal	3	1	1
Reflexion (Spiegelung)	2 Handlungen	3 Worte und Handlungen	3 Worte, Handlungen und Gefühle	1 meist Gefühle	1
Interpretation	0	1	3 der Erwachsene	3 der Erwachsene hilft dem Schüler zu interpretieren	3
Verbale Interaktion zwischen Klassenlehrer und Assistenzlehrer	1	3 Reaktionsmodell	3 Gruppenprozeß	1 interpersonales Modell	0
Regeln	0	2	3 der Erwachsene ist die Autorität für Regeln	2 Gruppe entwickelt Regeln	1 Individuum wählt Werte aus
Life Space Interview	0	0	3 Individuum	3 Gruppe und Individuum	2 Individuum
Kontrolle über die Materialien durch den Lehrer	3	2	1	0	
Konfrontation	1 physisch	1 meist physisch	1 meist verbal	2 verbal	1 verbal
Physische Nähe	3 Körperkontakt	2 Berührung	1 körperliche Nähe	0	0
Physische Intervention	3	2	1	0	0
Herausnahme aus dem Raum	0	1	2	1 meist freiwillig	1
Ausschluß aus der Gruppe (Verbleib im Raum)	1	2	0	1	0

3 = vorwiegend eingesetzte Technik
2 = häufiger eingesetzt
1 = gelegentlich eingesetzt
0 = selten oder gar nicht eingesetzt

Intervention unter welchen Bedingungen bei welchem Schüler ein?" (Bergsson 1995, 9) Die einzelnen Interventionen werden jedoch vor der Theorie des Entwicklungscurriculums reflektiert und den Entwicklungsstufen zugeordnet. Damit wird gemäß den theoretischen Grundannahmen dem Entwicklungsstand der Schüler Rechnung getragen: vom aktiven Ignorieren über das Spiegeln bis zum Life Space Interview.

Eine Einführung in die Handhabung dieser Interventionsformen wie des gesamten Förderprogramms als Fortbildung stellt einen notwendigen Bestandteil der Konzeption dar und wird sowohl von Mary Wood als auch im Sonderpädagogischen Förderzentrum zur Erziehungshilfe in Essen durchgeführt. Mit diesen Interventionsformen erlangen der Lehrer und das Lehrerteam eine größere Handlungssicherheit bei auftretenden Unterrichtsstörungen – es bildet „ein hilfreiches Grundgerüst" (Wegler 1979, 120) für Schüler und Lehrer. Der Einsatz der Intervention selbst soll möglichst frühzeitig bei auftretendem Störverhalten erfolgen, was eine genaue Beobachtung des einzelnen Schülers voraussetzt. Sanktionen und Maßregelungen werden dadurch vermieden.

Das Team hat dabei eine besondere Bedeutung durch die hiermit mögliche Modellfunktion: Ein Lehrer zeigt als Modell das erwünschte Verhalten vor der Gruppe, z. B. Verhaltensformen von „Mitgefühl, Zusammenarbeit und gegenseitigem Respekt" (Wegler 1979, 120), bezieht die Schüler mit ein und fordert dadurch zur Nachahmung auf.

6.7.6 Team

Jede Klasse im Entwicklungstherapeutischen Unterricht besteht aus 5 bis 8 Schülern. Sie wird geleitet vom Klassenlehrer mit der Qualifikation im Bereich Verhaltensstörungen und Erziehungsschwierigkeiten. Er wird in der Klasse unterstützt durch einen Assistenzlehrer, der ein Student, Referendar oder freiwilliger Helfer sein kann. Als drittes Mitglied gehört dem Lehrerteam ein Koordinationslehrer an, der Qualifikationen im sozialpädagogischen Bereich einbringt. Die Mitglieder des Teams erhalten in der Regel Ausbildung und Training in Entwicklungstherapie zu Beginn und berufsbegleitende Supervision und Fortbildungen. Die Zusammenarbeit erweist sich einerseits als notwendig, andererseits setzt sie klare Regeln der Interaktion sowie kommunikative Kompetenzen voraus.

Der Klassenlehrer trägt die Hauptverantwortung für die Durchführung der Programme, er ist zuständig für die gesamte Gruppe, kennt Entwicklungsstand und Verhaltensweisen der Kinder und arrangiert die Erreichung der individuellen Entwicklungsziele durch Material und Aktivitäten. Einen aufkommenden Konflikt sollte er rechtzeitig erkennen.

Der Assistenzlehrer unterstützt ihn insbesondere in der Einzelfallhilfe. Er greift bei Krisen einzelner Schüler ein (Life Space Interview), bietet sich als Verhaltensmodell an und versucht situative Bedürfnisse der Schüler durch individuelle Hilfen zu beantworten. Dieses Team plant den Unterricht gleichberechtigt und führt ihn gemeinsam durch. Krisen im Unterricht werden von beiden Lehrern gemeinsam reflektiert, so dass persönliche Betroffenheit relativiert wird und eine objektivere Sicht möglich wird. Dadurch kann das Team neue, effektivere pädagogische Handlungsmöglichkeiten entwickeln.

Der Koordinationslehrer ist „für andere, mehr außengerichtete Aufgaben zuständig" (Wegler 1979, 123): Aufnahme und Entlassung der Kinder, Elternberatung, Beobachtung einzelner Kinder, Einführung in die Konzeption für neue Teammitglieder, Supervision der Lehrer, Maßnahmen an den Regelschulen und Beratung für ernste Konflikte in der Förderklasse. Die Funktion des Koordinationslehrers spielt in späteren Berichten von Mary Wood keine wichtige Rolle mehr. Im Förderzentrum Essen erwies sich schon die Einrichtung des Assistenzlehrers als problematische Erweiterung der klassischen Lehrerrolle gegenüber den formalen Bedingungen einer Schule (Stichwort Finanzen), die nur durch die Inkaufnahme von größeren Gruppen ermöglicht wurde.

6.7.7 Organisationsstruktur

Die Konzeption der Entwicklungstherapie sieht die Förderung von Schülern mit Verhaltensstörungen in integrativer Weise vor. Ziel bleibt auf jeden Fall die möglichst baldige Re-Integration. Damit ergeben sich vielfältige Aufgabenfelder für ein Sonderpädagogisches Förderzentrum zur Erziehungshilfe, wie es in Essen realisiert ist. Die Schule ist zugleich Stammschule und Ambulanz, Fortbildungs- und Beratungszentrum, Integrations- und Sonderschule. Diese vielfältigen Aufgaben zeigt das folgende Schaubild.

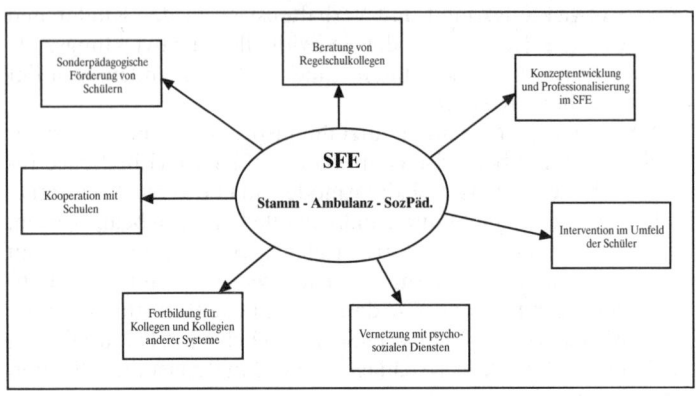

Abb. 13: Organisation des Förderzentrums Essen (Bergsson 1995, 201)

Wird ein Schüler in der integrativen Form durch den ETU betreut, ergeben sich 2 Formen: Er kann neben seinem wöchentlichen Unterricht in der Regelklasse in dieser Klasse zusätzlich einen integrativen Unterricht im Team-Teaching von Regelschullehrer und Sonderschullehrer des Förderzentrums erhalten. Dazu kann als zweite Form das zusätzliche Angebot des Entwicklungstherapeutischen Unterrichts an drei Tagen in der Woche treten (Bergsson 1995, 201, Tab. 26).

Ist eine solche Förderung aufgrund schwer wiegender psychischer Störungen und sozial-emotionaler Probleme nicht möglich, nimmt das Förderzentrum den Schüler in die Stammschule auf. Hier erhält er neben der Förderung im Kurssystem täglich zwei Stunden Entwicklungstherapeutischen Unterricht (Bergsson 1995, 202, Tab. 27).

Die Zusammenarbeit mit den Regelschullehrern bildet dabei eine zentrale und oftmals nicht unproblematische Aufgabe der Sonderpädagogen. Denn ein Regelschullehrer kann sich durch die beratende Tätigkeit des Sonderschullehrers in seiner Kompetenz in Frage gestellt fühlen. Daher sind Beratungskompetenzen eine zunehmend wichtige Qualifikation von Sonderschullehrern.

6.7.8 Elternarbeit und Sozialpädagogik

Die Eltern werden schon von Beginn an einbezogen, indem sie ihre Einschätzung in die Diagnostik (DTORF, ELDiB für Eltern) einbringen. Dazu kommen regelmäßige Konferenzen der Eltern mit den Lehrern und Sozialpädagogen. Angeboten wird auch ein Elterntraining zur Verbesserung der Eltern-Kind-Interaktion. Die Eltern werden auch eingeladen, am Entwicklungstherapeutischen Unterricht teilzunehmen, um ein eigenes Bild von dieser Form der Förderung zu bekommen. Die Ziele des Individuellen Erziehungsplans sind ihnen bekannt, und sie versuchen, im häuslichen Rahmen daran mitzuarbeiten.

Die hier tätigen Sozialpädagogen sind unverzichtbare Mitarbeiter am Förderzentrum. Sie sind besonders für die Kontakte zu den Eltern zuständig, helfen ihnen bei Behördenkontakten, vermitteln weitergehende Fachdienste (Sozialdienste, psychiatrische Hilfen) und Kontakte zu anderen Institutionen. Für die Kinder bieten sie sozialpädagogische Einzel- und Kleingruppenförderung an, die ebenfalls die Ziele des IEP verfolgt.

6.7.9 Evaluation

Die Konzeption der Entwicklungstherapie wurde in den USA umfangreichen Überprüfungen ihrer Effektivität unterzogen. In 10 Jahren der Erprobung erfolgte die Überprüfung der Effektivität der Konzeption an ca. 10.000 Kindern. Die durchschnittliche Aufenthaltsdauer der Kinder betrug nach Wood nur 13 Monate (Bergsson 1995, 2). Eine Bestätigung für die Konzeption dürfte ihre offizielle Anerkennung durch nationale Institutionen der USA darstellen.

Auch die von Bergsson berichteten Ergebnisse erlauben „einen vorsichtigen Optimismus" (Bergsson 1995, 268). Offen bleibt noch die Frage eines längerfristigen, katamnestischen Erfolges sowie die Frage der Wirkung einzelner Programmelemente. Wenn jedoch 41% der Schüler in der integrativen Förderung und 29% der Schüler der Stammschule nach maximal 24 Monaten re-integriert werden konnten und zudem die Sonderschulaufnahme durch kollegiale Beratung bei 46% der Fälle vermieden werden konnte (Bergsson 1995, 268), spricht dies für eine erheblich verbesserte Perspektive der Förderung von Schülern mit Verhaltensstörungen als in den klassischen Sonderschulen.

6.7.10 Kritik

Die Entwicklungstherapie basiert auf dem Begriff Entwicklung, der damit in das pädagogisch-didaktische Handeln bei Unterrichts- und Verhaltensstörungen eingebracht wird. Das darauf aufbauende Handlungsmodell ist differenziert, erreicht eine recht konkrete Handlungsebene und ist erwiesenermaßen schulorganisatorisch realisierbar. Der Kulturtransfer auf deutsche Schulverhältnisse wurde von Bergsson und dem Team des Förderzentrums Essen in umfangreichen Arbeiten bereits geleistet. Diese Schule belegt zugleich die Anwendbarkeit der Konzeption, wenn auch die Form ihrer Organisation bisher erst für Großstadtverhältnisse erprobt wurde.

Grundlegende Fragen sind jedoch an die Theorie zu stellen. Neukäter und Goetze weisen darauf hin, dass Mary Wood äußerst unterschiedliche entwicklungspsychologische Forschungsergebnisse zur Konstruktion ihres Entwicklungscurriculums herangezogen hat. „Dabei ist allerdings nicht ersichtlich, nach welchen Kriterien sie vorgeht" (Goetze/Neukäter 1989b, 536). Sie wählt nicht nur aus, sondern deutet auch um – aber ohne theoretische Grundlagen dafür mitzuteilen. Die einzelnen Lernbereiche erweisen sich als nicht sehr trennscharf und die strenge Strukturierung führt zu einem hohen Maß an Fremdkontrolle (Goetze/Neukäter 1989b, 537).

Sehr grundlegend muss aus erziehungsphilosophischer Sicht die erzieherische Relevanz des Begriffs Entwicklung problematisiert werden: „Soll sich das Kind *aus sich heraus* und frei ‚entwickeln', dann kann es in keinem starken Sinne mehr ‚erzogen' werden." (Oelkers 1989, 59). Welcher Begriff von Entwicklung liegt dann aber einer Konzeption zugrunde, die solchermaßen überzeugt von der positiven Wirkung ihrer Handlungen ist? Allerdings bleiben solch grundsätzliche Fragen angesichts der Praktikabilität der Entwicklungstherapie wohl nur marginal.

6.7.11 Lernfragen

- Nehmen Sie Stellung zu den Axiomen der Entwicklungstherapie von Mary Wood. Könnten sie auch Grundlage Ihrer Arbeit sein? Sehen Sie Probleme?

- Versuchen Sie ein Richtziel eines Lernbereichs einer Entwicklungsstufe zu operationalisieren, also in konkrete, beobachtbare Verhaltensweisen zu übersetzen.
- Vergleichen Sie die didaktische Struktur des Entwicklungstherapeutischen Unterrichts mit den Prinzipien guten Unterrichts nach Seitz. Welche Prinzipien finden Sie hier realisiert?
- Wie beurteilen Sie die vorgetragene Kritik? Sehen Sie zusätzliche Probleme in der praktischen Umsetzung der Konzeption?

6.8 Das Synthese-Modell: Der strukturiert-schülerzentrierte Ansatz nach Neukäter und Goetze

Eine bewusste Verknüpfung verschiedener Theorieansätze stellt der strukturiert-schülerzentrierte Ansatz von Goetze und Neukäter (Goetze/Neukäter 1981, Neukäter/Goetze 1978) dar. Diese Synthese verbindet insbesondere verhaltensmodifikatorische und spieltherapeutische Elemente in einem übergeordneten Phasenmodell der Förderung von Schülern mit Verhaltensstörungen. Der strukturiert-schülerzentrierte Ansatz bildet folglich „ein pädagogisches Rahmenkonzept" (Goetze/Neukäter o. J., 83), das einerseits auf verhaltenstheoretischen und andererseits auf klientenzentrierten Grundlagen basiert und entsprechende Begriffe von Verhaltensstörung heranzieht.

Schlüsselwörter: Synthese-Modell • Basisannahmen • Phasen der Rehabilitation

6.8.1 Basisannahmen

Auf welchem Begriff von Verhaltensstörung beruht der Ansatz? Hier sind zwei Sichtweisen zu unterscheiden.

Aus lerntheoretischer Perspektive sind Verhaltensstörungen dann gegeben, wenn „in sozialen Situationen gewohnheitsmäßig unangemessene Verhaltensmuster gezeigt" werden (Goetze/Neukäter 1993b, 541). Heilpädagogische Förderung intendiert daher die Veränderung, Erweiterung und situationsangemessene Anwendung von Verhaltensweisen. Dafür ist der Einsatz gezielter Interventionen vorgesehen: Verträge, systematische Bekräftigung, die Reizkontrolle oder die Raum- und Materialstrukturierung sind mögliche Verfahren.

Aus klientenzentrierter Sicht ist die Verhaltensstörung eine „emotionale Störung" (Goetze/Neukäter 1993b, 541), bei der das Kind nicht an sich selbst angepasst ist, einen Verlust der Integrationsfähigkeit des eigenen Selbst erleidet und sein persönliches Wachstum beeinträchtigt ist. Heilpädagogische Förderung hat dann die Basisvariablen der klientenzentrierten Gesprächsführung zu beachten. Sie muss die Auseinandersetzung mit dem eigenen Erleben ermöglichen, muss Achtung, Wärme und Rücksichtnahme, einfühlendes und nichtwertendes Verstehen sowie Echtheit und Selbstkongruenz praktizieren. Daraus lassen sich nun aber nicht neue, allgemein gültige Verfahrensweisen ableiten, vielmehr sind konstruktive, auf die spezifische Situation bezogene, fördernde und nichtdirektive Einzeltätigkeiten zu konzipieren und durchzuführen.

Die Verbindung der beiden Pole Strukturierung gemäß Lerntheorien und Schülerorientierung gemäß Klientenzentrierung wird als besonderer Vorteil dieser Konzeption gewertet: Es ist „ein Änderungs- und Verlaufsmodell, das die konkrete Verhaltensebene mit der Gefühlsebene zu verbinden sucht" (Goetze/Neukäter 1993b, 541). Es beansprucht, damit die besonderen Problembereiche verhaltensgestörter Schüler zu berücksichtigen. Als Ziel des Unterrichtskonzepts wird angegeben, den „verhaltensgestörten Schülern zu vermehrter Selbstfindung und Selbststeuerung zu verhelfen" (Goetze/Neukäter 1993b, 541) und durch diese Rehabilitation die Rückschulung zu ermöglichen.

6.8.2 Phasen der Rehabilitation

In drei Abschnitten soll dieses Ziel erreicht werden: einer fremdgesteuerten Phase folgt eine teilweise selbstgesteuerte und schließlich die weitgehend selbstgesteuerte Phase. Die Bezeichnungen machen deutlich, dass die Fähigkeit der Selbststeuerung das entscheidende Kriterium für den Erfolg der Förderung bildet. Welche Aufgaben stellen sich nach Ansicht der Autoren nun in den einzelnen Phasen?

In der *fremdgesteuerten Phase* soll die Basis für kognitives und soziales Lernen gelegt werden. Dazu gehört der Aufbau basaler Fähigkeiten wie Zuhören, auf dem Platz Sitzen und Regeln Beachten. Zwei zu unterscheidende Aktivitätsformen finden dafür Verwendung: Arbeitssequenzen und Spielsequenzen. Durch die erfolgreiche Bewältigung von Arbeitsaufgaben können mittels Tokens Zeiten des Spiels erworben werden. Diese Verbindung von Spiel und Arbeit wird durch Kontingenzverträge im vorhinein geregelt, in denen die geforderten Leistungen und die Verbindung von Spiel- und Arbeitsphasen fixiert werden. In den Arbeitssequenzen erfolgt die Behandlung kognitiver Aufgaben aus der Regelschule, die in individualisierter Form und Passung, etwa durch besondere Lernhilfen und Motivierung, didaktisch aufbereitet sind. So können die Schüler erfolgreich lernen. Das Spiel gilt primär als Aktivitätsverstärker und erleichtert dadurch die Bewältigung der Aufgaben. Es enthält aber auch Elemente aus der Spieltherapie (Goetze 1981) und ermöglicht zugleich soziales Lernen.

In der *teilweise selbstgesteuerten Phase* wird der Zusammenhang von Arbeitssequenz und Spielmöglichkeit gelöst zugunsten einer getrennten Weiterführung. Nun erhält die Selbstkontrolle der Schüler eine größere Bedeutung, für die Elemente aus der kognitiven Verhaltensmodifikation, wie etwa im Modell von Redlich und Schley, herangezogen werden. Die Schüler bekommen die Möglichkeit und die Aufgabe zur Selbstbeobachtung und Selbstverstärkung. Auch die Spielphasen werden zunehmend durch die Schüler selbst gestaltet. Der Lehrer hält sich zurück, beobachtet, gibt gezielte Angebote und beachtet insbesondere die emotionale Ebene. Die Autoren sehen darin eine therapieähnliche Situation, in der die Berücksichtigung von sozial-emotionalen Bedürfnissen im Vordergrund steht. Hier besteht der Raum für die Bearbeitung von Problemen der Schüler: „es geht also um die gezielte Erhöhung von Selbstkongruenz der Schüler" (Goetze/Neukäter 1993b, 543). In didaktischer Hinsicht steht der Gruppenunterricht und eine projektorientierte Gestaltung im Vordergrund.

In der weitgehend selbstgesteuerten Phase sind die Arbeits- und Spielphasen voll in den Unterricht eingebunden und nicht mehr voneinander getrennt. Die Schüler leiten die Prozesse selbst: Sie formulieren Verträge, erkennen und fixieren Ziele und lösen selbständig Konflikte durch erworbene Strategien. Der Lehrer dient als Lernhelfer nach dem Verständnis von Carl Rogers, er ist Partner und Mitlernender. Dem entspricht didaktisch der Projektunterricht und das Arbeiten nach einem offenen Curriculum.

6.8.3 Evaluation

Die Konzeption konnte bisher erst in Teilen empirisch überprüft werden. Die Autoren berichten von einer erfolgreichen Realisierung der ersten Phase (Neukäter/Goetze 1978), die jedoch für die weiteren Phasen fehlt. Die Verfasser gelangen dennoch zu einem positiven Gesamturteil. Für sie stellt sich der Ansatz

> „als pädagogisches Handlungsmodell in dem Sinne dar, daß es direkt bei der Lernbasis der Schülergruppe ansetzt und schulische Leistungsanforderungen nicht hintenanstellt. Es zielt auf die Rehabilitation verhaltensgestörter Schüler, indem es pädagogische mit therapeutischen Elementen verbindet. Die sonderpädagogische Hilfe wird nicht in fremde Hände gegeben, sondern verbleibt beim Klassenlehrer." (Goetze/Neukäter 1993b, 543)

Die relativ einfache Struktur und die bekannten Handlungsprinzipien ermöglichen zudem die Verbreitung der Konzeption und ihre Realisierung in verschiedenen Institutionen.

6.8.4 Kritik

Die Autoren selbst führen mehrere Probleme an, die sie für den strukturiert-schülerzentrierten Ansatz erkennen. Die Realisierung wird erheblich erschwert, „wenn der Störungsgrad zu vieler Schüler zu ausgeprägt ist" (Goetze/Neukäter 1993b, 543), etwa durch fehlende Gruppenfähigkeit, die auch zu großen Belastungen der Lehrkraft führt. Die Abgrenzung der drei Phasen erscheint recht künstlich und grob. Die wichtige und Kreativität erfordernde Konstruktion der Zwischenschritte bleibt eine zentrale Aufgabe des Lehrers, für die jedoch kaum Hilfen gegeben werden. Der Ansatz ist ein Rehabilitationsmodell für die besondere Förderung. Er setzt damit den Prozess der Aufnahme in besondere Einrichtungen, etwa in eine Schule zur Erziehungshilfe, gewissermaßen voraus. Als Strategie der Prävention und Integration in der wohnortnahen

Regelschule ist das Konzept weder vorgesehen noch erprobt. Die Zielsetzung erscheint zudem nicht unproblematisch: Die intendierte Selbststeuerungsfähigkeit der Schüler wird von der Regelschule kaum erwartet und erwünscht, vielmehr wird Anpassungsfähigkeit gefordert. Die Verfasser sehen darin jedoch eher eine Kritik an der Regelschule als an ihrem Ziel.

In wissenschaftlicher Perspektive stellt sich erneut die Frage, wie solch widersprüchliche Forschungsrichtungen wie Lerntheorie und Humanistische Psychologie zu vereinbaren sind und so ist „die theoretische Integration der therapeutischen Anleihen kaum als gelungen zu bezeichnen" (Goetze/Neukäter 1993b, 543).

Diese Kritikpunkte wären zu ergänzen durch den Hinweis, dass die Anforderungen in der ersten Phase durchaus nicht gering sind (Fähigkeit zum Vertragsabschluss, Spielverhalten, positive Spielerfahrungen). Möglicherweise werden schon hier zu hohe Anforderungen an die Schüler gestellt. Die Tatsache, dass es sehr unterschiedliche Entwicklungsniveaus der Schüler gibt, wird nicht berücksichtigt. Zudem sind die didaktischen Zielvorstellungen, nämlich Projektunterricht und offener Unterricht, durchaus nicht allgemein akzeptiert. Sehr grundlegend ist die Frage zu stellen, wie sich die gegensätzlichen Menschenbilder von Lerntheorie und Humanistischer Psychologie vereinbaren lassen: der Mensch als „black box" und die harmonisch entwickelte Persönlichkeit stehen sich doch diametral gegenüber.

6.8.5 Lernfragen

- Welche großen Theorierichtungen verwenden Neukäter und Goetze für ihre didaktische Konzeption? Aus welcher Wissenschaft stammen diese Theorien?
- Welche Phasen unterscheidet der strukturiert-schülerzentrierte Ansatz? Welche „Lernziele" werden jeweils verfolgt?
- Nennen Sie Vor- und Nachteile der Menschenbilder in der vorgestellten Konzeption. Welchem würden Sie, besonders angesichts der hohen Belastung durch Unterrichts- und Verhaltensstörungen, zuneigen?

6.9 Neuere Ansätze der Didaktik bei Unterrichts- und Verhaltensstörungen

Die aktuelle Diskussion um die Gestaltung des Unterrichts bei Unterrichts- und Verhaltensstörungen im Rahmen der Pädagogik bei Verhaltensstörungen enwickelt die hier vorgestellten Ansätze weiter und setzt teilweise neue Akzente. Allerdings stellen Fragen der Didaktik kein intensiv behandeltes Themengebiet dieser sonderpädagogischen Fachrichtung dar, ganz im Gegensatz zu deren praktischer Bedeutung. Nach einer empirischen Erhebung entfallen nur 6,3 % der Zeitschriftenaufsätze auf unterrichtliche Aspekte (Goetze/Gatzemeyer 1992, 17). Im Vordergrund stehen demgegenüber Beiträge zu Interventionsformen, das Thema Integration, die Problematik spezifischer Zielgruppen und Fragen der institutionellen Organisation der Erziehungshilfe. Auf großes Interesse stoßen auch Versuche zu einer grundlegenden Neuinterpretation der Problematik von auffälligen Verhaltensweisen, z.B. durch systemisch-konstruktivistische Theorien, Fragen der Verknüpfung von verschiedenen Institutionsformen der Erziehungshilfe, der Schulorganisation und der Diagnostik. In diesem Kontext bleibt die Didaktik bei Unterrichts- und Verhaltensstörungen, wie zu Recht konstatiert wurde, irgendwo zwischen „Niemandsland" und „Spielwiese" (Bröcher 1997b).

Drei neuere Konzeptionen werden dennoch vorgestellt: Das Konzept des „Therapeutisch orientierten Sonderunterrichts" von Monika Vernooij, der Vorschlag einer „Sozialdidaktik" von Bodo Januszewski sowie der didaktische Entwurf auf der Basis lebensweltlicher „Alltagsästhetik" von Joachim Bröcher. Ein knapper Überblick zu diesen drei Ansätzen muss an dieser Stelle genügen. Auf einen vierten, leicht zugänglichen Vorschlag kann nur hingewiesen werden: Stein und Faas (1999) integrieren auf der theoretischen Basis der Themenzentrierten Interaktion nach Ruth Cohn eine Fülle interessanter Handlungsformen, reformpädagogischer Methoden und Reflexionskategorien.

6.9.1 Therapeutisch orientierter Sonderunterricht nach Vernooij

Monika Vernooij, Professorin für Sonderpädagogik an der Universität Würzburg, sieht aufgrund ihrer Praxiserfahrungen eine deutliche Nähe des Unterrichts mit verhaltensgestörten Schülern zu therapeutischen Interventionen. Die Basis pädagogischen Handelns besteht hierbei nicht nur in der Fachkompetenz und in der didaktisch-methodischen Kompetenz, unverzichtbar ist vielmehr die psychologisch-therapeutische Kompetenz des Lehrers. Die Bedürfnisse von Schülern mit Verhaltensstörungen machen eine solche Orientierung notwendig, der die Qualifikation der Lehrer entsprechen muss.

> „Lehrer, die Kinder mit emotionalen Störungen unterrichten, können ohne besondere Ausbildung den vielfältigen Anforderungen ihrer Aufgabe nicht gerecht werden. Über die Erfüllung eines Lehrplanes hinaus, d. h. zusätzlich zur Vermittlung von schulischem Wissen und von praktischen Fähigkeiten und Fertigkeiten, müssen spezifische Maßnahmen in den Unterricht integriert werden, die den besonderen Bedürfnissen von Kindern mit Verhaltensstörungen Rechnung tragen." (Vernooij 1994b, 38)

Das Prinzip des Therapeutisch orientierten Sonderunterrichts, abgekürzt TOS, soll dafür einen reflektierten Rahmen bieten.

Schlüsselwörter: Neuere Ansätze • psychologisch-therapeutische Kompetenz des Lehrers • Prinzip TOS • Minimalforderungen • Lehrerbildung • Kompetenzen

Das Prinzip TOS

Wie schon der Name „Therapeutisch orientierter Sonderunterricht" (TOS) ausdrückt, geht es um die Berücksichtigung psychotherapeutischer Handlungsweisen in unterrichtlichen Zusammenhängen. Vernooij legt sich dabei jedoch nicht auf eine Therapieform fest, sondern will dem einzelnen Lehrer „innerhalb eines gesteckten Rahmens sehr viel Erkenntnis- und Handlungsspielraum" belassen (Vernooij 1994b, 43). Sie geht davon aus, „daß die Kenntnis *therapeutischer Grundkonzepte* und deren *pädagogische Umsetzung* für den Sonderunterricht die *didaktisch-methodische Kompetenz* stark *beeinflussen*" (Vernooij 1994b, 43, Hervorhebung im Original).

Das Prinzip TOS konkretisiert sich daher in folgenden Minimalforderungen (Vernooij 1994a, 104f):

- „daß der Unterricht therapeutische Elemente enthält;
- daß als Handlungsgrundlage mindestens ein therapeutischer Ansatz reflektiert und pädagogisch aufbereitet vorhanden ist;
- daß die Erziehung und der Unterricht gegenüber der Therapie Vorrang hat, d.h. der Mensch bleibt weiterhin – anthropologisch gesehen – a priori erziehungsbedürftig, er wird nicht als Wesen betrachtet, welches a priori therapiebedürftig ist."

Dabei kann Unterricht nicht in Therapie aufgehen oder damit gleich gesetzt werden, auch wenn Vernooij fließende Übergänge annimmt. Der Unterricht will nicht die Störungen behandeln, vielmehr „erhält die pädagogische Arbeit *erweiterte pädagogische Zielsetzungen*, die sich einerseits ergeben aus der Anbahnung eines allgemeinen *Umlernprozesses,* andererseits aus den je spezifischen *Störungen* und *Schwierigkeiten* des Kindes" (Vernooij 1994b, 43, Hervorhebung im Original). Das Prinzip TOS intendiert daher die Korrektur fehlgelaufener Entwicklungsprozesse, die Aktivierung stagnierender Entwicklungsprozesse und die Unterstützung allgemeiner, nicht gestörter Entwicklungsprozesse. Der Lehrer initiiert, animiert, unterstützt und ermutigt solche Prozesse.

Lehrerbildung

Die Tätigkeit des Lehrers in Schulen zur Erziehungshilfe stellt daher besondere Anforderungen. „Die emotional gestörten, aber i.d. R. hochsensiblen Kinder sind stärker auf den Lehrer bezogen, als Kinder in der Regelschule. Das bedeutet, dass die *Wechselseitigkeit* von Beziehungs- und Disziplinkonflikten hier ein besonderes Gewicht erhält." (Vernooij 1994b, 44, Hervorhebung im Original) Die Ausbildung von Lehrern nach dem Prinzip TOS erhält demnach spezifische Schwerpunkte, die von früheren Vorstellungen von Lehrerbildung abweichen.

Die *Persönlichkeit* des angehenden Lehrers, das Wissen um die eigenen Einstellungen und Werte, die Fähigkeit zur Selbstkontrolle in belastenden Situationen und zur Antizipation sozialer Prozesse gelten als wichtige Faktoren. Die Durchführung von Rollenspielen, Kommunikationstrainings, Selbsterfahrungen in der Gruppe und in den Praktika, die Supervision der eigenen Praxisversuche und ein emotionskontrolliertes Handeln soll Lehramtskandidaten persönlichkeitsorientierte Erfahrungen in den genannten Dimensionen ermöglichen.

Zur *Sachkompetenz* gehören gemäß dem Prinzip TOS auch Grundlagenkenntnisse über verschiedene Therapien und die Möglichkeiten ihrer pädagogischen Aufbereitung, die eine „pädo-therapeutische Handlungskompetenz" (Vernooij 1994b, 45) des Lehrers fundieren. In Vorlesungen wird dazu ein theoretischer Überblick über die Therapieformen vermittelt und in Übungen deren unterrichtliche Umsetzung exemplifiziert.

Die *Kognitive Situationskompetenz* meint die Fähigkeit der Wahrnehmung einer komplexen sozialen Situation, die Fähigkeit zu ihrer kognitiven Strukturierung und zu angemessenen Handlungsentscheidungen. Das Training erfolgt durch die Analyse von Bildern, Rollenspielen, Video-Mitschnitten und in der Supervision eigener Unterrichtsversuche. Dadurch kann eine differenzierte Wahrnehmung von Personen und deren Ausdrucksverhalten, das (zumindest ansatzweise) Erkennen der Gesamtsituation in seiner Komplexität, die Bewertung der Situation nach Gefühlsqualität, nach ihrer Relevanz für die Beteiligten und der eigenen Handlungskompetenz sowie die Antizipation der Handlungskonsequenzen geübt werden.

Die *Pragmatische Situationskompetenz* integriert diese Kenntnisse für die Bewältigung von situativen Anforderungen. Durch die Ausbildung lernen die Lehrer ihr eigenes Ausdrucksverhalten kennen und kontrollieren. Sie sollen ein flexibles Verhaltensrepertoire zur Problemlösung erwerben. Die gegenseitige, gezielte Beobachtung und gemeinsame Reflexion in Studentengruppen, später auch in Unterrichtsversuchen, führt zur Kontrolle und Modifikation des jeweiligen Ausdrucksverhaltens.

Aufbereitung therapeutischer Grundkonzepte

Eine zentrale Aufgabe im TOS stellt die pädagogische Aufbereitung therapeutischer Ansätze dar. Unter pädagogischen Fragestellungen müssen die herangezogenen Therapien überprüft werden. Dazu nennt Vernooij sechs Kategorien: die Anthropologie, die Diagnostik, die Selektion pädagogisch bedeutsamer Elemente der Therapie, die Abgrenzung der Therapie von der Erziehung, die methodischen Möglichkeiten zur Umsetzung der gewählten Therapie-Elemente im Unterricht und die Evaluation, also die Überprüfungs- und Kontrollmöglichkeiten des eigenen Handelns. Unter diesen Fragestellungen kann die Vermittlung und Aufbereitung psychotherapeutischer Konzeptionen gemäß dem Prinzip TOS erfolgen. „Meine Erfahrung zeigt, daß nahezu alle (psycho-)therapeutischen Grundkonzepte auf diese Weise (sonder-)pädagogisch aufbereitet werden können" (Vernooij 1994 b, 48).

Eine Konkretion versucht Vernooij in einem Beitrag, der die Verwendung der Transaktionsanalyse für den Unterricht mit Schülern mit Verhaltensstörungen zeigen soll (Vernooij 1994 a). Sie stellt ausführlich die Annahmen dieser Therapie dar, die insbesondere eine Analyse der sozialen Interaktionen und verbalen Kommunikation zwischen den Partnern ermöglicht (Vernooij 1994a, 111ff). Als Ergebnis lässt sich die Aufgabe des Lehrers festhalten, eine Struktur-Analyse der Ich-Zustände der Interaktionspartner und eine Analyse ihrer Transaktionen durchzuführen. Völlig offen bleibt jedoch, wie und welche Konsequenzen für die Planung und Durchführung des Unterrichts zu ziehen sind.

Kritik

Wie eine Konkretisierung des Prinzips TOS aussehen könnte, ist bisher also noch nicht wirklich offengelegt. Die Erwartungen von Lehrern an psychotherapeutische Verfahren sind gerade in der Verhaltensgestörtenpädagogik sehr hoch. Die Umsetzung macht jedoch weit größere Probleme als vermutet, stellen Therapie und Unterricht doch völlig unterschiedliche soziale Situationen unter hochdifferenten institutionellen Bedingungen dar.

Der Unterschied von Therapie und Erziehung, den Vernooij in den verwendeten Mitteln bei gemeinsamen Primärzielen sieht (Vernooij 1994b, 44), erscheint nicht hinreichend geklärt. Die in der allgemeinen Pädagogik recht breit geführte Diskussion um das Verhältnis von Therapie und Erziehung (Böhm 1992, Heitger 1984, Schleiffer 1994, Schön 1989, Seibert 1994, Oelkers 1984) kommt eher zu dem Ergebnis, dass die beiden soziale Handlungsweisen grundsätzlich unvereinbar sind, weil ihre Zielsetzungen gegensätzlich sind. Und so gelangen zentrale didaktische Fragen im TOS gar nicht in den Blick: Welche Ziele und Inhalte mit welchen Verfahren und Medien zu vermitteln sind, stellt für diesen Vorschlag kein Thema dar.

An wichtigen Stellen beruft sich die Verfasserin auf ihre persönliche Erfahrung als Sonderschullehrerin. Um wissenschaftlichen Ansprüchen zu genügen, müssten objektivere und fundiertere Argumente entwickelt werden.

Das Prinzip TOS stellt zur Zeit nur in Ansätzen eine didaktische Konzeption dar. Es bildet vielmehr ein Legitimationsprinzip, mit dem Lehrer ihre Entscheidung für bestimmte therapeutische Elemente in ihrem Unterricht rechtfertigen können.

6.9.2 Sozialdidaktik nach Januszewski

Der Begriff Sozialdidaktik, den Januszewski für die besonderen Aufgaben eines Unterrichts bei Unterrichts- und Verhaltensstörungen zu etablieren versucht, betont in besonderer Weise die soziale Dimension didaktischer Handlungen. Ausgehend von sehr allgemeinen Annahmen über die Welt und die Wirklichkeit des Menschen, die eine deutliche Nähe zu konstruktivistischen Gedankengängen aufweisen, versteht dieser Vorschlag den Unterricht als eine Gestalt, als eine Einheit, die der Gestaltung und Konstruktion von Sinn dient.

Schlüsselwörter: Sozialdidaktik • Begriff • Fließen • mentaler Organismus • Sinngestaltkonflikt • Prozess

Grundlegende Annahmen

Die gedankliche Grundlage bildet eine Metapher, die zugleich Struktur und Dynamik, Stabilität und Veränderung, Überdauern und Fließen ausdrücken soll.

„Die allgemeine Annahme ist: Fließgestalt ist ein Grundprinzip unserer Wirklichkeit" (Januszewski 1996, 49).

Der Autor versucht dann an Beispielen den Begriff zu umschreiben: Aggregatveränderungen im physikalischen Bereich oder pulsierende Prozesse im biologischen Zusammenhang werden genannt. Auch geistige Phänomene des Menschen lassen sich mit Hilfe dieser Kategorie verstehen.

„Menschen geben im Wahrnehmen dem Wahrgenommenen Bedeutung. Sie empfinden, erkennen, erstreben und bewerten Sinn im Wahrgenommenen." (Januszewski 1996, 53).

Diesen Prozess, der zugleich ein Überdauern und ein Fließen darstellt, bezeichnet Januszewski als mentalen Organismus. Er benötigt eine Zielrichtung, einen Sinn.

> *„Mentale Organismen bilden und organisieren sich mit Sinn.* Sie sind gerichtet auf Sinn-Ziele" (Januszewski 1996, 53, Hervorhebung im Original)

Diese basalen Annahmen wirken sehr spekulativ, die Begriffe bleiben vage und unklar. Sie stellen wohl eher Metaphern dar, die der Re-Interpretation und Akzentuierung didaktischer Kategorien dienen.

Unterricht als Sinngestalten

Mit Hilfe der Metaphern „Fließgestalt" und „mentaler Organismus" versucht Januszewski, das Phänomen Unterricht neu zu interpretieren: Unterricht intendiert die Initiierung eines sinnkonstruierenden mentalen Organismus, der durch Schüler und Lehrer getragen wird.

> „Es geht um den sinngestaltenden mentalen Organismus: *Über einen bestimmten Gegenstand (Lehr- und Lernstoff) in einer bestimmten Situation, die von bestimmten Schülern und Lehrer(n) didaktisch getragen wird (Unterrichtssituation), lehren und lernen.*" (Januszewski 1996, 58, Hervorhebung im Original)

Die Unterrichtsplanung versucht dafür eine Struktur vorzubereiten. Dieser Versuch einer Vorgabe für die Sinngestaltung der Schüler basiert auf einer bestimmten Sinngestaltung des Lehrers, die jedoch nicht unbedingt durch die Lernenden übernommen werden muss. Vielmehr gibt es verschiedene Möglichkeiten, die nicht im vorhinein zu determinieren sind.

Dabei können auch Konflikte auftauchen, die zu Unterrichtsstörungen führen. In dieser Konzeption werden sie verstanden als „Sinngestaltungskonflikte zwischen dem bisherigen Sinngestalten und den als eindringend erlebten bzw. mit Störung bewerteten Bedeutungen, die das bisherige Sinngestalten zur Wahl anderer Sinnrichtungen verleiten oder zwingen" (Januszewski 1996, 61). Neben anderen Beeinträchtigungen können auch Verhaltensweisen als Störung erscheinen, die bei längerem Auftreten von Seiten einer Person als deren Verhaltensstörung etikettiert werden.

Unterricht hat jedoch auch andere Möglichkeiten des Umgangs mit Konflikten, die gerade dem Anspruch einer Sozialdidaktik entspringen.

Sozialdidaktik

Sozialdidaktik versucht nämlich, soziale Prozesse in den Mittelpunkt zu stellen.

> *„Sozialdidaktisches Sehen, Denken und Handeln wird angewandt, wenn speziell über das Soziale die zusammenhängenden Wechsel- und Wirkungsbeziehungen von Geistigem, Psychischem, Somatischem und Sozialem je didaktisch-mentalem Organismus zu gestalten versucht werden."* (Januszewski 1996, 65, Hervorhebung im Original)

Unterrichts- und Verhaltensstörungen sind daher von vornherein zu berücksichtigen und in den Prozess der Sinngestaltung einzuarbeiten. Sozialdidaktik setzt daher fünf Akzente:

1. Die Bearbeitung des Lerninhalts will nicht vorrangig reproduzierbares Wissen, sondern Einsicht vermitteln.
2. Unterricht steht in enger Beziehung zu den Lebensfragen und Problemen der Schüler.
3. Die Zugehörigkeit zu einer Gruppe oder Gemeinschaft gilt als Merkmal des Menschen.
4. Psychosoziale Themen, Fragen und Probleme werden ausdrücklich angesprochen.
5. Das Sozial- und Arbeitsverhalten wird beachtet und gezielt gefördert.

Zur Konkretisierung greift Januszewski auf bereits vorliegende Ansätze zurück. So kann das Strukturmodell der Themenzentrierten Interaktion nach Ruth Cohn den Zusammenhang der verschiedenen Faktoren des Unterrichts gewährleisten. Die Berücksichtigung des Themas, der Gruppe, des „Ich", also der Befindlichkeit des Individuums, und des Globe, also des soziokulturellen und historischen Hintergrunds, stellen wichtige Faktoren jeden Unterrichts dar. Sie bilden zugleich eine handhabbare Struktur für die umfassende Förderung bei schwierigen Verhaltensweisen.

Der Unterricht besitzt einen zeitlichen Ablauf, er stellt einen Prozess dar. Die Gestaltung dieses Prozesses wird durch die Berücksichtigung unterschiedlicher Phasen erleichtert.

Die Basis jeder heilpädagogischen Unterrichtsgestaltung bei Unterrichts- und Verhaltensstörungen stellt eine vertrauensvolle Ich-Du-Beziehung (Buber) dar. Sie wird in einem Prozess der Beziehungsanbahnung und -gestaltung gewonnen. Eine Phase der Leistungsentlastung ermöglicht neue Beziehungserfahrungen mit einer Lehrperson. Dadurch wird der Aufbau einer vertrauensvollen Beziehung möglich. Die folgende psychosoziale Stabilisierung erlaubt die Ablösung und Selbständigkeit der Schüler.

Der Prozess orientiert sich an den Werten, die in den therapeutischen Prinzipien Rogers formuliert sind. Ziel ist die Förderung der Persönlichkeitsentwicklung – und dafür stellt Lernen eine sinnvolle Tätigkeit dar. Der Lehrer versteht sich als Lernhelfer und Lernbegleiter.

Kritik

Die Sozialdidaktik nach Januszewski stellt eine akzentuierende Synthese und Re-Interpretation bereits bekannter Prinzipien und Motive dar. Es fehlen jedoch Informationen über die Grundlagen. So wäre eine eingehendere philosophische Thematisierung der Basisannahmen, insbesondere der Metapher Fließgestalt, eine dringliche Aufgabe. Auch die für den Unterricht durchaus zentrale Kategorie des „Sinns" wäre zu klären. Dafür würde sich der Rückgriff auf die Logotherapie Viktor Frankls anbieten. Die besondere Bedeutung einer „Sozialdidaktik" bei Unterrichts- und Verhaltensstörungen muss durch Evaluation und Fallbeispiele belegt und stärker herausgearbeitet werden.

6.9.3 Alltagsästhetischer Ansatz nach Bröcher

Auf der Basis seiner praktischen Tätigkeit als Lehrer an einer Schule für Erziehungshilfe entwickelt Joachim Bröcher einen bemerkenswerten Neuansatz, den er in verschiedenen Schriften

(Bröcher 1997a, 1997b, 1997c, 1998) darstellt. Er geht dabei von einer massiven Kritik an den bestehenden didaktischen Ansätzen in der Pädagogik bei Verhaltensstörungen aus und kennzeichnet – weitgehend zutreffend – die Schwächen der bisherigen Diskussion.

Schlüsselwörter: alltagsästhetischer Ansatz • Lebensprobleme • Alltagsästhetik • Kunsttherapie

Kritik an der Pädagogik bei Verhaltensstörungen

Zentrale Punkte dieser Kritik lassen sich wie folgt zusammenfassen:
- In der Forschung der Pädagogik bei Verhaltensstörungen kommen didaktische Fragen zu kurz.
- Insbesondere gibt es keine Auseinandersetzungen um die Frage der spezifischen, adäquaten Inhalte des Unterrichts.
- Der Rückgriff auf allgemeindidaktische Modelle wird nach Bröcher den besonderen Bedürfnissen und Situationen der betroffenen Schüler nicht gerecht.
- Die aktuellen Vorschläge – hier argumentiert Bröcher insbesondere gegen die Anwendung der Enrichment-Pädagogik von Karl Josef Kluge in der Schule für Erziehungshilfe – nehmen die Lebenssituation der Schüler mit Verhaltensstörungen nicht ernst und fügen therapeutische Elemente oder sonderpädagogische Interventionen rein additiv einem normalen Unterricht hinzu.
- Es zeigt sich eine große Bereitschaft, Modetherapien und Psychotrends in den Unterricht zu transportieren und schnell zu wechseln.

Bröcher (1997b) kommt damit zu dem Schluss, dass eine eigene Didaktik für Schüler mit Verhaltensstörungen, die meist „am Rande der Bildungswelt" leben, erst noch zu erarbeiten ist. Der adäquate Ansatzpunkt des Unterrichts ist für ihn die Lebenswelt seiner Schüler.

Verhaltensstörungen als Ausdruck von Lebensproblemen

Die Lebensprobleme der betroffenen Kinder und Jugendlichen führen nach Bröcher zu den auffälligen Verhaltensweisen. Er leitet daraus die Aufgabe ab, die Lebensprobleme genauer zu bestimmen und im Unterricht zu thematisieren. Sie sind für ihn der Ausgangspunkt und die Orientierung für einen solchen Unterricht.

„Faßt man Verhaltensauffälligkeiten als Ausdruck von Lebensweltproblemen auf, die auch zu somatischen Sedimenten/Manifestationen führen können, dann ist von der unterrichtlichen Auseinandersetzung mit diesen Themen auch eine Verhaltensänderung zu erwarten. Es wird die These vertreten, daß sich diese Themen durch die Analyse der jeweiligen lebensweltlichen Strukturen auffinden lassen, und daß sie zum Dreh- und Angelpunkt des Unterrichts und der sonstigen, ergänzenden didaktischen Aktivitäten gemacht werden müssen." (Bröcher 1997b, 92)

Die Analyse der anthropologisch-psychologischen und soziokulturellen Voraussetzungen des Unterrichts, wie sie von der lerntheoretischen Didaktik gefordert wird, erhält damit besondere Bedeutung, „denn hier liegt die eigentliche Bezugsquelle, aus der sich Unterrichtsinhalte und -themen schöpfen lassen." (Bröcher 1997c, 55). Die Bestimmung der Lebensprobleme der Schüler gibt damit die Themen und Inhalte des Unterrichts vor.

Alltagsästhetik im Unterricht

Wie lassen sich nun die Lebensprobleme der Schüler bestimmen? Bröcher versteht die alltagsästhetischen Produkte der Schüler als Ausdruck ihrer Lebensprobleme, da „das Biographische sozusagen in das Alltagsästhetische *eingeschmolzen* wird" (Bröcher 1997b, 99, Hervorhebung im Original). Er greift daher auf die Kunsttherapie nach Richter zurück. Alltagsästhetische Produkte sind Zeichnungen, Collagen u. ä. der Kinder und Jugendlichen selbst, besonders geschätzte musikalische Ausdrucksformen (Musik von Kultbands), Graffitis als Ausdruck der Jugendszene oder die Kleidung mit spezifischen Symbolen.

Bröchers didaktischer Vorschlag basiert damit auf einer Kombination von Kunsttherapie und Lebensweltorientierung für den

Unterricht. Er möchte aus der „Analyse von alltagsästhetischen Prozessen bzw. Phänomenen und ästhetisch-bildhaften Produktionen, zum Teil auch freien Texten und Tagebuchaufzeichnungen" (Bröcher 1997b, 98) „veränderte, modifizierte Ziele, Inhalte und Methoden ableiten" (Bröcher 1997b, 98). Der Unterricht bekommt die Lebensprobleme der Schüler zum Inhalt und zielt auf eine bessere Bewältigung dieser Lebensprobleme. Erst sekundär folgt möglicherweise eine sachliche Behandlung gemäß Lehrplananforderungen.

> „Das Ziel ist, veränderte, entwicklungsfördernde Richtungen im Umgang mit diesen Themen auszuloten und darüberhinaus, soweit wie möglich, zu einer sachbezogenen Arbeitsweise am jeweiligen Themenzusammenhang überzuleiten." (Bröcher 1997b, 99)

Methodisch orientiert er sich am Motiv des offenen Unterrichts mit möglichst großer Beteiligung der Adressaten.

> „Vor allem die Prinzipien offener Unterrichtsplanung sind für die Konstruktion einer lebensweltorientierten Didaktik von Bedeutung: Beteiligung der Schüler an den unterrichtlichen Entscheidungen, Einbeziehung der Erfahrungen, Fragen und Anliegen der Schüler, Berücksichtigung der unterschiedlichen Ausgangslage der Schüler usw." (Bröcher 1997b, 98)

Ein solcher Unterricht bearbeitet die Probleme der Kinder und Jugendlichen, die zugleich Ursache ihrer Verhaltensstörungen sind. Die Schüler entdecken die Lebensrelevanz des Unterrichts und entwickeln Motivation zum Lernen. Damit werden therapeutische Elemente und Interventionen unnötig. „Je motivierender ein Thema ist, desto mehr erübrigen sich verhaltensbezogene Interventionen ... Das für das eigene Lebensschicksal als existentiell erfahrene Thema bindet die Schüler an den Lernprozeß." (Bröcher 1997b, 100).

Die verschiedenen Bereiche von Lebensproblemen stellt Bröcher anschließend mit Bildbeispielen seiner Schüler vor: Familie, Schule, Lebensräume, Medien, Jugendszene und Sexualität stellen Themenfelder eines alltagsästhetischen Unterrichts bei Unterrichts- und Verhaltensstörungen dar (Bröcher 1997c, 153ff). Anschließende Übergänge in wissensorientierte Formen des Lehrens und Lernens, also „schulisches Lernen" im traditionellen Sinn, scheinen jedoch erhebliche Probleme aufzuwerfen (Bröcher 1997c, 292).

Ausgehend von der didaktischen Frage nach den Inhalten des Unterrichts für Schüler mit Verhaltensstörungen folgt Bröcher der reformpädagogischen Forderung nach einem Ansatz an der Lebenswelt der Kinder und Jugendlichen, manifestiert in ihrer Alltagsästhetik. Alltagsästhetischer Unterricht, so der Anspruch dieser Konzeption, erfüllt die Aufgabe der Heilerziehung bei Verhaltensstörungen durch schulische Bildungsprozesse und damit therapeutische Funktionen. „Das therapeutische Wissen wird quasi mit in die unterrichtlichen Prozesse eingeschmolzen, statt daß es additiv, aber ohne organische Verbindung, an den Unterricht angehängt wird" (Bröcher 1997b, 100f). Die ästhetische Bearbeitung der Lebensprobleme im Unterricht führt nach dieser Konzeption zu therapeutischen Effekten, die bisher allerdings nicht wissenschaftlich dokumentiert sind.

Kritik

Der Ansatz besitzt durchaus Originalität. Die Probleme der Schüler zum Inhalt des Unterrichts zu machen, ist zwar nicht neu, sondern in der Konzeption des Konfliktverarbeitenden Unterrichts bereits entfaltet. Die Berücksichtigung der alltagsästhetischen Manifestationen als Kriterium zur Gewinnung von Unterrichtsthemen stellt jedoch eine eigenständige Position dar. Dem in Kunsttherapie ausgebildeten Lehrer eröffnen sich hier neue Zugangswege, die didaktisch weiter zu bearbeiten sind. Schon bei der Frage, ob eine solche Arbeitsform bei fehlender kunsttherapeutischer Qualifikation durchgeführt werden kann und sollte, tauchen Grenzen des Ansatzes auf.

Zugleich ist auf weitere Probleme hinzuweisen. Der Ansatz an der spezifischen Lebenswelt der Schüler birgt in sich die Gefahr, auf eben diese Subkultur die Bildung zu beschränken. Damit wird die Randstellung der Schüler mit Verhaltensstörungen zementiert. Die ähnliche Konzeption einer Schule für soziokulturell benachteiligte Schüler von Ernst Begemann, die in der Lernbehindertenpädagogik seit den 70er Jahren große Beachtung gefunden hat, ist dahingehend deutlich kritisiert worden (Willand 1977, 75ff).

Die Orientierung an der Lebenswelt und die Forderung nach lebensnahem Unterricht stellt eine bis heute virulente und immer neu formulierte Forderung der Reformpädagogik dar. Sie bildet jedoch zugleich ein großes Problem. Denn die Schule hat ja, wie oben gezeigt, gerade die Funktion, über die Lebenswelt hinaus zu führen und eine Initiation in die Öffentlichkeit zu leisten (Oelkers). Bei einer Leugnung dieser Funktion der Schule lässt sich die Zielvorstellung der Re-Integration von Schülern mit Verhaltensstörungen kaum noch realisieren. „Lebenswelt" lässt sich zudem gar nicht in die Schule transportieren: Die Lebenswelten der Schüler auch in Schulen zur Erziehungshilfe sind zu divergent und zu umfassend, als dass sie in einem Unterricht überhaupt bearbeitbar wären. Die Differenz der Lebenswelten von Lehrern und Schülern wird zudem nicht beachtet. Die Frage, welche Wirkungen denn ein solcher Unterricht auf der Basis der alltagsästhetisch manifestierten Lebensprobleme hat, ist zudem noch völlig offen. Es liegen bisher noch keine wissenschaftlich fundierten Evaluationen vor. Nach dem Gesetz der ungewollten Nebenwirkungen (Nohl) sind auch Misserfolge und negative Effekte zu erwarten.

6.9.4 Lernfragen

- Welche der weiter oben vorgestellten therapeutischen Richtungen, z. B. Verhaltensmodifikation, Individualpsychologie usw., erscheint Ihnen besonders geeignet, um im Rahmen eines TOS Verwendung zu finden? Wenden Sie die Kategorien zur Aufbereitung therapeutischer Ansätze von Vernooij an.
- Inwiefern trägt der Ansatz der Sozialdidaktik seinen Namen zu Recht? Auf welche Aspekte des Unterrichts legt dieser Ansatz seinen Schwerpunkt?
- Welche alltagsästhetischen Produkte der Kinder und Jugendlichen halten Sie zur Verwendung im Unterricht für geeignet? Welche Lebensprobleme sind erkenntlich?

6.10 Ergebnis

Der Überblick über die wichtigsten didaktischen Konzeptionen zur Förderung von Schülern mit Verhaltensstörungen ist damit abgeschlossen. Einige bemerkenswerte Ergebnisse sind festzuhalten.
Es hat sich bestätigt, dass die verschiedenen Konzeptionen von

bestimmten Modellen ausgehen, die das Verständnis von Verhaltensstörung prägen und auch die Förderung der Kinder bestimmen. Ob die Störung des Unterrichtsprozesses als minimale Hirnschädigung eines Kindes, als fehlgeleitetes Lernen, als mangelnde Bedürfnisbefriedigung in früher Kindheit oder als Entwicklungsverzögerung verstanden wird, bestimmt tatsächlich die didaktischen Konzeptionen. Sensomotorische Reizkontrolle, Verhaltensmodifikatorische Lernweltgestaltung und Lehrersteuerung, Konfliktverarbeitung, Beziehungsangebot, das Prinzip Ermutigung oder die Entwicklungsförderung werden auf der Basis dieser Denkmodelle entwickelt. Solche Zusammenhänge lassen sich deutlich herausarbeiten. Insofern bildet die Orientierung an den verschiedenen Modellen von Juul tatsächlich einen adäquaten Zugang auch zu didaktischen Fragen. Diese Schwerpunkte und Basisannahmen der Konzeptionen sind unbedingt zu unterscheiden und zu berücksichtigen.

Auffällig ist, dass einzelne Modelle Juuls keine didaktischen Vorschläge entwickelt haben. Während beim medizinischen Modell die Didaktik naturgemäß keine Rolle spielt und das Gegenkultur-Modell wohl eher eine zeitbedingte Erscheinung in den 70er Jahren darstellt, ist dies beim ökologischen Modell durchaus überraschend. Dieses Modell dominiert zur Zeit die wissenschaftliche Diskussion der Pädagogik bei Verhaltensstörungen doch in starkem Maße. Aufgrund des Verständnisses der Entstehung von Verhaltensstörungen in einem lebensweltlichen System impliziert das ökologische Modell jedoch nicht so sehr die Entwicklung einer eigenen Didaktik, vielmehr die Ausweitung des Blickfeldes auf die zum Ökosystem gehörenden Faktoren. Eine Konsequenz ökologischen Denkens, in deren Richtung tatsächlich Bemühungen stattfinden, stellt der Aufbau sozialpädagogischer Hilfen in der (Regel-)Schule dar. Der heilpädagogischen Förderung bei Verhaltensstörungen werden damit neue, über den Unterricht hinausgehende Handlungsformen erschlossen. Eine solche Schulsozialarbeit, wie sie beispielhaft in der Astrid-Lindgren-Schule im Kreis Aachen praktiziert wurde (Langkamp et al. 1995), erweitert die Didaktik zur Schulpädagogik. Diese Erweiterung der Handlungsfelder heilpädagogischer Förderung bei Verhaltensstörungen stellt aktuell eine der wichtigsten Entwicklungstendenzen von Sonderpädagogik und Schulpädagogik dar. Mit dem ökologischen Modell einher geht zudem die Forderung nach integrativer Unterrichtung und einer Didaktik, die den Lernbedürfnissen aller Kinder und Jugendlichen gerecht wird, so dass defektorientierte, sich abgrenzende Didaktik-Entwürfe „für Verhaltensstörungen" nicht mehr sachgemäß erscheinen.

Auffällig ist des weiteren, dass alle vorgestellten Konzeptionen Synthesen darstellen. Zwar gibt es meist eine dezidierte Basisannahme, aber die Methoden, Verfahren oder Ergebnisse anderer Entwürfe werden ebenfalls herangezogen. Kein Ansatz kann bei seinem Modell der Verhaltensstörung und des erzieherischen Handelns in Reinform bleiben. Man kann darin den Beleg sehen, dass Schule eine eigene, differenzierte Kultur besitzt (Oelkers), die nicht monokausal erklärbar und steuerbar ist, schon gar nicht durch psychologische Theorien. Vielmehr bestehen in der Schule eigenständige soziale und kulturelle Wirklichkeiten, die eigenen Prinzipien, Regulationen, „Gesetzen" unterstehen. Der Unterricht in diesem Rahmen besitzt anscheinend komplexe Wirklichkeitsstrukturen, die nur mit multiplen Theorieansätzen handhabbar werden. Diese Notwendigkeit einer mehrdimensionalen Theoriearbeit stellt hohe Anforderungen an die hier tätigen Fachkräfte und zugleich an die Lehrerbildung, die eher eine verstärkte Theoriearbeit denn eine reduktionistische „Praxisorientierung" verlangt.

7 Prozess und Gestaltung heilpädagogischer Förderung

Die heilpädagogische Förderung von Kindern und Jugendlichen mit Verhaltensstörungen wird aller Voraussicht nach, trotz der „Integrations-Debatte" (Bleidick, s.u.), weiterhin in besonderen Einrichtungen, etwa der Schule für Erziehungshilfe, stattfinden. Sie wird zunehmend auch in anderen Schularten geleistet werden müssen: Grund- und Hauptschule, Berufsschule und Sonder- bzw. Förderschulen sind zu nennen.

Im Rahmen der Förderung in Schulen zur Erziehungshilfe sind Prinzipien, Strukturierungen und Materialien entwickelt worden, die sowohl in dieser Schulform als auch in den anderen Tätigkeitsfeldern Beachtung verdienen. Hinzu kommt der festgeschriebene Auftrag der Re-Integration, der die heilpädagogische Förderung unter den gegebenen schulstrukturellen Bedingungen vor besondere Probleme stellt. Eine pragmatische Zusammenfassung und strukturierende Reflexion bietet Hußlein (1983, 1993). Für die heilpädagogische Förderung sind also einerseits die bereits dargestellten, theoretisch fundierten Konzeptionen leitend. Andererseits ermöglicht die Berücksichtigung praxisnah entwickelter Vorschläge, also die Beachtung spezifischer Rahmenbedingungen, der zeitlichen Abläufe, der bewährten Handlungsprinzipien und der spezialisierten Materialien, eine professionelle Qualifizierung heilerzieherischen Handelns. Diese gestalterischen Aspekte stellen daher erprobte Hilfen für die unterrichtliche Praxis bei Unterrichts- und Verhaltensstörungen dar, deren Beachtung in unterschiedlichen Kontexten von Nutzen sein kann.

Schlüsselwörter: Rahmenbedingungen • Prozess • 5 Phasen • Erzieherische Prinzipien • Unterrichtliche Prinzipien • Einsatzorte von Fördermaterialien • Re-Integration • Kriterien • Phasen • Kritik

7.1 Rahmenbedingungen der Förderung in besonderen Schulen

Als Rahmenbedingung für die heilpädagogische Förderung bei Verhaltensstörungen ist in erster Linie das „Prinzip des Durchgangs" (Hußlein 1993, 474) zu beachten. Ausgangspunkt für heilpädagogische Förderung ist meist eine aktuelle Notsituation, in der Hilfe notwendig wird – und die Hilfe muss dieser Notsituation entsprechen. Die Hilfe hat damit vorübergehenden Charakter und verfolgt immer auch das Ziel, sich selbst aufzuheben. Die Schüler sind möglichst bald wieder in den möglichst normalen Unterrichtsrahmen einzugliedern. Im schulischen Kontext ergibt sich daraus die Konsequenz, dass es keinen eigenen Lehrplan für die Schule für Erziehungshilfe gibt. Vielmehr gelten die entsprechenden Bezugslehrpläne, in der Regel der Lehrplan der Grund- bzw. Hauptschule. Die Gültigkeit des Bezugslehrplans ist eine notwendige Voraussetzung, um die spätere Re-Integration (s.u.) zu ermöglichen.

Allerdings werden besondere Schwerpunktsetzungen erwartet, wie sie auch die Empfehlungen der Kultusministerkonferenz von 1994 zum Ausdruck bringen. Diese Akzentuierung wird als „Vorrang der Erziehung" (Hußlein 1993, 475) bezeichnet. Erziehung ist für jedes Kind notwendig, die prinzipielle Erziehungsbedürftigkeit des Menschen stellt die allgemeine Basis dar (Süßmuth 1969, Brezinka 1981). Die heilerzieherische Tätigkeit intensiviert die Antwort auf diese allen Kindern gemeinsame Bedürftigkeit. Therapie kann, muss aber nicht unbedingt hinzukommen. Während Therapie also eine fakultative Handlungsmöglichkeit darstellt, bleibt Erziehung die unverzichtbare und zu intensivierende Basis.

Die unterrichtliche Förderung unterliegt einem spezifischen Anspruch. Dafür werden spezifisch akzentuierte didaktische Prinzipien und Schwerpunktsetzungen vorgeschlagen. Ausgehend von der didaktischen Reflexion des Störfaktors, der den Blick auf die Individuallage der betroffenen Schüler lenkt, sind unterrichtliche Maßnahmen für die betreffenden Schüler zu verändern.

> „Spezielle Methoden der Anwendung, Verfeinerung des Handelns, Modifikation pädagogischer Maßnahmen, Akzentuierung bestimmter Grundsätze können als formale Kriterien Bausteine sein, Unterrichtsprozesse bei verhaltensgestörten Schülern problemangemessener mitzubestimmen" (Hußlein 1993, 477).

Dabei sind zwei Pole zu beachten, die im Prozess der heilpädagogischen Förderung zu bearbeiten sind: der Verhaltensaspekt und der Lern- und Leistungsaspekt. Die Erfüllung beider Pole strukturiert die heilpädagogische Förderung bei Verhaltensstörungen in spezifischer Weise und bildet sich auch in integrativen Formen der Hilfe ab (Hillenbrand 1998a).

Davon geprägt sind auch didaktische Fragen der Lernziele und Lerninhalte. Der allgemeine Lehrplan bleibt die Grundlage und der Rahmen, die Förderung von Verhalten und Leistung erfordert jedoch Schwerpunktsetzungen und „Akzentuierungen" (Hußlein 1993, 479) bei der Themenwahl, in den Zielen und in den einzelnen Unterrichtsfächern. Zum Inhalt des Unterrichts müssen Überlegungen erfolgen, ob bestimmte Unterrichtsstoffe positiv für die psychosoziale Stabilisierung des Schülers wirken können. Einerseits könnte die Thematisierung eines konfliktträchtigen Inhalts der Konfliktverarbeitung dienen (Baulig), in einer anderen Situation scheint es hingegen angeraten zu sein, Konflikte möglichst zu eliminieren (Sigrell). Impulse für die moralische Entwicklung, etwa durch Dilemma-Geschichten nach Kohlberg, könnten angesichts des Zusammenhangs von Verhaltensstörungen mit moralischer Desorientierung (Speck 1997) eine adäquate Hilfe darstellen. Die Wirksamkeit solcher unterrichtlicher Inhalte zur Förderung von Schülern mit Verhaltensstörungen ist bisher jedoch empirisch nicht belegt.

Dem schulischen Fächerkanon wird eine besondere Bedeutung für die Förderung bei Verhaltensstörungen zugesprochen. Es gibt Vorschläge, „einzelne Fächer ihrer therapeutischen Wirkungen wegen hervorzuheben" (Hußlein 1993, 480). Musik, Kunsterziehung, Werken oder Sport sind demnach positive Ansatzpunkte. Hier drängen sich Verbindungen zu entsprechenden Therapieformen, etwa der Kunsttherapie, Musiktherapie oder Mototherapie, geradezu auf. Zu Beginn der heilpädagogischen Förderung, wenn eine tragfähige Lehrer-Schüler-Beziehung angebahnt, die sozial-emotionale Ebene angesprochen oder die Bildung einer Gruppenidentität ermöglicht werden soll, können durch solche Schwerpunkte neue und positive Erfahrungen wie Interesse, Motivation und Handlungskompetenzen grundgelegt werden.

In organisatorischer Hinsicht erhält die Gruppengröße in der Förderung von Schülern mit Verhaltensstörungen eine große Bedeutung. Die Gruppen sollten, je nach Alter und Belastungen durch die Schwere der Verhaltensstörung, sechs bis acht Kinder nicht übersteigen. In integrativen Schulen sollten nicht mehr als drei Schüler mit Verhaltensstörungen pro Gruppe vertreten sein, notwendig sind dann zwei eng kooperierende Lehrkräfte.

7.2 Der Prozess heilpädagogischer Förderung

Da als Rahmenbedingung das Durchgangsprinzip gegeben ist, muss über die zeitliche Gestaltung des Prozesses heilpädagogischer Förderung bei Verhaltensstörungen reflektiert werden. Schon länger existieren daher Vorschläge, einzelne Phasen der Förderung zu unterscheiden. Myschker unterscheidet fünf Phasen und erkennt darin ein Merkmal fachlich adäquaten Handelns: „Spezifisch für die Organisation und für den Verlauf des pädagogisch-therapeutischen Konzepts ist ein fünf Phasen-Modell, in dem zwischen den Phasen fließende Übergänge bestehen" (Myschker 1993, 183). Die einzelnen Phasen sind also nicht als strikt getrennte Einzelschritte gedacht, sondern gehen ineinander über, Rückgriffe und Vorgriffe sind möglich (Myschker 1993, 183ff). Wie sind diese fünf Phasen charakterisiert?

Die erste Phase ist charakterisiert als Phase der *Leistungsentlastung*. Durch die Reduktion von Leistungsanforderungen wird der Aufbau eines pädagogischen Bezugs ermöglicht. Das aktive Akzeptieren der Person des Kindes und Jugendlichen durch den Lehrer stellt die Basis dar, auf der ein Einsatz therapeutischer Elemente, die Ermutigung des Schülers und die klare Strukturierung der Situation erfolgreich stattfinden kann.

Die zweite Phase, die Phase der *Leistungsmotivation*, will ein Vertrauensverhältnis zwischen Lehrer und Schüler aufbauen und den pädagogischen Bezug vertiefen. Die Ausweitung interessanter schulischer Angebote, aber auch das Training angemessenen Verhaltens führen zu guten Gewohnheiten und dem Beginn selbständigen Lernens. Relevante therapeutische Techniken, etwa zur Metakognition, finden verstärkten Einsatz.

In der dritten Phase, der Phase der *Leistungsbereitschaft*, kommt es zur Identifikation des Schülers mit dem Lehrer. Er akzeptiert dessen Werte und übernimmt sie ansatzweise. Der Schüler erlernt die Fähigkeiten der Selbstbeobachtung, Selbstverstärkung und Selbstmodifikation. Eine gezielte schulische Lernförderung dient der Reduktion schulischer Leistungsdefizite, zugleich wird durch offenen Unterricht und durch Projekte die Fähigkeit zum selbständigen Lernen vertieft.

Die vierte Phase, die Phase der *Selbständigkeit*, verändert die Lehrer-Schüler-Beziehung zu einem stärker partnerschaftlichen Verhältnis, das bereits die Ablösung vorbereitet. Der Schüler übernimmt stärker die Aufgabe der Selbstorganisation, zugleich werden die eingesetzten pädagogisch-therapeutischen Verfahren ausgeblendet. In didaktischer Hinsicht entsprechen freie Aktivitäten und offener Unterricht diesen Aufgaben.

In der fünften Phase, der Phase der *Bewährung*, findet eine begleitende Nachbetreuung durch kontinuierliche Kontakte statt. Bei Problemsituationen kann eine heilpädagogische Krisenintervention stattfinden.

Diese zeitliche Strukturierung vermag die Arbeit in besonderen Institutionen für Schüler mit Verhaltensstörungen anzuleiten. Sie stellt zugleich eine relevante Gliederung für die integrative Förderung dar, für die wenige spezifische Modifikationen gelten.

In der ersten Phase muss gemeinsam mit dem Klassenlehrer über eine Leistungsentlastung gesprochen werden. Gerade in der zweiten Phase darf es zu keiner Konkurrenz zwischen beiden Lehrkräften auf der Ebene der Beziehung zum Schüler kommen. Der Klassenlehrer muss über die eingesetzten therapeutischen Elemente gründlich informiert werden. In der dritten Phase sollte der Zusammenhang zum Lernprozess in der Klasse hergestellt werden, der zugleich die positiven Lernerfolge in der Förderung verdeutlicht. Die vierte Phase erfordert den Transfer der erworbenen Verhaltenskompetenzen in die Klassensituation, der durch Hilfen des Klassenlehrers unterstützt werden sollte. Abschließend erfolgt in der fünften Phase die Ausblendung des Förderlehrers, der sich jedoch für eine gewisse Zeit weiterhin als Ansprechpartner für notwendige Interventionen anbietet.

7.3 Gestaltungsprinzipien

Ausgehend von charakteristischen Merkmalen, die dem Phänomen Verhaltensstörung als zugehörig eingeschätzt werden, gelangt Hußlein zu mehreren Akzentsetzungen für den Unterricht bei Verhaltensstörungen. Merkmale von Verhaltensstörungen sind

Situationsbezug: Verhaltensstörungen resultieren aus Person-Umwelt-Wechselwirkungen und verlangen daher große unterrichtliche Flexibilität;

Zeitlichkeit: Verhaltensstörungen können kurzfristige Konflikte, aber auch längerdauernde Lebenserschwernisse sein und verlangen nach ermutigenden Hilfsangeboten;

Schweregrad: Verhaltensstörungen gibt es in verschiedenen Schweregraden, sie verlangen nach einem gestuften, durchlässigen System spezifischer Förderung;

Wechselhaftigkeit: Verhaltensstörungen sind fluktuierende Phänomene. Sie verlangen daher nach tragfähigen emotionalen Beziehungen und nach einer Gestaltung von Situationen, die Störverhalten vermeiden hilft;

Normabhängigkeit: Verhaltensstörungen provozieren Kontrolle und Sanktionen, sie verlangen eine Prävention vor sozialen Benachteiligungs- und Aussonderungsprozessen sowie offene Kommunikationsmöglichkeiten der Beteiligten;

Mehrdimensionalität: Verhaltensstörungen sind komplexe Phänomene und verlangen daher mehrfachen Perspektivenwechsel sowie ein professionelles, interdisziplinär arbeitendes Team.

Für Hußlein ist die Berücksichtigung dieser Merkmale von Verhaltensstörungen eine wichtige Bedingungen für die erfolgreiche Gestaltung der Förderung: „Die Effektivität des Unterrichts mit psychosozial gestörten Kindern kann bei sorgsamer Beachtung dieser Komponenten im Sinne der kritisch-kommunikativen Didaktik verbessert werden" (Hußlein 1993, 477). Er leitet daraus besondere Grundsätze der Unterrichtsgestaltung bei Verhaltensstörungen ab. Es muss demnach „zur besonderen Aufgabe werden, die erzieherischen Aspekte allgemeiner Unterrichtsprinzipien aufzuspüren, den Vorrang der Erziehung zu erkennen, was wohl als überaus wichtige Akzentuierung für unterrichtliches Handeln mit Problemschülern anzusehen ist" (Hußlein 1993, 481).

Die Unterrichtsprinzipien aus der allgemeinen Didaktik, wie etwa Zielorientierung, Sach- und Schülergemäßheit, Motivierung und Passung (s.o.), besitzen Gültigkeit. Hinzu kommen pädagogische Handlungsformen, die den Primat der Erziehung im Unterricht realisieren. „Unterricht braucht demzufolge die Einbettung in einen erzieherischen Erfahrungsraum" (Hußlein 1993, 485). Erzieherische Impulse gehen von folgenden Prinzipien aus:

Geborgenheit gewähren: Gegen die Unsicherheit und Isolation der betroffenen Schüler erfolgt die Annahme des Kindes. Der Lehrer verbalisiert Gefühle, um sein Verstehen und das Ernst nehmen der Gefühlslage des Kindes zu verdeutlichen. Diese Erfahrung fördert die emotionale Entwicklung des Schülers.

Bestärken und Ermutigen: Oft fehlt, verborgen hinter einer Fassade der Gleichgültigkeit und Aggressivität, die Selbstachtung und das Selbstvertrauen der Schüler. Durch die Bestärkung und Ermutigung zu positiven Handlungen kann diese Problematik als Entwicklungschance erkannt und gefördert werden.

Halten und Aushalten: Dem Lehrer in speziellen schulischen Einrichtungen für Schüler mit Verhaltensstörungen bleibt oft nichts anderes übrig, als gestörtes Verhalten auszuhalten, der Person weiterhin Halt zugeben, was sich teilweise auch in körperlichen Ausdrucksformen zeigen wird.

Regeln und Ordnungen geben: Klare, einsichtige und geltende Ordnungen helfen den Schülern zu einer Regulierung ihres Verhaltens. Dazu können Sitzordnung, die Struktur des Zimmers und die Rhythmisierung des Alltags dienen. Die Regeln mit ihren natürlichen und logischen Konsequenzen sollten möglichst durch den Lehrer offengelegt werden.

Methodisch-didaktische Prinzipien im engeren Sinne dienen nicht der Disziplinierung, sondern Anbahnung neuer Verhaltenskompetenzen:

Unterrichtsmethoden sicher und beweglich handhaben: Es besteht ein enger Zusammenhang zwischen dem Auftreten von Unterrichts- und Verhaltensstörungen zu den methodischen Fertigkeiten des Lehrers. Der adäquate Einsatz von Methoden und Konzepten vermeidet Störungen und Problemsituationen.

Anfangssituationen klären: Der Beginn des Schultags, einer Unterrichtsstunde und einer Unterrichtsphase ist oftmals entscheidend. Gerade an dieser Stelle sind ermutigende Erfolge und die Befriedigung elementarer Bedürfnisse, etwa nach Sicherheit und Anerkennung, sehr hilfreich.

Unterricht überschaubar gestalten: Besitzt der Unterricht eine deutliche und erkennbare Struktur, kann dies eine Hilfe für Schüler mit Verhaltensstörungen darstellen. Vorhersagbarkeit der sozialen Situation schafft Sicherheit und ermöglicht eigenständige Aktivitäten.

Freiräume schaffen: Nicht die perfekte Durchstrukturierung, die keine

Störungen mehr zulässt, ist das Ziel. Vielmehr müssen Spontaneität, Gruppenprozesse, Selbsttätigkeit und die selbständige Übernahme von Aufgaben möglich sein. Der Unterricht muss also Möglichkeiten zum Erwerb von Selbststeuerungskompetenzen beinhalten.

Meta-Unterricht zulassen: Insbesondere durch die kritisch-kommunikative Didaktik wurde der Vorschlag des Meta-Unterrichts in die Didaktik eingebracht. Unterrichtsstörungen selbst können demnach Thema im Unterricht sein. Die gemeinsamen Bemühungen um Lösungen werden dabei geklärt und verdeutlicht. Zu diesem Aufgabenbereich gehört das Einüben von Gesprächstechniken und Gesprächsregeln.

Gruppe als soziales Lernfeld: Durch die Arbeit in Gruppen erfolgen wichtige Schritte des sozialen Lernens. Sie kann Kinder entlasten, ihre Selbsttätigkeit fördern, durch eine gegenseitige Kontrolle das problematische Sozialverhalten reduzieren und neue Kompetenzen aufbauen.

Individualisierung: Die individuelle Gestaltung der Lernanforderungen stellt eine wichtige Lernhilfe, eine Entlastung von Erwartungsangst und Leistungsdruck, eigentlich eine Vorbedingung für schulische Lernerfolge dar.

Therapeutisches Milieu: Hußlein formuliert die Aufgabe des Lehrers, „Erziehung und Unterricht mit therapeutischen Maßnahmen zu durchsetzen, um die Wirksamkeit besonderer Hilfe zu erhöhen. Somit gewinnt der Aufbau eines sozial förderlichen und vertrauensvoll offenen Klimas große Bedeutung." (Hußlein 1993, 489). Dazu gehören insbesondere Maßnahmen zur Ich-Stärkung nach Redl und die stabile Beziehung von Lehrer und Schüler. Spezifische Angebote, wie Förderkurse in schulischen Inhalten, künstlerische Aktivitäten, Freizeitangebote und Sport konkretisieren den Unterricht als „ein wirksames therapie-intendiertes Medium" (Hußlein 1993, 489).

Die aufgeführten erzieherischen und didaktischen Prinzipien verlangen bestimmte Werte und Einstellungen vom Lehrer. Hußlein schlägt dazu, wie zahlreiche andere Autoren in der Pädagogik bei Verhaltensstörungen, die Orientierung an den therapeutischen Prinzipien Rogers vor. Der heilpädagogische Lehrer wird hier als „Facilitator", also als „Lernerleichterer", verstanden. Er ist authentisch, seine Handlungen sind transparent, und er strahlt Wärme und Empathie aus. Damit werden in therapeutischer Sprache die Tugenden von Lehrern und Heilpädagogen reformuliert, die bereits früher gefordert wurden, deren Thematisierung eine gewisse Zeit jedoch nicht opportun erschien (Haeberlin 1988). Solche Anforderungen an die Werthaltung erscheinen gerade bei Unterrichts- und Verhaltensstörungen unumgänglich. Dies ist auch nur zu verständlich, wenn man ihre Merkmale als interpersonale und zugleich belastende Phänomene bedenkt: Das Ethos des Lehrers wird durch Verhaltensstörungen in besonderer Weise angefragt.

7.4 Fördermaterialien

Aufgrund des engen Zusammenhangs zwischen Lernen, Entwicklung und Verhalten eines Heranwachsenden finden zahlreiche Materialien, die aus den Bereichen Lernförderung und Sprachförderung bekannt sind, auch bei Schülern mit Verhaltensstörungen Verwendung. Im Unterschied zu allgemeinen didaktischen Materialien sind Fördermaterialien „gezielte, auf Stärken und Schwächen ausgerichtete, auch diagnostisch abgestützte Maßnahmen, die in kleinen Schülergruppen angesetzt werden" (Grissemann 1993, 497f). Grissemann geht nach dem Modell der Lernstörungen (s.o.) von einer engen Wechselbeziehung zwischen Lernstörungen und Verhaltensstörungen aus, die zu einer gegenseitigen Verstärkung von Problemen im kognitiven und sozial-emotionalen Bereich führen. Lernbeeinträchtigungen, beispielsweise aufgrund kognitiver Impulsivität, können zu reaktiven emotionalen Störungen wie Angst, Motivationsbeeinträchtigungen, Selbstwertproblemen oder Misserfolgsorientierung führen. Die dadurch entstehenden Lücken im Lernprozess manifestieren sich in einem erneuten Versagen. Daher erkennt Grissemann drei Ansatzpunkte für den Einsatz von Fördermaterialien:

1. Primärer Einsatzort: Materialien für primäre Lernstörungen und Verhaltensstörungen, die zugleich der Prävention von psychoreaktiven Folgen dienen;
2. Sekundärer Einsatzort: Materialien, die auf die Wechselbeziehung zwischen Lernstörung und Verhaltensstörung einwirken;
3. Tertiärer Einsatzort: Materialien, die für den Einsatz im Umfeld der Störung geeignet sind und sich daher für systemische Interventionen anbieten.

Dabei kann eine solche Zuordnung nie eindeutig sein und muss zudem die unterschiedlichen institutionellen Gegebenheiten, seien es Sonderschulen, ambulante Angebote oder die präventive Arbeit in Regelklassen, berücksichtigen. Grissemann betont zugleich den Vorrang des pädagogischen Bezugs gegenüber Fehlvorstellungen von technischer Machbarkeit durch Übungsmaterialien. Für den Einsatz der Fördermaterialien gilt es, den Bezug zur Lebenswelt des Schülers herzustellen, soziale Isolierung zu vermeiden und – so weit sinnvoll und möglich – durch den Lernprozess konkrete und fassbare Lernprodukte auszurichten.

Entsprechende Fördermaterialien können im folgenden nur exemplarisch skizziert werden. Die Darstellung orientiert sich an den drei Einsatzorten.

7.4.1 Materialien für den primären Einsatzort

Für den Bereich der *Lernstörungen* sind eine Fülle von Materialien mit unterschiedlichen Schwerpunkten entwickelt worden.

Die *kognitive Reflexivität* insbesondere bei hyperaktiven Kindern spricht das strukturierte Arbeitsmaterial von Neukäter und Goetze (1978) an, das auf Prinzipien Cruickshanks basiert. Recht große Verbreitung haben das „Aufmerksamkeitstraining mit impulsiven Kindern" von Ingeborg Wagner (Wagner 1981) sowie das Programm „Instrumental Enrichment" von Feuerstein gefunden. Die Förderung der Metakognition bei Schülern mit Verhaltensstörungen (Neukäter/Schröder 1991) zielt ebenfalls auf die bessere Steuerung kognitiver Prozesse. Die wohl fundiertesten Strategien und Materialien für die kognitive Förderung bei Aufmerksamkeits- und Hyperaktivitätsstörungen bietet das „Training mit aufmerksamkeitsgestörten Kindern" von Lauth und Schlottke (1997) an.

Für die Förderung der *Wahrnehmung* in verschiedenen Bereichen stehen zahlreiche sonderpädagogische Programme zur Verfügung. Die visuelle Wahrnehmung sprechen die Förderprogramme von Marianne Frostig an, die auditive Wahrnehmungsförderung wird in der Sammlung von Fritze et al. (1978) entwickelt. Die Sensomotorik und die Integration der Sinnesreize spricht insbesondere der Ansatz von Ayres an, der auch auf den Unterricht bei Teilleistungsschwächen und Verhaltensstörungen übertragen wurde (Breitenbach 1992).

Für die Förderung in den schulischen Lernbereichen und Fächern, im Lesen, Schreiben oder in Mathematik, stehen zahlreiche Angebote zur Verfügung, die zum Teil auch weite Verbreitung in Regelschulen gefunden haben (LÜK-Material, Heinevetter-Material u.a.m.). Grissemann selbst entwickelte psycholinguistisch fundiertes Lese-, Sprach- und Rechtschreibtrainingsmaterial (Grissemann 1984).

Für den Schwerpunktbereich der *sozial-emotionalen Störungen* lassen sich weit weniger ausgearbeitete Programme finden. Ein Training zur visuellen Wahrnehmung mimisch-gestischer Signale versucht, die Fähigkeit zur Empathie zu stärken (Hielscher 1977). Ansonsten steht die Methode des Rollenspiels im Vordergrund der Handlungsvorschläge, für die auch spezielle Materialien angeboten werden. Das retardierte Sozialverhalten und der sozial-emotionale Entwicklungsrückstand sollen im Probehandeln des Rollenspiels stimuliert werden. Gegenüber den früheren, recht hohen und zugleich naiven Erwartungen an Rollenspiele ist die Diskussion der Probleme heute eher kritisch, vor allem wegen des mangelhaften Transfers der geübten Verhaltensweisen in die Alltagsrealität (Grissemann 1993, 513). Die hier vorausgesetzten kommunikativen Kompetenzen sind oftmals nicht gegeben und bedürfen der gezielten Einführung. Zur Gestaltung von Rollenspielen liegen inzwischen einige Materialien vor. Eine wichtige Handlungsmöglichkeit bei Unterrichts- und Verhaltensstörungen sind auch die vielen Vorschläge zu kooperativen Spielformen (Gudjons 1983, Goetze 1993).

7.4.2 Materialien für den sekundären Einsatzort

Lernstörungen und Verhaltensstörungen stehen in einem komplexen Zusammenhang, der in der Förderung berücksichtigt werden muss: Lernen *und* Verhalten sind zu beachten!

Zum Ansatz bei der Wechselbeziehung von Lern- und Verhaltensstörungen weist Grissemann auf das von Ulrike Petermann entwickelte Training mit sozial unsicheren Kindern hin. Der Ansatz wurde inzwischen um Trainings für aggressive Kinder und Jugendliche und für das Arbeits- und Sozialverhalten erweitert (Petermann 1993, Petermann/Petermann 1991, Petermann/Petermann 1993). Diese verhaltenstherapeutisch orientierten Materialien beziehen kognitive und Selbstbewertungsaspekte mit ein. Allerdings stellen sie keine Unterrichtsmaterialien im eigentlichen Sinn dar, sie sind eher für die therapeutische Arbeit in Kleingruppen konzipiert.

Gegen den „Teufelskreis Lernstörungen" haben Betz und Breuninger (1987) Vorschläge für die Behandlung von Angst und Aggression entwickelt. Die Materialien selbst sollen allerdings mit den Schülern zusammen entwickelt und erstellt werden.

7.4.3 Materialien für den tertiären Einsatzort

Der tertiäre Einsatz will das ökologische System, in dem sich Verhaltensstörungen manifestieren, beeinflussen. Insbesondere die Familie und die Eltern sind hier die Adressaten heilerzieherischer Tätigkeit. Dafür müssen systemische Funktionen im Fördermaterial enthalten sein. „Ein praktisches Lehrbuch zum systemischen Arbeiten mit schulschwierigen Kindern", so der Untertitel des Werkes von Hennig und Knödler (1995), gibt dazu eine sehr gute Übersicht und bietet hilfreiche Materialien an. Das Feld „Elternarbeit" stellt jedoch ein recht schwieriges Terrain für die Förderung bei Verhaltensstörungen dar, so dass ein Suchen und Versuchen hier notwendig bleibt.

7.5 Der Auftrag der Re-Integration

Seit es die besondere schulische Förderung von Schülern mit Verhaltensstörungen gibt, besteht der Auftrag der Re-Integration, also der nur vorübergehenden Unterrichtung in besonderen schulischen Organisationsformen mit dem Ziel, eine Rehabilitation der Kinder zu erreichen, so dass sie baldmöglichst wieder am Unterricht der Regelklasse teilnehmen können. Schon Arno Fuchs, der Gründer der ersten Erziehungsklassen in Berlin 1928, fordert die möglichst frühe Rückschulung nach zwei oder drei Jahren:

> „Die E-Klasse hat die Sonderbehandlung des schwererziehbaren Kindes nur vorübergehend zu übernehmen und die Rückgabe an die natürlich zusammengesetzte Schulgemeinschaft baldmöglichst zu erstreben." (Fuchs 1930, 52)

Auch die Kultusministerkonferenz schreibt dieses Ziel in ihren Empfehlungen von 1972 und 1977 fest, die dann auch in den Richtlinien der Bundesländer verarbeitet wurden (Neukäter 1989b,

261). Schulen zur Erziehungshilfe verstehen sich demnach als Durchgangsschulen:

„Als Durchgangsschule konzipiert zielt diese Institution auf Rückschulung und Wiedereingliederung der betreffenden Schüler in die allgemeine Schule." (Neukäter 1989b, 262)

Während in anderen Förderschulen bei einer Rückschulung häufig der Verdacht auftritt, dass zuvor eine falsche Diagnose Grundlage der Überweisung war, gehört die Aufhebung der Besonderung zum Programm der schulischen Einrichtungen zur Erziehungshilfe.

Dieser Programmatik widerspricht jedoch die Realität. Zunächst gibt es kaum empirische Befunde zur erfolgten Rückschulung. Neukäter kann nur drei Untersuchungen vom Ende der 70er bis Mitte der 80er Jahre vorstellen. Die berichteten Zahlenwerte sind sehr niedrig (1% bis ca. 20% rückgeschulte Schüler), so „daß die sonderschulischen Einrichtungen für Schüler mit Verhaltensstörungen nur zum Teil ihren gesetzlichen Anspruch einer Durchgangsschule einlösen" (Neukäter 1989b, 263).

Wie kann angesichts der rudimentären Ergebnisse und Erfahrungen eine verantwortbare Re-Integration initiiert und begleitet werden? Dazu können einige hilfreiche Kriterien genannt werden.

7.5.1 Kriterien der Re-Integration

Neukäter nennt sieben „Bausteine", die für die Re-Integration von Bedeutung sind.

Zeitpunkt der Rückschulung: Empfehlenswert sind solche Zeitpunkte, die an sich bereits einen Einschnitt darstellen (Ende der Grundschule oder Orientierungsstufe).

Auswahl der aufnehmenden Schule: Zur Vermeidung von negativen Erinnerungen und Stigmatisierungen sollte es nicht die Regelschule sein, aus der der Schüler in die Sonderschule übernommen wurde, sondern möglichst eine andere Schule, deren überschaubare Größe Anonymität vermeidet, unbelastete Beziehungen ermöglicht und die zur Kooperation bereit ist.

Auswahl der rückzuschulenden Schüler: Hierzu konnten aus den Untersuchungen keine objektiven Kriterien gewonnen werden, es scheint vielmehr eine Beurteilung durch den Sonderpädagogen ausschlaggebend zu sein.

Herstellung eines angemessenen Leistungsstandes: Anerkannte Voraussetzung für eine erfolgreiche Re-Integration ist, dass der Schüler den Leistungsstand der aufnehmenden Klasse erreicht hat. Daher kann zur Vorbereitung eine intensive Förderung in einzelnen Schulfächern notwendig sein.

Psychische Belastungen beachten: Für den rückzuführenden Schüler kann die Veränderung mit Angst und negativen Vorerfahrungen verbunden sein. Für den Sonderschullehrer kann die Rückführung den Verlust eines Berufserfolgs, für den Regelschullehrer können die geforderten Erziehungskompetenzen und Kooperationen eine Belastung darstellen.

Differenz der Systeme: Während in der Sonderschule in kleinen Lerngruppen sehr personorientiert gearbeitet wird, stellen die Strukturen der Regelschule (Anonymität, Fachlehrersystem, Leistungsorientierung), die eigentlich der Reform bedürften, einen wichtigen Bestandteil der früheren Probleme dar.

Phasen der Rückschulung: Die Re-Integration erfolgt in drei spezifisch zu gestaltenden Phasen, die aufgrund ihrer Bedeutung detaillierter vorgestellt werden.

Diese Konzeptbausteine zur Re-Integration resultieren bisher aus relativ unsystematischen Untersuchungen, was die Heterogenität und teilweise immanente Widersprüchlichkeit erklärt. Da zur Zeit noch keine theoretische Fundierung vorliegt, können auch noch keine wissenschaftlich gerechtfertigten Aussagen zu diesem Themenkomplex getroffen werden.

„Ohne theoretische Fundierung lassen sich begründete Vorschläge zum Zeitpunkt der Rückschulung, zur Auswahl der Schüler und der aufnehmenden Schule, zur Herstellung des erforderlichen Leistungsstandes und zur konkreten Gestaltung der Rückschulungsmaßnahmen gar nicht treffen." (Neukäter 1989b, 266)

Als Leitlinie des Handelns lassen sich zumindest die Phasen der Re-Integration mit ihren jeweiligen Anforderungen aufzeigen.

7.5.2 Phasen der Rückführung

Mindestens drei Phasen der Re-Integration lassen sich unterscheiden. Sie erfordern unterschiedliche Schwerpunkte erzieherischer Arbeit, damit das jeweilige Ziel erreicht wird.

Die *Vorbereitungsphase* versucht die notwendigen Kompetenzen für die Bewältigung der Regelschulanforderungen in sozial-emotionaler wie kognitiver Hinsicht zu vermitteln. Die Auswahl der Rückschüler, der zeitliche Rahmen und die Entscheidung über die Re-Integration einer Gruppe oder eines einzelnen Schülers sind festzulegen. Kontakte zur aufnehmenden Schule, gezielte Vorbereitungskurse, Elternarbeit und besondere Angebote, etwa Spielangebote, sind anzuwendende Maßnahmen (Voigt 1993).

In der *Rückschulungsphase* kann ein bestimmter Zeitpunkt einen deutlichen Neuanfang signalisieren oder aber ein längerer Übergangsprozess eine gewisse Kontinuität und Sicherheit für das Kind bieten. Zu bedenken ist jedoch die Gefahr von stigmatisierenden Effekten durch den damit manifestierten Sonderstatus.

Von großer Bedeutung erscheint die *Nachbetreuungsphase,* in der die Kooperation zwischen Sonderschullehrer und Regelschullehrer den Erfolg der Re-Integration gewährleisten soll. Hier erweist sich die Vermittlung von Informationen und Arbeitshilfen sowie die gelegentliche unterrichtliche Zusammenarbeit (Hospitationen, Team-teaching, Gruppen- und Einzelförderung) als notwendig.

7.5.3 Erfolgsbedingungen

Aus dem deutschen Sprachraum kann Neukäter keine empirischen Untersuchungen zu den Bedingungen und Erfolgen von Re-Integrationsversuchen verarbeiten. Internationale Studien jedoch weisen auf spezifische Erfolgsbedingungen der Re-Integration hin: eine positive Veränderung der Einstellungen von Lehrern und Schülern der aufnehmenden Klasse zu Verhaltensstörungen, die Verhaltenskompetenzen der rückzuführenden Schüler, eine vorhergehende Förderung in Sonderschulen zwischen 1 und 2 Jahren und eine Rückschulung vor der 6. Klasse erwiesen sich dabei als günstig (Neukäter 1989b, 268). Verlaufsstudien betonen die Persönlichkeit des rückzuschulenden Schülers sowie die soziale Kompetenz des aufnehmenden Lehrers (Neukäter 1989b, 268).

Ein grundlegendes Problem ist dabei die mangelnde administrative Berücksichtigung der arbeitszeitlichen Belastungen durch die notwendigen Maßnahmen bei einer durchzuführenden Re-Integration. Rückführungen erscheinen systembedingt eher unerwünscht:

„Als neutraler Beobachter frage ich mich, ob die Richtlinien der jeweiligen Bundesländer, die die SfE als eine Durchgangsschule beschreiben, ganz ernst genommen werden können, wenn für den schwierigen Rückschulungsvorgang keine materiellen Ressourcen zur Verfügung gestellt werden." (Neukäter 1993, 186)

7.5.4 Kritik

Re-Integration ihrer Schüler stellt für die schulischen Einrichtungen der Erziehungshilfe ein Element ihrer Identität von Beginn an dar. Dem steht die geringe Anzahl der tatsächlichen Rückführungen gegenüber. Wissenschaftliche Forschungen zu diesem Themenkomplex finden nur rudimentär statt. Entgegen den staatlichen Zielformulierungen für die Rückführung von Schülern mit Verhaltensstörungen an die Regelschule stellen schuladministrative Bedingungen keinerlei Mittel für die Durchführung dieses aufwendigen heilpädagogischen Prozesses zur Verfügung. Damit beruht die Re-Integration allein auf der Bereitschaft und den Kompetenzen der beteiligten Personen – des Kindes, seiner Eltern, der aufnehmenden Schulklasse, deren Klassenleiter, weiteren pädagogischen Mitarbeitern und dem Sonderpädagogen.

7.6 Lernfragen

- Wie lässt sich der Prozess heilpädagogischer Förderung bei Verhaltensstörungen strukturieren? Welche Aufgaben lassen sich den einzelnen Phasen zuordnen?
- Versuchen Sie eine persönliche Rangordnung der Gestaltungsprinzipien von Hußlein nach Wichtigkeit aufzustellen. Welches Prinzip wäre für Sie das wichtigste?
- Welche Ihnen bekannten Spiele und Unterrichtsmaterialien könnten für den primären Einsatzort nach Grissemann verwendet werden? Denken Sie auch an alltägliche Spielmaterialien für Kinder!
- Welche Probleme erkennen Sie für den Auftrag der Re-Integration?

8 Reformansätze bei Unterrichts- und Verhaltensstörungen

Eine ganze Reihe von Reformmodellen der allgemeindidaktischen Diskussion finden auch großes Interesse zur Modifizierung des Unterrichts bei Unterrichts- und Verhaltensstörungen. Leitmotive wie Freie Arbeit, handlungsorientiertes Lernen, Wochenplanunterricht, Stationenarbeit oder Offener Unterricht schlagen sich inzwischen in allen neueren Lehrplänen, auch solchen der verschiedenen Förderschulen, nieder. Häufig erwarten Lehrer durch solche Unterrichtsformen gerade auch eine verbesserte Lehrer-Schüler-Beziehung und Hilfen bei schwierigen Schülern. Allerdings sieht die Forschungslage zu diesem Themenbereich relativ dürftig aus und bezüglich ihres Einsatzes bei Unterrichts- und Verhaltensstörungen beschränken sich die Publikationen häufig auf proklamatorische Forderungen und singuläre Berichte über erfolgreiche Einzelmaßnahmen. Exemplarisch wird der „Offene Unterricht", der gleichsam eine Überschrift zu diesen Reformbestrebungen darstellen kann, thematisiert.

Auch die Frage des gemeinsamen Unterrichts von Schülern mit und ohne Verhaltensstörungen erfordert eine Veränderung des Lehr- und Lernprozesses in der Schule. Unter didaktischem Aspekt spielen dabei Formen des Offenen Unterrichts eine entscheidende Rolle, so dass diese beiden Themen zusammen behandelt werden können.

8.1 Offener Unterricht

Stand in den 60er und 70er Jahren die Wissenschaftsorientierung in der Schule und daher auch die systematische und geplante Vermittlung von Inhalten im Vordergrund, so setzte Ende der 70er Jahre eine Revitalisierung von reformpädagogischen Gedanken und Einstellungen ein, die eine Humanisierung und sogar Entschulung der Schule forderten (Ivan Illich). Nicht so sehr kognitives, sondern soziales und emotionales Lernen wurde in den Vordergrund gestellt. Das Kind selbst steuert nach dieser Argumentation seinen Lernprozess und kann dadurch seine Kreativität entfalten. Nur dadurch sei es möglich, dem Kind gerecht zu werden. In der Folge erlebten Alternativschulen und Reformschulen eine bis heute andauernde Hochkonjunktur. Aber auch im öffentlichen Schulsystem und in der wissenschaftlichen Didaktik spielen seitdem Schlagworte wie Schülerzentrierung, Projektunterricht oder handlungsorientiertes Lernen eine zentrale Rolle. Schon die kritisch-kommunikative Didaktik hatte massive Kritik am technologischen Verständnis von Unterricht geübt. Man löste sich aber von solch grundsätzlichen Reflexionen und diskutiert seitdem eher moralisch hoch gewertete Leitmotive denn didaktische Theoriebildung. Es lässt sich sogar eine gewisse Theoriefeindlichkeit angehender und tätiger Lehrer beobachten. Erst allmählich entwickelte sich zudem eine nüchterne wissenschaftliche Auseinandersetzung mit den emphatisch vorgetragenen Unterrichtsreformen (Jürgens 1997).

Auch für den Unterricht mit schwierigen Schülern werden solche Leitmotive diskutiert, die hier unter dem Oberbegriff des „Offenen Unterrichts" zusammenfassend dargestellt werden. Insbesondere Herbert Goetze vertritt eine solche Reform des Unterrichts auch für den Unterricht mit schwierigen Schülern (Goetze 1993, 1994). Ist offener Unterricht bei schwierigen Schülern überhaupt sinnvoll? Welche Erfahrungen liegen dazu vor? Und was ist unter diesem Leitmotiv zu verstehen?

Schlüsselwörter: Offener Unterricht • Merkmale • Methoden • Chancen bei Störungen • Probleme • Evaluation

8.1.1 Zum Begriff „Offener Unterricht"

Gegenüber verschiedenen neueren Ansätzen des Unterrichts, etwa Freie Arbeit, Stationenlernen oder Wochenplanunterricht, stellt Offener Unterricht so etwas wie eine übergeordnete Kategorie dar, die auch als programmatische Forderung nach „Öffnung des Unterrichts" eingesetzt wird (Hell 1993). Auffällig ist, dass eine Begriffsbestimmung dessen, was Offener Unterricht sein soll, fast ausnahmslos in Abgrenzung zu so genannten „geschlossenen Unterrichtsformen" erfolgt und in der positiven, inhaltlichen Füllung des Begriffs eher „babylonischem Sprachgewirr" (Goetze 1994, 256) gleicht. Damit wird zugleich wissenschaftliches Arbeiten massiv erschwert. Goetze zieht daher die Zusammenstellung von Gage und Berliner heran, die aus einer Literaturübersicht verschiedene Merkmale des Offenen Unterrichts extrahieren. Demnach betrifft Offener Unterricht vier Variablengruppen:

1. Schülervariablen (Wahlfreiheit, Eigenverantwortlichkeit, altersheterogene Schülergruppe, gegenseitige Achtung),
2. Raum- und Materialvariablen (flexible Raumnutzung, stimulierendes Materialangebot),
3. Didaktikvariablen (Gesamtunterricht, individuelle Erfolgsbeurteilung, Gruppen- und Einzelarbeit) sowie
4. Lehrervariablen (Lehrer als Lernförderer, Team-teaching) (Goetze 1994, 257).

Da hinter einer solchen Summation von Merkmalen keine einheitliche Theorie steht, schlägt Goetze die Wertebasis der humanistischen Psychologie von Carl Rogers zur Grundlegung vor: Ganzheitlichkeit, Selbsttätigkeit, Sinnhaftigkeit und eine Atmosphäre der Empathie, Akzeptanz und Kongruenz wären demnach Grundlagen des Offenen Unterrichts (Goetze 1993, 572). Goetze leitet nun aus seiner Wertebasis sogar eine Bestimmung des Offenen Unterrichts ab:

> „Offener Unterricht kann als eine pädagogische Variante der Personenzentrierten Psychologie im Sinne von Rogers aufgefaßt werden; der Rogers-Ansatz gibt also die Ziele vor" (Goetze 1994, 258).

Damit wird nun allerdings ein didaktisches Thema einer psychotherapeutischen Schule unterstellt, und das zu dem Preis, dass die spezifische Funktion von Unterricht und Schule keine Beachtung mehr finden kann.

8.1.2 Methodik des Offenen Unterrichts

Zur „Öffnung" des Unterrichts nennt Goetze vier Ansatzpunkte, die den Merkmalsvariablen entsprechen und sich auch bei Unterrichts- und Verhaltensstörungen bewährt haben (Goetze 1994, 258f).

- Der Klassenraum wird zu einer gestalteten Lernumgebung (Montessori), in dem verschiedene Lernzentren mit spezifischen Materialangeboten eingerichtet sind.
- Den Schülern wird mehr Verantwortung für die Planung von Unterrichtsprozessen eingeräumt: Ziele, Methoden, Zeitstrukturen und Erfolgskontrolle können Schüler für ihren eigenen Lernprozess zunehmend selbst bestimmen.
- In didaktischer Hinsicht erfolgt die Leistungsbeurteilung in stärkerem Maß durch die Schüler selbst und nach intraindividuellen Kriterien, eine tägliche Reflexion des Unterrichts führt zu Kompetenzen in der eigenverantwortlichen Durchführung von Lernprozessen.
- Der Lehrer agiert nicht mehr als Vermittler von Wissen und Beurteiler von Lernerfolgen, sondern – und hier greift Goetze wiederum auf Rogers zurück – als Lernförderer oder Facilitator des Lernens, der insbesondere die soziale und emotionale Atmosphäre thematisiert. Ein solches Verständnis der Lehrerrolle wird sogar zur Erfolgsbedingung gemacht (Goetze 1994, 262f).

An jedem dieser Aspekte kann die Öffnung des Unterrichts ansetzen, allerdings setzt das nach Goetze immer eine veränderte Sicht der Lehrerrolle voraus. Anhand dieser Ansatzpunkte zur Öffnung des Unterrichts weist Goetze zu Recht nach, dass Offener Unterricht kein ungeregeltes Geschehen ist, sondern Planung und Strukturierung voraussetzt. Da die Schüler an solchen Prozessen zunehmend beteiligt werden, verlangt die Öffnung des Unterrichts entsprechende Kompetenzen der Selbststeuerung, Handlungsplanung und Regelbeachtung.

8.1.3 Offener Unterricht als Chance bei Unterrichts- und Verhaltensstörungen

Gerade diese Kompetenzen aber können anscheinend bei Schülern mit Verhaltensstörungen „nicht einfach als gegeben angenommen werden" (Goetze 1994, 259). Ist Offener Unterricht daher nicht geradezu kontraindiziert? Brauchen solche Schüler nicht viel eher ein klar strukturiertes Lernarrangement? Reagieren sie nicht mit Störverhalten auf solch offene Situationen? Und sind Lehrer überhaupt ausreichend dafür ausgebildet?

Auf der anderen Seite intendiert der Offene Unterricht ja gerade eine Förderung jener Bereiche, in denen diese Schüler Lerndefizite besitzen! Sofern tatsächlich die damit verknüpften Ziele erreicht werden, wäre Offener Unterricht eine vorzügliche Form der Hilfe bei Unterrichts- und Verhaltensstörungen:

> „Offener Unterricht stellt unter verschiedenen Alternativen ein ganz hervorragendes Instrument dar, auf die besonderen Lernbedürfnisse von Sonderschülern einzugehen." (Goetze 1994, 265)

Demnach kann Offener Unterricht insbesondere die Bedürfnisse nach Akzeptanz, individueller Zuwendung, erfahrungs- und handlungsbezogenem Lernen erfüllen. Inwiefern die Zielsetzungen tatsächlich erreicht und kindliche Bedürfnisse tatsächlich befriedigt werden, ist in der wissenschaftlichen Diskussion allerdings umstritten.

Welche Problemsituationen, die zum Auftreten von Unterrichts- und Verhaltensstörungen führen können, sind dabei zu erwarten? Und welche Handlungsmöglichkeiten bieten sich an? Entscheidend ist die Frage, mit welchen unterrichtlichen Methoden man die Ziele des Offenen Unterrichts tatsächlich erreichen kann.

8.1.4 Probleme im Offenen Unterricht

Den Phasen des Offenen Unterrichts entsprechend können verschiedene Problemsituationen genannt werden:

- In der Einführung des Offenen Unterrichts sind besondere *Einstiegsprobleme* zu erwarten, wie etwa Unsicherheit, Irritation und Skepsis.
- Während des Arbeitsbeginns im Offenen Unterricht können *Anfangsprobleme* (Anstrengungsvermeidung, Grenzen testen, Suche nach Lehrerbeachtung) auftreten.
- Während der Durchführung Offenen Unterrichts treten möglicherweise *Dauerprobleme* zutage (Interaktionsschwierigkeiten, Probleme mit Material, Lautstärke, Motivations- und Konzentrationsprobleme).
- In der Endphase des Offenen Unterrichts sind *Abschlussprobleme*, bei der Aufgabenlösung, der Lösungspräsentation oder beim Übergang in traditionelle Formen des Unterrichts, zu beobachten.

Außerdem können Probleme aufgrund der Größe der Institution hinzukommen, die zu einer größeren Verwirrung und Anonymität der Kinder führen können. Solche Problemsituationen sind auch im Offenen Unterricht der Regelschule bekannt. Es werden generelle Maßnahmen zur Prävention genannt, die die positive Bedeutung von klaren Regeln, von Leistungsanforderungen und positiven Verhaltensmodellen betonen.

Als spezifische Maßnahmen bei Schülern mit Verhaltensstörungen können nach Goetze prinzipiell alle Maßnahmen, die in der Verhaltensgestörtenpädagogik bewährt sind, auch im Offenen Unterricht eingesetzt werden. Von besonderer Relevanz beim Offenen Unterricht sind jedoch Strategien der Pädagogischen Verhaltensmodifikation (Token-Programme, Kontrakte, kognitive Formen wie Selbstbewertung und -kontrolle), Strukturierungshilfen (Ruhezonen und Arbeitskabinen, eindeutige Signale), die Individualisierung der didaktischen Angebote, der Einsatz individueller Erziehungs- und Förderpläne, die generelle Förderung von Sozialkompetenzen (social skill trainings) und der Einsatz eines Co-Lehrers.

Damit wird deutlich: Offener Unterricht setzt einerseits Planung voraus, andererseits werden die bekannten Maßnahmen wie Differenzierung, Individualisierung oder individuelle Erziehungspläne unter dem veränderten Unterrichtsrahmen nicht überflüssig, sondern bleiben in dem veränderten Setting in modifizierter Form notwendig! Vielleicht bietet der Offene Unterricht jedoch die besseren Rahmenbedingungen für solche heilpädagogischen Handlungsformen? Damit ist die Frage nach den vorhandenen wissenschaftlichen Ergebnissen über die Wirksamkeit des Offenen Unterrichts bei Unterrichts- und Verhaltensstörungen gestellt.

8.1.5 Evaluation

Goetze berichtet von wenigen Untersuchungen mit verhaltensgestörten Schülern. In einer Untersuchung mit hyperaktiven Kindern kamen Flynn und Rapoport zu dem Ergebnis, dass sowohl für die Versuchsgruppe mit Offenem Unterricht als auch für die Kontrollgruppe im traditionellen Unterricht eine Steigerung der Schulleistungen nachgewiesen werden konnte. In dem Versuch zeigten sich jedoch „vergleichsweise deutlichere Abnahmen der Hyperaktivitätsraten in der *offen* unterrichteten Gruppe" (Goetze 1993, 579, Hervorhebung im Original). Vermutet wird, dass ein Setting, das die Möglichkeit zu freieren Bewegungen bietet, für die hyperaktiven Kinder eine bessere Lernchance darstellt als das traditionelle Setting.

In Untersuchungen, die Goetze selbst initiierte, wurden Lehrer befragt, die nach eigener Einschätzung Offenen Unterricht praktizierten. Sie beurteilten die Schulleistungen ihrer Schüler gleich hoch mit denen im traditionellen Unterricht, erkannten aber eine höhere Lernmotivation, eine positivere Einstellung zur Schule und ein signifikantes Absinken der Verhaltensstörungen bei ihren Schülern. Zudem wiesen diese Lehrer „eine extrem hohe Berufszufriedenheit" (Goetze 1994, 269) auf.

> „Die Interpretation dieser Ergebnisse legt nun nahe, daß die Lehrer Verhaltensstörungen in offenen Unterrichtssituationen anders wahrnehmen als in geschlossenen und sich von einzelnen Störungen nicht so negativ beeinflußt fühlten. Gleichzeitig bietet ein offenes Unterrichtsarrangement gute Möglichkeiten zu direkten pädagogischen Interventionen beim Auftreten von Verhaltensstörungen während des Unterrichts" (Goetze 1994, 269).

Eine zweite, von Goetze selbst durchgeführte Studie bestätigt diese Ergebnisse: Verhaltensstörungen traten nach Einführung des Offenen Unterrichts seltener auf, die Lehrer hatten mehr Gelegenheit zu Einzelkontakten und Interventionen und fühlten sich wohler. Sie waren aber unsicher, ob genug schulleistungsrelevante Aktivitäten der Schüler erfolgten.

> „Von großer Bedeutung dagegen schienen die Veränderungen im Sozialverhalten der Schüler zu sein. Die Vermutung, daß Offener Unterricht mehr Gelegenheit zu positiven Kontakten bietet, hat sich während des Unterrichtsversuchs bestätigt. Auch, daß die meisten Schüler großes Interesse an sozialen Kontakten untereinander hatten, wurde deutlich." (Goetze 1994, 271)

Offener Unterricht ermöglicht somit den Lehrern ein besseres Verständnis für die Probleme der Schüler, insbesondere für ihre sozialen und emotionalen Belastungen, die eine traditionelle schulische Arbeit sehr erschweren. Die Beziehung und der Zugang zu den Schülern wird für den Lehrer leichter möglich, so dass er gemäß seiner eigenen Berufsauffassung einen größeren Berufserfolg erfährt. Zugleich erleben die Schüler nach Goetze hier „ein

Modell für eine demokratische Mini-Gesellschaft" (Goetze 1994, 272), die gegenüber den bisherigen, meist negativen Erfahrungen ein neues Erleben der Würde der eigenen Person möglich macht.

8.1.6 Kritik

Zur Bewertung des „Offenen Unterrichts" bei Unterichts- und Verhaltensstörungen muss auch auf Forschungen aus der allgemeinen Didaktik zurückgegriffen werden. Hier gibt es neuere Ergebnisse, die gerade in der Frage von Schülern mit Lern- und Verhaltensstörungen von Bedeutung sind. Hierzu hat Jürgens jüngst einen sehr interessanten Überblick vorgetragen (Jürgens 1997).

Offener Unterricht wird meist mit einem geschichtlichen Rückgriff auf „die Reformpädagogik" gerechtfertigt. Diese historischen Anleihen sind jedoch äußerst problematisch: Es gibt keine einheitliche Praxis „der Reformpädagogik", auf die man in eindeutiger Weise zurückgreifen könnte. Die Geschichte der Pädagogik wird damit als „Steinbruch" für aktuelle Bedürfnisse missbraucht (Oelkers 1989). Aufgrund der völlig veränderten sozialen und kulturellen Bedingungen ist ein Transfer nicht ohne massive Transformation möglich. Zudem ist bei der Anwendung in der Schule zu beachten, dass die reformpädagogischen Versuche in der Regel an ihrer Institutionalisierung gescheitert sind. Der Rückgriff auf die Reformpädagogik erfolgt also historisch weitgehend unreflektiert (Hillenbrand 1996b).

Der Begriff „Offener Unterricht", der Charakter solcher „Ansätze" und die ihm zugrundeliegenden Theorien sind also weithin ungeklärt. Selbst kasuistische Erfahrungsberichte legen die zugrundeliegenden Annahmen, also die implizite Theorie meist nicht offen. Unter dem Leitmotiv Offener Unterricht verbirgt sich eine äußerst divergente Palette unterrichtlicher Arbeitsformen. Es fehlt folglich bisher „die theoretische Explikation des jeweils gewählten Praxisansatzes" (Jürgens 1997, 678). Damit aber steht es in der Beliebigkeit des Lehrers, festzustellen, *dass* er Offenen Unterricht bereits praktiziert.

Schon aufgrund dieser fehlenden Begriffsklärung liegen bisher nur sehr wenige und methodisch kaum vergleichbare empirische Untersuchungen über die Effekte Offenen Unterrichts vor. „Die Forschungslage zum Offenen Unterricht ist insgesamt auch gemessen an seiner zunehmenden Praxisbedeutung als sehr unzureichend zu bezeichnen" (Jürgens 1997, 679). Erst durch die Heranziehung internationaler Untersuchungen können wichtige Entwicklungen herausgestellt werden. Neuere anglo-amerikanische Studien bestätigen demnach drei Tendenzen:

1. formeller, lehrergeleiteter Unterricht ist dem informellen Bereich bezüglich der erreichten Schulleistungen überlegen;
2. Unterricht mit klaren Strukturen und Anleitungen „scheint vor allem für die Schulleistungen von lernschwächeren Schülern besonders wichtig zu sein" (Jürgens 1997, 684);
3. offene Unterrichtsformen fördern stärker als traditioneller Unterricht die persönlichen Fähigkeiten wie Selbststeuerung, Selbständigkeit, Eigeninitiative, Selbstkonzept oder Einstellung zum schulischen Lernen.

Auch die wenigen deutschsprachigen Untersuchungen weisen in diese Richtung:

> „Ein immer wieder auftretendes Kriterium für effektiven Unterricht scheint also die Strukturierung des Lernstoffes bzw. des gesamten Unterrichts zu sein, eine Rahmenbedingung, von der lernschwächere Schüler allgemein abhängiger zu sein scheinen als leistungsstärkere" (Jürgens 1997, 685).

Denn es zeigt sich ein deutlicher Zusammenhang zwischen der Klarheit der Unterrichtsstruktur und dem Lernerfolg der Schüler. Somit gelangt Jürgens zu dem Ergebnis:

> „Offene Lernsituationen können auf klar strukturierte, inhaltsorientierte Lernarrangements nicht verzichten. Grundsätzlich scheint dies für alle Schüler zu gelten, obwohl es unbestritten begründete Anzeichen dafür gibt, daß von dieser Voraussetzung leistungsschwächere Schüler stärker abhängig zu sein scheinen als leistungsstärkere." (Jürgens 1997, 693)

Für den Bereich der Didaktik bei Unterrichts- und Verhaltensstörungen versucht Goetze die grundlegenden Probleme in der wissenschaftlichen Diskussion um den Offenen Unterricht zu bearbeiten: Begriffsklärung, theoretischer Hintergrund und Evaluation. Dass dabei keine endgültigen Lösungen entstehen können, ist aufgrund der allgemeinen Forschungslage und des Forschungsgegenstands nur zu verstehen. Die Kritik ist somit als Aufforderung für weitergehende Bemühungen zu verstehen.

Die Begriffsbestimmung bleibt bei einer Summe von Merkmalen stehen, deren impliziter Zusammenhang, also die zugrundeliegende Theorie, nicht geklärt wird. Die Unterordnung unter die humanistische Psychologie und die Wertebasis der klientenzentrierten Gesprächspsychotherapie stellt eine Entscheidung Goetzes dar. Mit der Verankerung bei Rogers ist also keine genauere Begriffs- oder Theoriebestimmung gelungen, sondern nur eine mögliche Wertebasis angegeben. Diese Wertebasis steht jedoch in keinem stringenten Zusammenhang zum Offenen Unterricht! Offener Unterricht wäre demnach eine Anwendung der Gesprächspsychotherapie, Zielsetzungen wären aus psychologischen Verfahren abgeleitet. Zugleich stellt sich die grundlegendere Frage, woher wiederum Rogers seine Wertentscheidungen ableitet: Kann eine Psychotherapie überhaupt Grundlage für Wertentscheidungen liefern? Diese Grundlagen sind aus erziehungsphilosophischer Sicht zumindest fragwürdig.

Die Erhebungen zum Offenen Unterricht unterliegen ähnlicher Kritik wie die von Jürgens referierten Studien: Nach welchen Kriterien erfolgt die Feststellung, dass hier „Offener Unterricht" praktiziert wird? Die Datenbasis erlaubt zudem kaum repräsentative Aussagen. Durch andere Untersuchungen voll bestätigt wurden die Aussagen Goetzes, dass Strukturierung und Didaktisierung des Offenen Unterrichts eine wichtige Erfolgsbedingung darstellen. Nur bei individueller Passung an die Problemschüler und klarer Strukturierung des Offenen Unterrichts können das Lernen und zugleich die sozial-emotionalen Kompetenzen erfolgreich gefördert werden – dann aber stellt Offener Unterricht durchaus eine besondere heilpädagogische Chance dar!

8.1.7 Lernfragen

- Welche Dimensionen ändern sich beim Offenen Unterricht gegenüber lehrerzentrierten Unterrichtsformen? Wie können diese Dimensionen zur Förderung schwieriger Schüler genutzt werden? Greifen Sie dazu auch auf die speziellen didaktischen Konzeptionen für Schüler mit Verhaltensstörungen zurück.
- Welche Problemsituationen sind beim Offenen Unterricht zu beachten?
- Welche unerwünschten Nebenwirkungen deuten sich an? Wie könnten sie beantwortet werden?

8.2 Integration: Gemeinsamer Unterricht von Schülern mit und ohne Verhaltensstörungen

Eine der aktuellsten und brisantesten Diskussionen in der Heilpädagogik, ja in der Pädagogik überhaupt, ist die um „Integration". Zugleich wird diese Auseinandersetzung nicht nur in Fachkreisen geführt, sondern findet auch in der Öffentlichkeit große Beachtung, was z. B. anlässlich eines Urteils des Bundesverfassungsgerichts im Jahr 1997 deutlich wurde.

Allerdings stehen bei diesen Diskussionen meist Schüler mit Körperbehinderungen, Lernbehinderungen oder geistigen Behinderungen im Mittelpunkt. Die Integration von Kindern mit Verhaltensstörungen stellt kaum ein Thema dieser Auseinandersetzungen dar. Und innerhalb der Pädagogik bei Verhaltensstörungen wird die „Integrationsdebatte" (Bleidick) mit weniger Konfrontation, minderer Publizität und geringerer Schärfe geführt. Entsprechende schulische Modelle sind nicht so bekannt und die Initiierung integrativer Schulformen für verhaltensgestörte Schüler trifft nicht unbedingt auf große Unterstützung. Dafür mag es eine Vielzahl von Gründen geben. So sind die Phänomene, die mit Unterrichts- und Verhaltensstörungen überschrieben werden, eher Anlass zu sozialer Zurückweisung und Ablehnung als zur Hilfestellung. Solche Schüler haben in der Regel keine Lobby, und eine öffentlichkeitswirksame Elternvertretung fehlt ebenfalls!

Integration von Schülern mit Verhaltensstörungen bildet also eher ein Randthema der Integrationsbewegung. Hier kann es nicht um eine allgemeine Darstellung dieser Problematik gehen, vielmehr werden die schulpädagogisch-didaktischen Aspekte herausgearbeitet. Dafür ist die Begriffsklärung notwendige Voraussetzung, bevor Modelle integrativer Förderung von Schülern mit Verhaltensstörungen im Überblick dargestellt und didaktische Fragen erörtert werden können.

Schlüsselwörter: Integration • Begriff • Stufen • Modelle • Didaktik

Tab. 10: Dimensionen des Begriffs Integration nach Bonderer (1980, 61)

Integration als

Erziehungsziel
(finaler Akzent)
Integration als Einbezug und Eingliederung Behinderter in die Spielgruppe, Volksschule, Berufswelt, in das soziale Gesamt

Erziehungsmittel (bzw. Methode)
(instrumentaler Akzent)
Integration durch Einbezug und durch soziale Beziehungen von Behinderten und Nichtbehinderten in Spielgruppen, Volksschulen usf.

Vereinheitlichung
(„Normalisierungs"-Akzent)
Integration im Sinne einer quasi-soziologischen (oder pädagogisch-utopischen) und totalen Vergesellschaftung bzw. Konformität, einer „Normalisierung" als konfliktfreie Funktionseinheit Behinderter und Nichtbehinderter

„Teilintegration"
(Relativierungs-Akzent)
Integration im Sinne einer relativen und optimierten Vergesellschaftung bzw. „Teilintegration" Behinderter und Nichtbehinderter unter Berücksichtigung sozialsituativer und individuellsonderpädagogischer Möglichkeit und Einschränkungen

Akzeptation
(sozialreformischer Akzent)
Integration als „Entstigmatisierung" (Thimm) Behinderter, einerseits und als Aufbau gesellschaftlich verbreiteter Anerkennung und Beziehungsfähigkeit gegenüber Behinderten andererseits

Anpassung
(utilitaristischer Akzent)
Integration als Ertüchtigung des Behinderten und als dessen Einpassung (bzw. Verzweckung) in die bestehenden Lebensverhältnisse

Solidarität
(dialogischer Akzent)
Integration als gegenseitige Teilhabe und Kommunikation mit Selbstzweck und mit eigenem Sinn, als gemeinschaftliches Aufgehobenwerden und Gebundensein in wechselseitig anregenden, vertrauenswürdigen und verpflichteten Beziehungen Behinderter mit Nichtbehinderten

Emanzipation
(personaler Akzent)
Integration als Respektierung der individuellen Eigenart Behinderter und als deren Förderung, als Bestärkung der Andersartigkeit bzw. als soziale, beruflich-ökonomische und politische Souveränität

8.2.1 Der Begriff „Integration"

Der Begriff Integration wird nicht nur in verschiedenen Wissenschaften verschieden verwendet, selbst in der Heilpädagogik findet er sehr unterschiedliche inhaltliche Füllungen. Integration als Ziel, dem eine zeitweilige Erziehung und Unterrichtung in besonderen Institutionen dient, steht der Integration als Weg, also der Unterrichtung in derselben Schule und Klasse, gegenüber. Bonderer kommt sogar zu acht Fassungen des Integrationsbegriffs in der Behindertenpädagogik. Integration kann demnach meinen: ein Erziehungsziel, ein Erziehungsmittel, eine Vereinheitlichung in der total gleichen Gesellschaft, eine Teilintegration als möglichst optimale Vergesellschaftung, die Akzeptation als „Entstigmatisierung" der

Behinderten, die Anpassung als bestmögliche Einpassung Behinderter, die Solidarität in einer Gesellschaft mit Behinderten oder die Emanzipation der Personen mit Beeinträchtigungen und den Respekt vor ihrer Individualität.

In unserem Zusammenhang entspricht der Begriff einer „Integration als Erziehungsmittel", also die gemeinsame Unterrichtung von behinderten und nichtbehinderten Schülern (Bleidick 1988) als Weg zum Ziel der gesellschaftlichen Integration.

Als wichtige Argumente für die Integration und gegen die Sonderbeschulung von Kindern und Jugendlichen mit Behinderungen gelten zum einen negative Effekte durch den Besuch der Sonderschule (Etikettierungsprozesse, fehlende kognitive Anregungen und positive Modelle, schlechtere Bildungs- und Berufschancen, Abbau pädagogischer Kompetenz der Regelschule, Personalisierung institutioneller Mängel) und zum anderen positive Wirkungen der integrativen Beschulung (normgerechte Modelle, positiver sozialer Gruppendruck, Vermeidung von Stigmatisierungen, pädagogische Verantwortlichkeit der Regelschule). Insbesondere für die Legitimation der Forderung nach Integration von Schülern mit Verhaltensstörungen führt Bach ein bedeutsames Argument an. Gegenüber dem traditionellen medizinischen Verständnis von Verhaltensstörung

> „erweist es sich nun immer deutlicher, daß Verhaltensauffälligkeiten als Diskrepanz zu verstehen sind zwischen einer bestimmten Erlebens- und Verhaltensdisposition und einer bestimmten Umfelderwartung unter bestimmten Verhaltensbedingungen... Wenn nun aber die Anteile z. B. eines bestimmten Lehrers oder Mitschülers oder bestimmter schulorganisatorischer Bedingungen an einer Verhaltensauffälligkeit diagnostiziert und ggf. auch korrigiert werden müssen, ist es offenkundig, daß weder Diagnose noch Förderung ohne weiteres außerhalb dieses Bedingungsgeflechtes sinnvoll wahrzunehmen sind" (Bach 1989, 251).

Die Künstlichkeit und Abtrennung der Situation in der Sonderschule von den Entstehungsbedingungen erschwert demnach die Rehabilitation von Schülern mit Verhaltensstörungen. Die integrative Unterrichtung stellt damit den Ansatzpunkt dar, der dem Phänomen Verhaltensstörung am ehesten gerecht wird! Damit bildet sich jedoch ein Dilemma, „da es ja gerade die regulären, d. h. die integrierten Verhältnisse sind, die zur Feststellung von Verhaltensauffälligkeiten führen" (Bach 1989, 254). Die Lösung von Unterrichts- und Verhaltensstörungen erfordert gewissermaßen das gleiche Erziehungsfeld wie die Entstehung dieser Probleme. Eine Lösung dieses Dilemmas verlangt die professionelle Veränderung dieser Situationen! Damit erhalten die wissenschaftsgeleiteten und überprüften Konzeptionen integrativer Förderung von Schülern mit Verhaltensstörungen eine entscheidende Bedeutung.

Die Realisierung von Integration kann nach Kobi auf unterschiedlichen Ebenen erfolgen: die physikalisch-ökologische Ebene, die terminologisch-begriffliche, die administrativ-bürokratische, die sozial-kommunikative, die curricular-funktionelle und die lernlehrpsychologische Dimension. Jede Ebene kann proklamatorisch, modellhaft oder in regulärer Praxis realisiert werden, wobei der Schwierigkeitsgrad ansteigt (Kobi 1983).

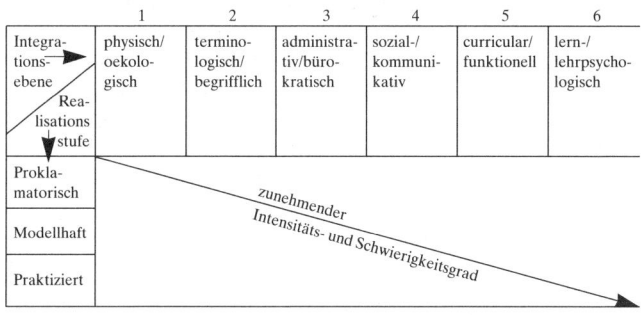

Abb. 14: Matrix der Ebenen und Realisierungsgrade der Integration (Kobi 1983, 197)

An dieser Matrix wird deutlich, dass die didaktische Frage in integrativen Schulen besonders schwer zu beantworten ist.

8.2.2 Die besondere Problematik der Integration von Schülern mit Verhaltensstörungen

Empirische Forschungsergebnisse weisen auf die besondere Problematik der schulischen Integration von Schülern mit Verhaltensstörungen hin. Denn die Population der Schüler mit Verhaltensstörungen besitzt die schlechtesten Startbedingungen für eine Integration, wie sich nach empirischen Kontrollen integrativer

Schulen in den USA zeigte. Die integrierten Schüler mit sonderpädagogischem Erziehungsbedarf zeigten ein schlechteres Selbstkonzept als in Sonderschulen unterrichtete Schüler, sie erfuhren mehr soziale Ablehnung, Isolierung und Etikettierungen, zeigten Mängel in der Beherrschung sozialer Fertigkeiten (social skills), erhielten mehr Zuwendung, die zugleich eher negativ ausgerichtet war, durch die Lehrer, prägten die soziale Umgebung recht stark und stellten zugleich eine Belastung für den Lehrer und die Klassenatmosphäre dar (Goetze 1990). Goetze kommt zu dem Schluss:

> „Die Zielgruppe verhaltensgestörter Schüler bietet aufgrund ihres Erscheinungsbildes die denkbar ungünstigsten Voraussetzungen zur integrativen Unterrichtung mit nicht gestörten Regelschülern" (Goetze 1990, 839).

Zudem wird in Befragungen deutlich, dass Regelschullehrer meist kaum bereit sind, ihren Unterricht grundlegend zu verändern: „Wenn in der Praxis integriert wird, darf man also nicht davon ausgehen, daß automatisch veränderte Unterrichtskonzeptionen umgesetzt werden, aufgrund derer sich Verhaltensgestörte besser zurechtfinden könnten" (Goetze 1991, 10).

Welche Formen der Integration sind hierzu nun entwickelt worden?

8.2.3 Modelle der Integration

Die Forderung nach einem breit gestuften und flexiblen System der Hilfe für Schüler mit Verhaltensstörungen formulierte bereits das Gutachten zum Deutschen Bildungsrat von Bittner, Ertle und Schmid 1974: Von der Beratung der Regelschullehrer über Kleinklassen und Sonderschulen bis zur Rehabilitation in der Kinder- und Jugendpsychiatrie reicht ein solches System. Die Empfehlungen der Kultusministerkonferenz von 1994 beschreiben ebenfalls vielfältige Organisationsformen für Schüler mit sonderpädagogischem Förderbedarf. Nun steht primär die Ermittlung des sonderpädagogischen Förderbedarfs im Mittelpunkt des Interesses, die Entscheidung über die heranzuziehende Institution erfolgt erst sekundär. Insbesondere die so genannten „Sonderpädagogischen Förderzentren", die inhaltlich sehr unterschiedliche Schulformen umfassen können, finden seit Ende der 80er Jahre zunehmende Verbreitung. Hier sollen – wenn auch meist nur additiv hinzugefügt – Aufgaben der heilpädagogischen Hilfe bei Verhaltensstörungen erfüllt werden (Opp 1995).

An diesen Ausführungen wird deutlich, dass Integration meist über die Organisation der Schule versucht wird. Im Vordergrund steht häufig die Beratung der Regelschullehrer und die Einzelförderung auffälliger Schüler. Der didaktische Aspekt, also die Planung, Durchführung und Analyse des Unterrichts selbst, tritt deutlich in den Hintergrund. Welche erprobten Modelle der Integration von Schülern mit Verhaltensstörungen liegen vor?

Bekannte und erprobte Modelle der Integration von Schülern mit Verhaltensstörungen in Deutschland sind etwa die Mobile schulische Erziehungshilfe in Bayern (Hippler 1985, Hillenbrand 1998a), die Konzeption der Astrid-Lindgren-Schule in Aachen, das bereits dargestellte Sonderpädagogische Förderzentrum in Essen (Bergsson 1995), das Zentrum für Erziehungshilfe in Frankfurt a. M. (Reiser/Loeken 1993) und der Schulversuch in Rheinland-Pfalz (Bach 1989). Benkmann (1997) hat gemeinsame Merkmale dieser Modelle herausgearbeitet:

1. eine *Kind-Umfeld-Diagnostik* zur Ermittlung des Förderbedarfs und zur Begleitung des Förderprozesses wird durchgeführt;
2. die *Prävention,* z. B. durch Beratung von Lehrern und Eltern, gilt als wichtige heilpädagogische Aufgabe in Familie, Kindergarten und Schule;
3. die Form der *mobilen Erziehungshilfe* an allgemeinen Schulen platziert die heilpädagogische Förderung von Schülern mit Verhaltensstörungen in der Regelschule;
4. es besteht die Möglichkeit der *Kombination* von segregierten und schulintegrierten Fördermaßnahmen;
5. das Lernen erfolgt im *schülerorientierten, problembezogenen Unterricht,* der sich an den Lehrplänen der Regelschule orientiert, zugleich jedoch „einen wichtigen Faktor der zu leistenden Erziehungs- und Integrationshilfe" (Benkmann 1997, 32) darstellt.

Über die zuletzt genannten didaktischen Reformen im integrativen Unterricht liegen kaum systematische Aussagen oder Ansätze didaktischer Konzeptionen vor. Hier haben anglo-amerikanische Versuche bereits weitergehende Vorarbeiten geleistet.

8.2.4 Didaktische Fragen der Integration

Zwei Gruppen von Unterrichtskonzepten ermöglichen einen erfolgreichen integrativen Unterricht: *Einzelstrategien* und *komplexe Ansätze* (Goetze 1991).

Als *Einzelstrategien* erwiesen sich insbesondere die vorherige ausführliche Information der Regelschüler über die Problematik von Verhaltensstörungen, die vorherige Durchführung eines Selbstkontroll-Trainings der schwierigen Schüler oder die Etablierung kooperativer Bedingungen im Unterricht als erfolgreiche Maßnahmen. Auch die Durchführung eines Tutoren-Programms, bei dem entweder die Regelschüler oder auch die Schüler mit Verhaltensstörungen Tutor sein können, zeigte positive Effekte.

Die *komplexen Ansätze* vereinen verschiedene Handlungsstrategien. In einem systemisch-verhaltenstherapeutischen Ansatz, der Token, Elternkonferenz, Kontrakt, systemische Interventionen und Fallkonferenzen beinhaltet, gelang die Integration doppelt so häufig wie ohne diese Konzeption. Er führte auch zu langfristigen positiven Wirkungen, z. B. zu weniger Delinquenz.

Der elaborierteste Ansatz, das Adaptive Learning Environment Model ALEM von Wang et al., unterscheidet zwei Zugänge: Zum einen „Strategien des strukturiert-präskriptiv-direktiven Lernens auf diagnostischer Basis für die grundlegenden Lernbereiche" (Goetze 1991, 12) und zum anderen ein „informell-offenes Lernen im Bereich personal-sozialen Lernens" (Goetze 1991, 12). Daraus entwickelten die Autoren ein komplexes Programm, das mittels Lehrerfortbildung in den Versuchsgruppen etabliert wurde. Die Evaluation bestätigte vor allem die positiven Lernerfolge und die Steigerung des unterrichtsbezogenen Verhaltens. Über die Auswirkungen auf die sozialen und emotionalen Probleme der Schüler mit Verhaltensstörungen liegen jedoch keine ausreichend detaillierten Ergebnisse vor.

8.2.5 Ergebnis

Insgesamt wird deutlich, dass die besondere Problematik der integrativen Unterrichtung von Schülern mit Verhaltensstörungen erst ansatzweise behandelt wird. Insbesondere die didaktische Frage wurde bisher kaum thematisiert. Eine „Lösung" der Integration von Schülern mit Verhaltensstörungen kann daher bisher nicht vorgelegt werden:

> „Es scheint, als sei die Forschung für diesen Bereich erst jüngst sensibel geworden ... Die Frage, unter welchen Bedingungen auch Schüler mit schweren Verhaltensstörungen erfolgreich integrativ beschult werden können, bleibt also weiter offen." (Goetze 1991, 14).

Daher wird das von Bittner und seinen Mitarbeitern geforderte flexible System pädagogischer Hilfen von ambulanten bis zu stationären Angeboten zur Erfüllung des Förderauftrags weiterhin notwendig bleiben.

8.2.6 Lernfragen

- Nennen Sie Gründe für und gegen die Integration von Schülern mit Verhaltensstörungen.
- Welche Merkmale der Schul- und Unterrichtsgestaltung scheinen für eine erfolgreiche Integration unverzichtbar zu sein?
- Informieren Sie sich über ein Modell schulischer Integration bei Verhaltensstörungen!

9 Beratung bei Unterrichts- und Verhaltensstörungen

Für den Umgang mit Unterrichts- und Verhaltensstörungen, sowohl für schwierige Situationen in Regel- als auch in Förderschulen, erweist sich die Beratung der Lehrkräfte bis hin zur Supervision als wichtige Praxishilfe, die von Seiten der Praktiker und der Lehrerverbände verstärkt gefordert wird. Ausgewählte Ansätze, die sich in der Praxis didaktischer Handlungsfelder bewährt haben, werden hier kursorisch vorgestellt. Die zunehmende Bedeutung von kollegialer und kooperativer Beratung im (heil-) pädagogischen Feld wird dabei allgemein anerkannt.

Eine wirkliche Qualifikation in diesen Bereichen erfordert jedoch eine Ausbildung und reflektierte Einübung. Diese metaunterrichtliche Ebene, also die Reflexion, Analyse und Verarbeitung von Unterrichts- und Verhaltensstörungen, ersetzt jedoch keineswegs eine gründliche didaktische Kompetenz. Vielmehr sind Beratungskompetenz und Unterrichtskompetenz eng miteinander verbunden: Die Beratung von Lehrern angesichts von Unterrichts- und Verhaltensstörungen erfolgt auf der Basis von und im Hinblick auf deren Unterrichtskompetenz!

Die *kollegiale und kooperative Beratung* von Lehrern durch entsprechend ausgebildete Pädagogen wurde von W. Mutzeck ganz bewusst als Antwort auf die kumulierenden Problembelastungen in Schulen zur Erziehungshilfe, aber auch für die Beratungstätigkeit von Sonderpädagogen in anderen Schulformen sowie für Regelschullehrer entwickelt. Eine konkrete Handlungsstruktur für die *Lösung von Konflikten* durch schulhausinterne Zusammenarbeit der beteiligten Lehrkräfte bietet G. E. Becker als praxiswirksame Strategie für alle Schulformen an.

Schlüsselwörter: Kollegiale Beratung • 4 Phasen • Struktur einer Sitzung • Handlungsstrategie zur Konfliktlösung • Bewertung des Konflikts • Suche nach Konfliktlösungen

9.1 Kollegiale Beratung

Ausgehend von Ergebnissen der Verhaltensgestörtenpädagogik entwickelte Mutzeck ein umfassendes Konzept kollegialer Beratung als „eine Form von Supervision" (Mutzeck 1993, 169), das er in einer Reihe von Veröffentlichungen und Fortbildungen verbreitet hat (Mutzeck 1997). Hier kann nur ein Überblick zusammengestellt werden, der zur vertieften Auseinandersetzung und Einübung ermuntern soll. Mutzeck umschreibt das Anliegen der Beratung so:

> „Durch eine angeleitete Reflexion und die Entwicklung von Handlungsvorschlägen erhalten die teilnehmenden Lehrkräfte kollegiale Unterstützung und konkrete Hilfen für den Umgang mit verhaltensauffälligen Schülerinnen und Schülern." (Mutzeck 1993, 168).

Unter dieser Zielperspektive kann der Berater, etwa der Sonderschullehrer mit Fachrichtung Verhaltensgestörtenpädagogik, sinnvollerweise keine direktive Vorgehensweise in einer asymmetrischen Kommunikationsstruktur einschlagen. Vielmehr geht es um die Unterstützung des Ratsuchenden bei der Suche nach eigenen Handlungsmöglichkeiten im konkreten Umfeld.

> „Der Berater gibt dem Klienten keinen Rat, kein *Rezept,* sondern es soll ein partnerschaftliches *Sich beraten* sein." (Mutzeck 1997, 20; Hervorhebung im Original)

Die Konzeption beinhaltet das Arbeiten in einer Gruppe in bestimmten Phasen nach umschriebenen Methoden. Es stellt ein offenes Angebot dar, an dem sich interessierte Lehrer unterschiedlicher Schularten beteiligen können.

Im zeitlichen Ablauf ist daher zunächst eine *Gruppenbildungsphase* notwendig, in der die Ziele, das Programm und die Arbeitsbedingungen geklärt werden. In einer dreitägigen *Fortbildungsphase* werden Handlungskompetenzen und Techniken der Gesprächsführung und kooperativen Problemlösung vermittelt. Anschließend finden 4 bis 6 Sitzungen der *Praxisberatung mit Supervisor* statt, die das Vorgehen demonstrieren. Eine *kollegiale Praxisberatung* unter Leitung der Teilnehmer schließt sich an, die der Supervisor zunächst nach jeder Sitzung mit ihnen reflektiert, später dann in größerem zeitlichen Abstand begleitet.

Diese vier Phasen führen die Teilnehmer in die Methode der

kooperativen Beratung ein: Kognitiv, an Modellsituationen und schließlich als eigenverantwortlich Handelnde. Die Methode orientiert sich an einer personzentrierten Gesprächsführung und folgt einer bestimmten Problemlösestruktur (Mutzeck 1993, 170):

1. Beschreibung des Problems und der Situation: das Geschehen, die emotionalen Reaktionen, aktueller Stand;
2. Perspektivenwechsel: Beschreibung aus der Sicht anderer Interaktionspartner;
3. Analyse der gestörten Interaktion: Funktionen, Ursachen, Sinn und Zusammenhänge von Handlungen;
4. Benennen der Unzufriedenheit: Identifizieren des unbefriedigenden und daher zu ändernden Elementes des Problems;
5. Herausarbeiten des Ziels: Beschreiben des Handlungsziels in unterschiedlichen Zeitperspektiven (kurzfristige bis langfristige Ziele);
6. Sammeln und Erarbeiten von zielannähernden Handlungswegen: zunächst überlegt sich der Supervisand, dann alle Teilnehmer mögliche Wege;
7. Handlungsbewertung und Entscheidung: der Supervisand wählt aus den vorgeschlagenen Handlungen die für ihn überzeugendste Möglichkeit aus;
8. Planung und Vorbereitung der Umsetzung: die gewählte Handlungsform wird in Einzelhandlungen gegliedert und Umsetzungsschritte werden vorbereitet.

Auch die einzelne Supervisionssitzung besitzt eine klare Struktur. In der *Eingangssituation* tauschen die Teilnehmer in informeller Atmosphäre Neuigkeiten und Erlebnisse aus. Zu Beginn der Sitzung erfolgt die *nachgehende Betreuung*. Dabei berichtet der Supervisand des zuletzt thematisierten Problems über seine Erfahrungen mit der Umsetzung der Lösungsschritte. In der anschließenden *kollegialen Praxisberatung* wird ein Thema, etwa ein gestörter Interaktionsprozess oder ein pädagogisches Anliegen, gewählt. Die Person, die das Thema einbringt, sucht einen Supervisor aus (sofern nicht eine bestimmte Reihenfolge festlegt), der dann die Sitzung nach den oben genannten Schritten leitet. Die anderen Teilnehmer verstehen sich und agieren als Co-Berater. Mit einem Feedback an den Supervisor wird dieser Schritt beendet. In einer abschließenden Phase erfolgt die *Vorbereitung der nächsten Sitzung* mit der Bestimmung des „Gastgebers", der für die äußeren

Rahmenbedingungen der nächsten Sitzung verantwortlich ist (Material, Zeitpunkt, Raumatmosphäre), und des Protokollanten. Über die Inhalte und Abläufe der Sitzungen muss Verschwiegenheit gewahrt werden.

Dieses differenzierte und durch die themenzentrierte Interaktion sowie die klientenzentrierte Gesprächsführung inspirierte Konzept erfordert eine basale Einführung und fachkompetente Fortbildung für die interessierten Lehrer. Auf einfacherem Niveau entwickelte Becker einen Handlungsvorschlag zur Konfliktlösung, eine Art schulhausinterner, kollegialer Beratung.

9.2 Handlungsstrategie zur Konfliktlösung

Beckers Vorschlag zur gemeinsamen Lösung von Konflikten basiert auf seinen praxisnahen Arbeiten zur allgemeinen Didaktik, genauer zur „Planung von Unterricht", zur „Durchführung von Unterricht" und zur „Auswertung und Beurteilung von Unterricht". Daher stehen Konflikte im Unterricht für ihn im direkten Zusammenhang zu allgemeinen didaktischen Entscheidungs- und Handlungsprozessen.

„Wenn Lehrer den Unterricht fach- und methodengerecht planen, durchführen und auswerten und wenn sie sich außerdem um einen konstruktiven Umgang mit den Schülern bemühen, also eine förderliche Lernatmosphäre schaffen, dann haben sie einen wesentlichen Beitrag zur Konfliktvorbeugung geleistet." (Becker 1995, 16f)

Aber selbst bei bester Unterrichtsgestaltung gehören Störungen des Unterrichts dennoch zum Alltag in der Schule. Diese Konflikte werden oft nicht in professioneller Weise geklärt oder beigelegt, sondern als persönliches Versagen erlebt und daher verschwiegen oder verdrängt. Becker intendiert durch die Beschreibung von konfliktträchtigen Strukturen im unterrichtlichen Handeln und eine Verbesserung von Fähigkeiten der Konfliktbeilegung mittels der vorgeschlagenen Handlungsmatrix „das Problemlöseverhalten der Lehrer bei auftretenden Konflikten zu professionalisieren, die Betroffenheit der beteiligten Personen zu berücksichtigen und gleichzeitig ein systematisches Vorgehen zu sichern" (Becker 1995,

14). Allerdings gibt es keine klare theoretische Grundlage, auf der diese Konzeption und ihr „systematisches Vorgehen" basiert (Becker 1995,17).

9.2.1 Zum Begriff „Konflikt"

Unter einem Konflikt versteht Becker

> „eine berufsfeldspezifische Auseinandersetzung, Belastung und/ oder Schwierigkeit…, die die betroffenen Personen emotional, kognitiv und/oder physisch beeinträchtigt." (Becker 1995,19)

Da der Begriff sich auf ein bestimmtes Berufsfeld bezieht, sind bestimmte Personengruppen betroffen: Lehrer, Schüler, Eltern, Kollegen und Vorgesetzte.

Dabei können unterschiedliche Formen des Konflikts auftreten. Je nach emotionaler Betroffenheit lassen sich Schein-, Rand-, Zentral- und Extremkonflikte unterscheiden. Während Scheinkonflikte kaum von Relevanz sind und Randkonflikte nur geringe und kurzzeitige Beeinträchtigungen bewirken, führen Zentral- und Extremkonflikte zu schwer wiegenden und längerdauernden Beeinträchtigungen. Allerdings gibt Becker nicht an, wen oder was diese Beeinträchtigungen betreffen.

Er weist jedoch zu Recht darauf hin, dass es auch erwünschte Konflikte gibt, die der Entwicklung der Schüler durchaus förderlich sind. Die Mehrzahl der mit dem Begriff Konflikt bezeichneten Situationen fällt allerdings unter die Kategorie unerwünscht. Kennzeichnend für Konflikte sind je spezifische Konfliktkonstellationen, die sich durch genauere Beschreibungen und Zuordnung zu einem Problemkreis näher bestimmen lassen. Die Bearbeitung des Konflikts folgt dann der von Becker entwickelten Struktur.

9.2.2 Handlungsmatrix zur Konfliktlösung

Konfliktsituationen stellen für den Lehrer zumeist eine Überforderung dar, da er in der Regel unter Zeit- und Handlungsdruck reagieren muss. Diese Reaktion spitzt sich dann häufig auf die Frage nach der adäquaten Strafe zu. Eine distanzierte, selbstkritische und rationale Herangehensweise an den Konflikt und eine entsprechende Lösungssuche sind oft unmöglich. Die „Handlungsmatrix zur Konfliktlösung" (Becker 1995, 36) will eine Verbesserung dieser Defizite durch ein systematisches Vorgehen und insbesondere durch die Berücksichtigung des Grades der Betroffenheit erreichen. Sie ist in mehreren Schritten aufgebaut, die der Schwere und dem Grad der emotionalen Betroffenheit des Konflikts angepasst wird. Im folgenden werden alle 12 Stufen der Matrix zusammengefasst, die aber bei leichteren Konflikten nicht alle bearbeitet werden müssen.

1. *Konfliktbeschreibung auffassen*: Die Struktur des Konflikts soll möglichst schnell, sorgfältig und vollständig erkannt werden. Von Relevanz können Schulart, Stufe, Alter, Geschlecht, Gruppengröße und -zusammensetzung sein. Auch situative Bedingungen (Müdigkeit, Gereiztheit, Wetter) können bedeutsam sein. Allerdings kann eine Konfliktstruktur nie vollständig erfasst werden – immer muß der Lehrer „trotz eines bestehenden Informationsdefizits handeln" (Becker 1995, 40).

2. *Betroffenheit einschätzen*: Der Lehrer soll möglichst schnell die Betroffenheit der beteiligten Personen, vor allem seine eigene, auf einer Skala zwischen 0 (Scheinkonflikt) und 7 (Extremkonflikt) einschätzen. Fehleinschätzungen führen auch zu fehlerhaften Handlungen, so daß diese Einschätzung geübt werden sollte.

3. *Erstverhalten überlegen*: Vom Erstverhalten hängt oft der weitere Verlauf des Konflikts ab. Verschärfung, Offenhalten oder Beitrag zur Lösung werden hier vorbestimmt. Gerade diese Entscheidung erfolgt oft unter großem Zeitdruck. Da sehr viele Randkonflikte auftreten, wäre die Fähigkeit zu schlagfertigen und/oder humorvollen Reaktionen oft vorteilhaft. Zentral- und Extremkonflikte benötigen meist einen Handlungsaufschub zur weiteren Konfliktanalyse und Entscheidungsfindung.

4. *Methode festlegen*: Je nach Schwere des Konflikts bietet die Handlungsmatrix vier Methoden (A, B, C, D) mit unterschiedlichen Zeitspannen, Sozialformen und differenzierter werdenden Einzelschritten an. Während bei Schein- und Randproblemen recht zügig gehandelt werden soll, erfordern Zentral- und Extremkonflikte eine zeitintensive Konfliktanalyse. Dabei können auch weitere Experten hinzugezogen werden.

5. *Befragung durchführen*: Bei schwereren Konflikten ist eine Befragung der betroffenen Personen angebracht; um wichtige Hintergründe und Details des Konfliktes in Erfahrung zu bringen. Die Art der Befragung sollte offen und nicht suggestiv erfolgen.

6. *Nach den Ursachen fragen*: Für die Prophylaxe von Konflikten ist die Kenntnis ihrer Ursachen notwendig. Dazu werden verschiedene Hypothesen gebildet, also vorläufige, noch ungesicherte Annahmen formuliert und die wahrscheinlichste zur Überprüfung ausgewählt.

7. *Informationen beschaffen*: Gemäß der leitenden Hypothese werden verschiedene Informationsquellen in Anspruch genommen, Informationen eingeholt und evtl. in das Gruppengespräch eingebracht.

8. *Perspektive wechseln*: Um vor Einseitigkeit zu bewahren sollen die weiteren betroffenen Personen bestimmt, ihre emotionale Betroffenheit eingeschätzt und ihre Handlungsmöglichkeiten prognostiziert werden.

9. *Zielsetzungen abklären*: In der Gruppe wird eine Zielrichtung festgelegt, die die Koordination der Maßnahmen und kollegialen Kooperation ermöglicht. Das Ziel sollte auch erreichbar sein, zugleich ist ein flexibler Umgang nötig.

10. *Handlungsmöglichkeiten suchen*: Die Gesprächsteilnehmer bringen möglichst viele Einfälle zur Konfliktlösung ein. Dazu ist eine gelöste Atmosphäre, auch mit ungewöhnlichen Äußerungen und Humor, günstig.

11. *Handlungsmöglichkeiten prüfen*: Jeder Einfall ist auf seine Brauchbarkeit zu prüfen und im Protokoll als geeignet (+) oder ungeeignet (-) zu kennzeichnen.

12. *Handlungsfolge konzipieren*: Genügt bei Schein- und Randkonflikten oftmals eine Handlung, ist für Zentral- und Extremkonflikte meist eine Folge von Handlungen festzulegen. Dies kann anhand der vorhergehenden Prüfung der Handlungsmöglichkeiten erfolgen. Verschiedene Teilhandlungen müssen sinnvoll aufeinander bezogen und in eine Stufung von einfach bis komplex gebracht werden. Der Ablauf ihres Einsatzes und die beteiligten Personen sind zu bestimmen.

Welche Schritte für welche Konfliktart relevant sind, verdeutlicht die Handlungsmatrix (Tab. 11).

Sie dient sowohl der individuellen Konfliktbewältigung als auch der gemeinsamen Suche nach Konfliktlösungen in einer Gruppe. Becker bietet in seinem Buch dazu vielfältiges Material und Anleitungen. Die angebotenen Konfliktbeschreibungen bilden viele alltägliche Situationen in der Schule ab und sind nach inhaltlichen Gemeinsamkeiten geordnet, etwa Provokationen und Regelüberschreitungen, aggressives Verhalten zwischen Schülern oder Schülerängste. Ein Beispiel verdeutlicht das Vorgehen.

Tab. 11: Matrix zur Strukturierung des Vorgehens bei verschiedenen Konflikten (Becker 1995, 38ff)

Handlungsmatrix mit Zwischenschritten

	A		B		C		D	
1. *Konflikt(beschreibung) auffassen*	x	x	x	x	x	x	x	x
2. *Betroffenheit einschätzen*	Schein- 0	1	Rand- 2	3	Zentral- 4	5	Extremk. 6	7
3. *Erstverhalten Handlungsaufschub?*	x	x	x	x	x	x	x	x
4. *Methode wählen*	A		B		C		D	
– Sozialformen	Einzel-		Partner-		Gruppen-arbeit		G.-arbeit Experten	
– Richtzeiten in Minuten	5	10	20	30	40	50	50/50	
5. *Befragung durchführen*							x	
6. *Nach den Ursachen fragen*			x		x		x	
7. *Informationen beschaffen*								
– Informationsquellen suchen							x	
– Informationen einholen							x	
– Informationen einbringen							x	
8. *Perspektive wechseln*								
– Perspektive direkt Betroffener			x		x		x	
– Perspektive indirekt Betr.					x		x	
9. *Zielsetzung(en) abklären*								
– kurzfristige Zielsetzung(en)					x		x	
– mittelfristige Zielsetzung.							x	
– langfristige Zielsetzung(en)					x		x	
10. *Handlungsmögl. suchen*	x		x		x		x	
11. *Handlungsmögl. prüfen*								
– eindeutig positiv	x		x		x		x	
– eindeutig negativ	x		x		x		x	
– weder positiv noch negativ					x		x	
12. *Handlungsfolge konzipieren*								
– wer handelt wann und wie?	x		x		x		x	
– Handlungsplan erstellen							x	

9.2.3 Analysebeispiel

Anhand einer Konfliktsituation auf dem Schulhof lässt sich die strukturierte Bearbeitung auf der Basis der Handlungsmatrix nachvollziehen.

Konfliktbeschreibung auffassen

Ein Schüler spuckt Sie an.

Sie haben Hofaufsicht. Einige etwa 8jährige Schüler, die Sie persönlich nicht kennen, spucken in der Gegend herum. Die Schüler sind etwa im dritten Schuljahr. Wenn einer den anderen zufällig trifft, wird zurückgespuckt, und wenn sich jemand beschwert, dann wird derjenige erst recht zur Zielscheibe der Spuckkünste. Das Ganze scheint mehr ein Spiel zu sein; doch Sie sehen sich veranlaßt einzugreifen, rufen die betreffenden Schüler zu sich und bitten sie nachdrücklich, das Spucken sofort einzustellen. Da tritt ein Schüler aus der Gruppe hervor, spuckt Sie an, rennt schnell weg und verliert sich im Getümmel. Sie können sich gerade noch merken, daß er Jeans und einen roten Pullover trägt.

Betroffenheit einschätzen

Erstverhalten überlegen

Auf keinen Fall hinterherlaufen. Sich jene Schüler merken, die mit ihm gespuckt haben, um über diese Schüler später den Jungen identifizieren zu können; die Spucke abwischen.

Methode festlegen B

Nach den Ursachen fragen

Der Schüler spuckt Sie an, weil
- er Sie als Spielverderber betrachtet
- er Sie mit seinen Spielkameraden verwechselt
- er weitermachen will und deshalb im Affekt handelt
- das Spucken für ihn im Augenblick die einzige Waffe darstellt, um sich gegen das Verbot zu wehren
- er die Lehrer nicht mag, sie evtl. sogar haßt

Perspektive wechseln

Der *Schüler* empfindet vielleicht Genugtuung darüber, daß er den Lehrer getroffen hat. Vielleicht ist er sogar stolz auf die Tat. Oder er wollte eigentlich gar nicht spucken, ist von seiner Handlung überrascht und hat ein schlechtes Gewissen. Offensichtlich fürchtet er Sanktionen, sonst wäre er nicht weggelaufen. Als *Lehrer* werden Sie Ekel empfinden und sich angegriffen fühlen. Die *anderen Schüler*, die diese Konfliktsituation beobachtet haben, sehen wahrscheinlich in der Handlung eine Ungeheuerlichkeit. Einige Schüler sind vielleicht auch schadenfroh und bewundern ein bißchen den Mut des Schülers. Auf jeden Fall erwarten die Schüler eine Reaktion von Ihnen.

Handlungsmöglichkeiten suchen

1. den Vorfall ignorieren, sich die Spucke abwischen und so tun, als sei nichts vorgefallen

2. den Schüler einfangen und ohrfeigen
3. den Schüler fangen und zur Rede stellen
4. jenen Schülern, die mitgespuckt haben, nach der Pause ins Klassenzimmer folgen, um so die Identität des Schülers festzustellen
5. den Schüler ausfindig machen, und den Eltern eine Reinigungsrechnung zuschicken
6. mit den Schülern das betreffende Klassenzimmer aufsuchen, und mit allen Schülern über den Vorfall sprechen
7. den betreffenden Schüler ausfindig machen und zur Rede stellen
8. die Klasse ausfindig machen, dann mit dem Klassenlehrer über geeignete Maßnahmen beraten
9. den Schüler ausfindig machen und den Klassenlehrer um Angaben zum sozialen Hintergrund bitten
10. mit dem Schüler einen Gesprächstermin vereinbaren

Handlungsmöglichkeiten prüfen

1 – kommt nicht in Frage, Sie können sich nicht zum Märtyrer machen; 2 – strafbar und gefährlich; 3 – was geschieht, wenn er schneller ist als Sie? 4 + auf diese Weise können Sie feststellen, wer Sie bespuckt hat; 5 – hier geht es nicht um das Reinigungsgeld (gibt es etwas zu reinigen?), sondern in erster Linie um den immateriellen Schaden; 6 – übereilt, Sie kennen die Klasse nicht, und was soll bei diesem Gespräch herauskommen? 7 + – in geeigneter Form; 8 + – der Klassenlehrer hat weniger mit dem Vorfall zu tun; 9 + damit Sie sich besser auf ein Einzelgespräch einstellen können; 10 +

Handlungsfolge konzipieren

Das Klassenzimmer aufsuchen, feststellen, welcher Kollege Klassenlehrer ist. Mit Hilfe des Kollegen die Identität des Schülers feststellen und mit ihm einen Gesprächstermin vereinbaren. Zwischenzeitlich mit dem Kollegen über den Schüler sprechen und einige Hintergrundinformationen einholen (Milieu, derzeitiges Sozialverhalten, voraussichtliches Verhalten in einem Gespräch).
Mit dem Schüler einen Raum aufsuchen, wo ungestört gesprochen werden kann.

Geplanter Gesprächsverlauf:
Eigene Betroffenheit signalisieren, z. B. „So etwas ist mir noch nie passiert. Vielleicht hast Du was gegen mich, und ich weiß es nur nicht."
Auf den Grundsatz der Verhaltensreversibilität aufmerksam machen, z. B. „Ich überlege mir, wie das wohl wäre, wenn Lehrer ihre Schüler anspucken würden." Auf keinen Fall sollte im Gespräch auf eine förmliche Entschuldigung hingearbeitet werden, die doch nur einem Lippenbekenntnis gleichen würde.
Gesprächsziel: Einsicht des Schülers, daß ein solches Verhalten unangebracht ist und sich nicht wiederholen darf.

Oder würden Sie ganz anders handeln?

Beispiel für den Umgang mit der Handlungsmatrix (Becker 1995, 100-102, Hervorhebung im Original)

9.2.4 Kritik

Das Modell „Lehrer lösen Konflikte" stellt eine pragmatische Konstruktion zur Strukturierung von Problemlöseprozessen mit Kollegen dar. Es kann für die Bewältigung alltäglicher Konflikterfahrungen wertvolle Dienste leisten. Insbesondere erhält möglicherweise das Gespräch unter Kollegen eine reflektierte Basis und Struktur.

Die Nähe zur Alltagsrealität ist einerseits die Stärke, aus wissenschaftlicher Sicht fehlt jedoch die theoretische Basis. Zudem liegen bisher keine Ergebnisse aus Evaluationen vor.

Der Autor verweist ausdrücklich darauf, dass die Lehrer aus seiner Handlungsmatrix eine eigene Strategie weiterentwickeln sollen und dürfen. Die Verdeutlichung der unterschiedlichen Aspekte bei einer Konfliktlösung stellt dafür eine wertvolle Hilfe dar.

9.3 Lernfragen

- Welche Schritte sollte eine kollegiale Beratung beachten? Auf welchen Grundlagen basiert sie?
- Verwenden Sie die Matrix zur Konfliktlösung von Becker für eine Konfliktsituation, die sie selbst in der Schulzeit erlebt haben.
- Erstellen Sie eine Liste mit den Anforderungen, die an der Beratung beteiligte Lehrer optimalerweise erfüllen müssen.

10 Die Perspektive der Betroffenen

Die Förderung von Schülern mit Verhaltensstörungen in besonderen Schulen, also den Schulen zur Erziehungshilfe (Bayern) oder Schulen für Verhaltensgestörte (Hamburg) als Teil des Förderschulsystems, wird aufgrund der Ergebnisse aus den Integrationsmodellen und aufgrund konzeptioneller Überlegungen (Bittner et al. 1974) weiterhin von Bedeutung bleiben. Daher ist die Frage nach der Wirkung von Schulen zur Erziehungshilfe entscheidend. Nicht zuletzt lassen sich daraus Problembereiche identifizieren, die der Veränderung bedürfen.

Insbesondere die Erfahrungen und Sichtweisen der Kinder, ihrer Eltern und der Lehrer stellen wichtige Perspektiven auf die institutionalisierte Form heilpädagogischer Förderung bei Unterrichts- und Verhaltensstörungen dar. Dazu kann auf zwei wissenschaftliche Studien zurückgegriffen werden:

1. Eine Studie von K.-H. Saueressig erfasste die Sicht der Lehrer an Schulen zur Erziehungshilfe, insbesondere deren Arbeitsbelastungen und Bewältigungsstrategien. Fast die Hälfte der an Schulen für Erziehungshilfe in Nordrhein-Westfalen tätigen Sonderschullehrer beteiligte sich an dieser umfangreichen empirischen Befragung.
2. Rita Marx untersuchte die Einschätzung der betroffenen Kinder und die Wahrnehmung ihrer Eltern im Rückblick. Sie befragte 10 ihrer ehemaligen Schüler einer Hamburger Schule für Verhaltensgestörte und 11 Elternteile in qualitativer Form (narrative Interviews). Gerade dieses methodische Vorgehen bringt lebensnahe Ergebnisse, beschränkt aber zugleich die Repräsentativität ihrer Aussagekraft.

Die vorliegenden Untersuchungsergebnisse besitzen folglich nur eine begrenzte Gültigkeit und können keinen Anspruch auf Repräsentativität erheben. Sie deuten jedoch wichtige Bedingungen, Belastungen, Erwartungen und Grenzen an, unter denen das didaktische Handeln in dieser Schulform stattfindet.

Schlüsselwörter: Lehrerperspektive • Zufriedenheit • Belastungen • Elternperspektive • Voreinstellung • Kriterien • Schülerperspektive • Erfahrungen • 4 Funktionen • Hilfen

10.1 Die Perspektive der Lehrer

Der Lehrerberuf in allen Schularten stellt eine hohe subjektive Belastung dar. Erhebungen aus verschiedenen Schularten zeigen die Tendenz auf, dass die große Mehrheit aller Lehrer sich überbeansprucht fühlt. Überdurchschnittlich viele Lehrer scheiden vor Erreichen der Dienstaltersgrenze aus gesundheitlichen Gründen aus dem Dienst aus. Einigen Unterstellungen in der Öffentlichkeit, die mangelnde Leistungsbereitschaft als Ursache vermuten, ist schon aus medizinisch-physiologischer Sicht entgegenzuhalten, dass in zahlreichen Situationen eines Schultags ein Lehrer „so viel Adrenalin ausschüttet, so stark unter Streß steht wie beispielsweise ein Fluglotse an einem Großflughafen" (Müller-Limmroth, zit. nach Saueressig 1997, 47). Und bekanntermaßen liegt die durchschnittliche Lebenserwartung von Lehrern deutlich unter dem Durchschnitt der Bevölkerung.

Wie erleben Lehrer an Schulen für Erziehungshilfe die spezifischen Anforderungen ihrer Tätigkeit? Wie sieht die subjektive Belastung an solchen Schulen aus? Saueressig führte dazu im Schuljahr 1989/90 eine Befragung an den Schulen für Erziehungshilfe in Nordrhein-Westfalen durch, an der sich knapp die Hälfte aller Sonderschullehrer dieser Schulform beteiligte (Saueressig 1996). Der Fragebogen erfasste Aussagen zur Person (berufliche Entwicklung, Motivation, medizinische Faktoren), zu den Arbeitsbedingungen (Überweisungsverfahren, Schüler, Unterricht, Kollegen und Schulleitung) sowie zur Bewältigung der Belastungen.

In einem *ersten Überblick* ergibt die Auswertung der umfangreichen Datensammlung eine interessante Bestandsaufnahme (zum Überblick: Saueressig 1997):

- 54 % der befragten Lehrer geben eine hohe Arbeitsplatzzufriedenheit an,
- zugleich besteht bei 50 % der Lehrer eine allgemeine Müdigkeit
- und bei 68 % der Lehrer zeigen sich medizinische Risikofaktoren.

Saueressig gelangt zu dem Schluss: „Somit erscheinen die Befragten möglicherweise aufgrund der Arbeitsbedingungen unter psychischen Beanspruchungen zu stehen" (Saueressig 1997, 50). Diese scheinbar ambivalente Wahrnehmung – hohe Zufriedenheit und zugleich hohe Belastung – erfordert eine genauere Betrachtung. Welche Faktoren stellen nun eine *besondere Belastung* dar?

- Die Interaktion mit den Schülern, also gerade das Handeln bei Verhaltensstörungen, stellt für 78 % der Befragten eine besondere Belastung dar;
- die Durchführung des Überweisungsverfahrens in die Sonderschule belastet 60 % der Lehrer;
- die Anforderungen durch Zeitaufwand, Komplexität und insbesondere die Unerfüllbarkeit der Anforderungen im Beruf stellen hohe Belastungen dar.

Auf solche Arbeitsbedingungen antworten die Lehrer an Schulen für Erziehungshilfe in Nordrhein-Westfalen mit charakteristischen *Bewältigungsreaktionen* (coping):

- 93 % der Befragten besuchen Fortbildungen;
- 48 % versuchen durch allgemeine Bewältigungsstrategien in ihrer Freizeit (Sport, Gespräche mit dem Partner) die Belastungen zu verarbeiten;
- jedoch nur ein knappes Drittel praktiziert arbeitsplatzbezogene Bewältigungsstrategien.

Die Arbeit in Schulen für Erziehungshilfe in Nordrhein-Westfalen führt zwar bei vielen Lehrern zu einer hohen Zufriedenheit, stellt aber zugleich eine Tätigkeit mit hohen Belastungen dar, die auch zu dauerhaft negativen Effekten führen kann. Eine *besondere Gefährdung* für die Lehrer besteht dann, wenn psychovegetative Risikofaktoren (Erschöpfung, Unwohlsein, Kopfschmerzen) zu belastenden Arbeitsbedingungen hinzukommen. Gerade diese Gruppe der Befragten nimmt die Belastungen intensiver wahr, es kommt zu negativen Folgen (Erschöpfung, negative Grundstimmung, Unzufriedenheit mit dem Beruf) mit verstärkter gesundheitlicher Anfälligkeit und zu Vermeidungsreaktionen gegenüber dem beruflichen Feld (Rückzug von den Kollegen). Da folglich auch kaum berufsbezogene Bewältigungsstrategien aktiviert werden, stehen diese Lehrer in der großen Gefahr des „Burnout" (Saueressig 1997, 51).

Ein auffälliges Ergebnis ist insbesondere die hohe Belastung durch die Interaktion mit den schwierigen Schülern und ihren Familien. Diese Belastung durch den eigentlichen Kern der beruflichen Identität drängt zur Frage, ob nicht Verbesserungen im Bereich der Lehrerbildung, der institutionellen Rahmenbedingungen, der Klassenfrequenzen, der Beratung und Supervision sowie der materiellen Arbeitsbedingungen angebracht wären (Saueressig 1997, 53). Aufgrund der allgemeinen Finanzlage kann von dieser Seite jedoch nur wenig Hilfe erwartet werden. Um so wichtiger sind daher die kollegiale Zusammenarbeit, die Zurückweisung überzogenen Erwartungsdrucks und die Fähigkeit zur Belastungsbewältigung in beruflicher wie allgemeiner Perspektive.

Zur *Kritik* an dieser Untersuchung ist anzuführen, dass hier zwar ein großer Anteil der Sonderschullehrer in die empirische Erhebung einbezogen werden konnte, dass aufgrund des Vorgehens jedoch nur eine anfallende Stichprobe analysiert wurde. Die Hälfte der Sonderschullehrer an Schulen für Verhaltensgestörte in Nordrhein-Westfalen hat sich nicht beteiligt. Das könnte ja durchaus an systematischen Faktoren, etwa generelle Unzufriedenheit mit dem Beruf, liegen, die somit nicht in die Erhebung eingehen können. Der Transfer auf die Situation in anderen Bundesländern ist auch nicht so einfach möglich, denn über Jahre hinweg wurde in den verschiedenen Bundesländern eine unterschiedliche Einstellungspolitik verfolgt, was sich z. B. am relativ niedrigen Durchschnittsalter der Kollegen zum Zeitpunkt der Erhebung zeigen könnte. Diese Einschränkungen sind wichtig, dennoch weisen die Ergebnisse auf wichtige Faktoren zur Perspektive der Lehrer an Schulen für Verhaltensgestörte hin.

Über die Wirkung dieser Schulform auf die anderen Beteiligten, nämlich auf Eltern und Schüler, berichtet die Studie von Rita Marx.

10.2 Die Perspektive der Eltern

Wie stellt sich der Besuch der Schule für Verhaltensgestörte im Rückblick der Eltern dar? Schätzen sie diese institutionalisierte Form der besonderen Förderung als Hilfe oder empfinden Sie sie als Stigma und Makel? Wie wirkt sich der Besuch dieser Schulform auf die Familie und den Umgang mit dem Kind aus?

Zunächst fällt auf, dass die befragten Elternteile kaum Bewusstsein über die schon vor Beginn der Schulzeit vorhandenen Verhaltensprobleme hatten:

> „Die interviewten Eltern von Kindern mit sog. Verhaltensstörungen nehmen selten explizit bereits vor dem Beginn der Schulzeit Probleme ihrer Kinder wahr." (Marx 1992, 88f)

Die Probleme spielen in der Familie demnach zunächst keine Rolle, erst mit ihrer Ver-Öffentlichung in der Institution Schule für Verhaltensgestörte erlangen sie Bedeutung. Als *Ursachen* gelten für die Eltern entweder bio-physiologische Erklärungsmuster, die zu einer „Klinifizierung" (Marx 1992, 89) der Verhaltensstörung führen, oder fixierende Zuschreibungen an den Charakter des Kindes. Diese Erklärungen stellen zugleich eine Entlastung der Eltern dar. Wenn die Lehrer von den in der Schule auftretenden Störungen im Arbeits-, Leistungs- und Sozialverhalten berichten, sehen sie die Ursache in der schulischen Situation. Hingegen schreiben die Lehrer die Ursache für Verhaltensstörungen vornehmlich der Familiensituation und den Erziehungsfehlern der Eltern zu.

> „Für die sogenannten Verhaltensstörungen ihrer Kinder im schulischen Bereich bringen Eltern schwerpunktmäßig Ursachenerklärungen in Anrechnung, die sich auf die *schulische Lehr-Lern-Situation* selbst beziehen." (Marx 1992, 99, Hervorhebung im Original)

Von Seiten der Lehrer erfolgt eine Schuldzuschreibung an die Eltern und von Seiten der Eltern „*schwerpunktmäßig eine Schuldzuschreibung an Lehrer und Institution*" (Marx 1992, 100, Hervorhebung im Original) – bei jeweiliger Ausblendung der eigenen Beteiligung! Damit ist eine recht schwierige Ausgangsstruktur schulischer Elternarbeit beschrieben.

Wenn die Schule nun erwartet, dass Eltern auf ihr Kind Einfluss nehmen, dann führt dies häufig zu einer starken Belastung der familiären Atmosphäre und der Interaktion mit dem Kind. Die von den Lehrern vorgeschlagenen *erzieherischen Maßnahmen* werden meist nicht realisiert, vielmehr wird Druck in Form von stärkerer Kontrolle, Strafen, Verbote und Drohungen ausgeübt! Für Marx wird damit „deutlich, daß *geregelte Bahnen der Kommunikation* zwischen Elternhaus und Schule *nötig* sind" (Marx 1992, 104, Hervorhebung im Original)

Die *Aufnahme* ihres Kindes in die Schule für Verhaltensgestörte empfinden die Eltern in der Regel erschreckend und als Makel. Aufgrund von Informationsdefiziten sind sie zudem verunsichert über das Kommende, insbesondere über die schulischen Chancen ihrer Kinder. Hier stellt sich eine wichtige Aufgabe im Vorfeld des Aufnahmeverfahrens.

Wenn Eltern nach der Umschulung *positive Veränderungen* an ihrem Kind wahrnehmen und sie diese Entwicklungen auf die heilerzieherische Arbeit zurückführen, dann relativieren sie das anfängliche Bewusstsein eines Makels. Wenn sie allerdings keine positiven Effekte beobachten oder nicht mit der Schule für Verhaltensgestörte in Verbindung bringen, empfinden sie diesen Makel noch stärker. Der Umgang schwankt zwischen offenem Bekenntnis, indem etwa die Entlastung und Hilfe der Förderschule betont wird, und einer „Informationskontrolle" von Verschleierung bis zur Geheimhaltung.

Welche *Merkmale* der Schule für Verhaltensgestörte erscheinen den Eltern markant? Sie erkennen insbesondere zwei Spezifika dieser Schulform: eine offene und spielerische Unterrichtsform sowie der vertrauensvolle, persönliche Bezug von Lehrern und Schülern. Diese Aspekte wirken zunächst irritierend, insbesondere in Konfrontation zum Bildungsauftrag der Schule. Sie befürchten, dass die Wissensvermittlung zu kurz kommt. Kann das Konzept jedoch verständlich gemacht werden, kommt es auch zu Akzeptanz und Engagement der Eltern. Die intensiven Kontaktmöglichkeiten zur Schule werden dann als Hilfe und Chance geschätzt. Allerdings bleibt die Beurteilung ambivalent: Auch wenn die Vorzüge anerkannt werden, sehen die Eltern doch Probleme für die Rückschulung in die Regelschule.

Einige pädagogische Maßnahmen der Schule werden also von den Eltern wahrgenommen, aber sie schätzen sie kaum als relevant für eventuell beobachtete Verhaltensänderungen ein. Aufgrund der bio-physiologischen und persönlichkeitsorientierten Ursachenvermutung werden Zusammenhänge zur schulischen Arbeit jedoch „weitgehend verneint" (Marx 1992, 127). Am ehesten noch gilt die niedrige Klassenfrequenz als förderlich. Den größten Vorzug an der intensiveren Beziehung zwischen Lehrern und Schülern sehen die Eltern in der größeren Kontrolle des Kindes. Aufgrund dieser Erwartungshaltung der Eltern muss der Transfer erworbener Verhaltensweisen daher „vermutlich als für viele Kinder nur schwer leistbar angesehen werden" (Marx 1992, 127).

Eltern behalten Zweifel, ob in der Schule für Verhaltensgestörte genug gelernt wird, die bleibende Ambivalenz kann auch zuweilen in eine deutliche Kritik der geringen kognitiven Anforderungen an ihre Kinder münden. Erst im Nachhinein vermuten die Eltern eine positive Wirkung:

> „*Retrospektiv* erfährt dieser Zweifel jedoch weitgehend eine *Umdeutung*, die sowohl die Effektivität des Gelernten als auch die ‚spielerische' *Art der Lernprozesse positiv* würdigt." (Marx 1992, 131, Hervorhebung im Original)

Zur *Re-Integration* der betroffenen Schüler schwanken ihre Eltern zwischen zwei konträren Positionen: Eine Gruppe befürwortet die Rückschulung und treibt sie aktiv voran, wohl nicht zuletzt, um den Makel des Sonderschulbesuchs des Kindes zu beseitigen. Eine zweite Gruppe äußert im Nachhinein Skepsis gegenüber der Rückschulung, insbesondere wenn ihre Kinder in der Regelschule Probleme bekommen, etwa durch Stigmatisierungen, Selbstunzufriedenheit oder bei auftretenden Lernproblemen. Sie befürworten den Verbleib in der Sonderschule, auch wenn dadurch ein Hauptschulabschluss unmöglich werden sollte. Zwischenpositionen nehmen Eltern ein, die für eine Verlängerung der Zeit an der Schule für Verhaltensgestörte eintreten und die Belastungen durch die Re-Integration für erträglich halten. Die Unterstützung für die Re-Integration der Schüler ist also durchaus nicht einheitlich.

10.3 Die Perspektive der Schüler

Die Durchführung der Interviews mit ihren früheren Schülern erweist sich für Rita Marx als besonders problematisch. Denn für diese Jugendlichen ist die Schulzeit noch nicht abgeschlossen, z. T. sind sie immer noch in Problemsituationen involviert, die auch mit ihren früheren Schulerfahrungen zusammenhängen. Die Reaktionen der Schüler auf die Befragung durch ihre frühere Lehrerin reichen von Ausweich-Reaktionen über „nicht erinnert werden wollen" bis hin zu offenen und kooperativen Reflexionen.

Für eine Reihe ehemaliger Schüler stellte die Schule für Verhaltensgestörte eine *vergessene Zeit* dar. Teilweise kann dieses Vergessen als normaler Vorgang betrachtet werden, der die dominante Orientierung an der aktuellen Lebenssituation deutlich macht. In anderen Fällen zeigt sich das Vergessen auch als Abwehrreaktion, besonders bei Schülern, die Probleme nach der Rückschulung haben. Marx nennt diesen Vorgang nach Makarenko die „verbrannte Biographie" (Marx 1992, 147).

Die *Umschulung* in die Sonderschule stellt für die Schüler eine institutionelle Maßnahme dar, der sie sich fügen müssen. Sie bringen für diese Maßnahme nur dann Verständnis auf, wenn sie ihr Verhalten selbst als gestört einschätzen, also die Fremdattribuierung in ihr Selbstkonzept übernehmen. Wenn die früheren sozialen Beziehungen in der Grundschulklasse positiv waren und nun abgeschnitten werden, leidet diese Gruppe von Schülern unter den Folgen der Umschulung. Als Ursachenerklärung für ihr auffälliges Verhalten übernehmen sie in der Regel die Gründe von ihren Eltern.

Die *Stigmatisierungserfahrungen* durch den Besuch der Sonderschule setzen erst später ein. Die Schüler wissen zunächst kaum etwas vom negativen Etikett der Sonderschule, anhand der Reaktionen ihrer Eltern und der Umwelt erfahren sie dies jedoch bald sehr deutlich. Insbesondere durch die Konfrontation mit anderen Schülern mit Verhaltensstörungen erleben sie den besonderen Charakter dieser Schulform und übernehmen daraufhin das Attribut „verhaltensgestört" in ihr Selbstkonzept. Meist stellt die Umwelt eine Verknüpfung zur Schule für Lernbehinderte her. Zur Bewältigung der negativen Etikettierung betonen die Schüler daher die Lernmöglichkeiten in der Schule für Verhaltensgestörte. Zudem schätzen sie andere Sonderschüler als stärker gestört und sich selbst als „normaler" ein. Sie versuchen also ihre Normalität anhand ihrer Erfahrungen in der Regelschule und der Sonderschule zu bestätigen. Verschließen oder verschweigen die Eltern die Tatsache des Sonderschulbesuchs und üben dadurch eine rigide Form der Informationskontrolle aus, dann haben die Kinder allerdings kaum eine Möglichkeit, ihre Erfahrungen zu artikulieren.

Die Wahrnehmung des *Unterrichts* in der Schule für Verhaltensgestörte durch ihre Schüler konzentriert sich vor allem auf die niedrige Klassenfrequenz. Sie wird jedoch ambivalent beurteilt: Einerseits gilt sie als künstlich, negativ und langweilig, andererseits in positiver Weise als schützender Rahmen mit größerer Aufmerksamkeit des Lehrers und der Mitschüler. Die besondere Strukturierung des Raums oder des Fördermaterials hat in ihrer Erinnerung kaum Bedeutung. Schuluntypische Aktivitäten bleiben ebenfalls ambivalent in Erinnerung: bei aktuell befriedigenden Erfahrungen in der Regelschule werden sie entweder mit Gleichgültigkeit, bei aktuellen Problemen jedoch mit trauriger Resignation beschrieben. Die Lernbedingungen der Schule für Verhaltensgestörte schätzen ihre ehemaligen Schüler insgesamt als positiv ein: Die kleinere Lerngruppe sowie der intensivere und stärker kontrollierende Kontakt zum Lehrer gilt als gute Lernvoraussetzung, die teilweise auch für die Regelschule gewünscht werden. Eine Schülerin kommt zu dem zusammenfassenden Schluss:

"Wenn das 'ne normale Schule gewesen wäre, würd' ich das ganz gut finden" (Marx 1992, 229).

Aufgrund ihrer Befragungen formuliert Rita Marx vier *Funktionen*, die diese Schulform in einer Biographie annehmen kann (Marx 1992, 211). Die Schule für Verhaltensgestörte bildet demnach

1. ein Moratorium: Sie stellt einen Aufschub und eine Zurückstellung von gesellschaftlichen Erwartungen für die notwendige „Umerziehung" (Bittner) dar;
2. einen institutionellen Umweg: Sie erfüllt auf einem spezifischen Weg den institutionellen Auftrag der Schule, der aus unterschiedlichen Gründen auf regulärer Weise nicht erreicht werden konnte;
3. eine unwirksame Institution: Weder für den Schüler noch seine Familie ergeben sich positive Wirkungen, die Sonderschule bleibt eine fremde und bedrohliche Institution und die weitere Schulkarriere ist durch eine misslingende Re-Integration gekennzeichnet;
4. einen Schonraum: Marx leitet aus ihrer Untersuchung ab, „daß für Kinder mit schweren psychischen Störungen die SfV. möglicherweise eine – wenn nicht die einzige – angemessene Form der Beschulung darstellt" (Marx 1992, 225). Diese Funktion kann die Regelschule wohl kaum übernehmen.

Die qualitativ differenzierten Ergebnisse dieser Untersuchung ermöglichen der Autorin Schlussfolgerungen und Konsequenzen in verschiedener Hinsicht:

- durch möglichst integrative Maßnahmen an Regelschulen sollten stigmatisierende Effekte minimiert werden;
- zur Einschätzung fördernder Maßnahmen wird eine adäquatere Kind-Umfeld-Diagnostik notwendig;
- zur Bewältigung der Problemlagen von Kindern mit Verhaltensstörungen ist die Beratung der Regelschullehrer notwendig, die insbesondere die zugrundeliegenden Verhaltensnormen kritisch reflektiert;
- die Elternarbeit benötigt eine qualifizierte und stabile Basis, in der Kooperation möglich und familiale Isolation, Druck und Schuldzuweisungen vermieden werden;
- die Kinder benötigen Stützung und Stabilisierung durch geeignete pädagogisch-therapeutische Maßnahmen möglichst innerhalb der Regelschule;
- aufgrund der institutionellen Bedingungen der Regelschule und in schwierigen psychosozialen Problemlagen des Kindes kann die Schule für Verhaltensgestörte einen Schonraum für das Kind darstellen, der in der Regelschule kaum herzustellen ist.

In der Realität der Schule für Verhaltensgestörte muss mit allen vier Funktionen gerechnet werden. Marx folgert daraus die Notwendigkeit, die Versuche zur integrativen Förderung zu intensivieren und auszubauen.

10.4 Ergebnis

Die Ergebnisse der Untersuchungen von Saueressig und Marx stellen erste Ansätze für eine nüchterne Bestandsaufnahme zur Beschulung in besonderen Einrichtungen für Verhaltensgestörte dar. Jenseits von Glorifizierung oder Verteufelung wird damit die gegebene soziale Wirklichkeit in ihrer Reformbedürftigkeit erkennbar. Für das Handeln des Lehrers bei Unterrichts- und Verhaltensstörungen können die Sichtweisen der Betroffenen wichtige Grundlagen für seine Entscheidungsfindung bilden. Sie fordern zugleich zur Nüchternheit gegenüber den eigenen Wirkungsmöglichkeiten auf.

Didaktisches Handeln bei Unterrichts- und Verhaltensstörungen bildet nach diesen Ergebnissen eine wichtige Aufgabe in allen Schularten, die zugleich eine besondere Institution für Schüler mit Verhaltensstörungen benötigt. Die Arbeit des Sonderpädagogen in diesen Feldern stellt eine hohe Belastung dar, die jedoch zu einer großen Berufszufriedenheit führen kann. Elternarbeit und Beratung von Lehrern anderer Schulformen bilden dabei wichtige Tätigkeitsfelder. Negative Effekte des Besuchs der Sonderschule fordern zur Weiterentwicklung integrativer Schulkonzepte auf.

10.5 Lernfragen

- Überlegen Sie konkret, welche Maßnahmen Sie zur Bewältigung der Belastungen durch Unterrichts- und Verhaltensstörungen ergreifen wollen.
- Wie nehmen betroffene Eltern die Schule für Erziehungshilfe wahr? Welche Probleme entstehen daraus für die Elternarbeit?
- Welche Funktionen kann der Besuch der Schule für Erziehungshilfe für die Laufbahn der Schüler einnehmen? Welche Wirkungen, positiv und negativ, sind zu beachten?

11 Ergebnis

Nach Abschluss des Überblicks zur Didaktik bei Unterrichts- und Verhaltensstörungen macht ein Rückblick deutlich, welch vielfältige Anregungen für diese Problematik herangezogen werden können. Als Ergebnis kann kein verbindliches Modell unterrichtlichen Handelns extrahiert werden, vielmehr zeigt sich die Notwendigkeit, auf der Basis wissenschaftlicher Erkenntnisse reflektierte Entscheidungen zu treffen und zu verantworten. Abschließend geben einige zusammenfassende Thesen Hinweise für diese Entscheidungsfindung.

> 1. Für die Förderung bei Unterrichts- und Verhaltensstörungen gelten die Prinzipien der allgemeinen Didaktik.

Didaktische Theorien bilden die Grundlage des Unterrichts bei Unterrichts- und Verhaltensstörungen. Sie thematisieren Bedingungen, Möglichkeiten, Strukturen und Orientierungsprinzipien für Unterrichtsplanung und -analyse. Insbesondere die kritisch-kommunikative Didaktik bietet einen wichtigen Ansatzpunkt, indem sie den Faktor Störungen des Unterrichts in die didaktische Reflexion einbezieht. Unterrichtsplanung, Artikulation, Merkmale guter Schulen und guten Unterrichts, die verschiedenen Sozialformen und die Forderung nach Differenzierung des Unterrichts stellen wichtige Entscheidungs- und Handlungsfelder dar. Sie sind in je besonderer Weise auf die konkrete Unterrichtssituation bei Störungen anzuwenden. Eine didaktische Klassifikation der auftretenden Störungen erlaubt eine distanzierende Betrachtungsweise und emotionale Entlastung, und damit eine erweiterte Handlungskompetenz.

> 2. Der Auftrag unterrichtlicher Förderung bei Unterrichts- und Verhaltensstörungen sieht eine institutionell flexible und inhaltlich breit angelegte Förderung auf der Basis eines dynamischen Verständnisses der Verursachung solcher Störungen vor.

Ein gestuftes System der Hilfe, das sowohl integrative Formen als auch die weiterhin notwendige Schule zur Erziehungshilfe einschließt, gilt als schulorganisatorische Zielvorstellung. Ein solches, noch im Aufbau befindliches System dient der Unterstützung von Lehrern aller Schularten. Für die Gestaltung des Unterrichts werden therapeutische Elemente angesprochen, dabei bleibt der Primat der Didaktik deutlich. Lernen und Verhalten erscheinen als gleichzeitig zu behandelnde Dimensionen der Förderung. Heilpädagogische Förderung bei Verhaltensstörungen verfolgt den regulären Bildungsauftrag, der in verschiedenen Institutionen erfüllt werden kann. Dabei bleibt das Ziel der Re-Integration, das die schulische Förderung bei Verhaltensstörungen schon immer auszeichnete, gültig.

> 3. Die verschiedenen Konzeptionen schulischer Förderung bei Verhaltensstörungen basieren auf bestimmten Theoriemodellen, sie ziehen jedoch meist weitere Elemente heran. Die meisten Konzeptionen stellen folglich eine Synthese dar. Sie bieten insgesamt ein breites methodisches Spektrum.

Die Frage nach dem Menschenbild und dem Verständnis von Unterrichts- und Verhaltensstörungen erscheint basal für die didaktischen Konzeptionen. Diese Frage muss in die Entscheidungsfindung auf wissenschaftlich fundierter und reflektierter Basis einfließen. Sie bedingt auch die Entscheidung für eine bestimmte Konzeption oder die Kombination mehrerer Konzeptionen. Die Evaluation der vorhandenen Konzeptionen stellt insgesamt eine große Schwäche dar.

> 4. Für den Prozess und die Gestaltung der heilpädagogischen Förderung bei Unterrichts- und Verhaltensstörungen gelten bewährte und reflektierte Erfahrungen, die Orientierung geben können.

Prozess und Gestaltung heilpädagogischer Förderung muss die Rahmenbedingungen beachten. Die zeitliche Strukturierung in Phasen und ihre inhaltliche Gestaltung besitzt eine wichtige Orientierungsfunktion. Bewährte Prinzipien und Materialien können wichtige Hilfen darstellen. Der Auftrag der Re-Integration stellt ein noch wenig bearbeitetes Thema wissenschaftlicher Forschung dar.

> 5. Reformen des Unterrichts bieten neue Chancen für die Förderung bei Unterrichts- und Verhaltensstörungen.

Offener Unterricht, der als Oberbegriff viele der neueren didaktischen Motive und Themen umfasst, ist erst in Ansätzen in wissenschaftlich kontrollierter Weise auf den Unterricht bei Verhaltensstörungen übertragen worden. Die wenigen vorhandenen Forschungsergebnisse zeigen zwar einerseits positive Effekte, fordern jedoch zu Realismus in den Erwartungen auf. Die erfolgreiche Integration von Schülern mit Verhaltensstörungen stellt ein großes Problem dar, insbesondere der didaktische Aspekt ist noch wenig entwickelt.

> 6. Die institutionalisierte Form der heilpädagogischen Förderung bei Unterrichts- und Verhaltensstörungen, die Schule zur Erziehungshilfe, wird aus der Perspektive der Betroffenen sehr unterschiedlich erlebt. Einzelne Erhebungen konstatieren negative und positive Faktoren, die eine nüchterne und differenzierte Beurteilung fordern.

Nach den vorgestellten Erhebungen stellt die Arbeit in der Schule zur Erziehungshilfe für die Lehrer eine hohe Belastung dar, die sich bis zu psychosomatischen Symptomen auswirken kann und besondere Bewältigungsstrategien verlangt. Gleichzeitig berichten viele der befragten Lehrer von einer relativ hohen Berufszufriedenheit. Die Eltern zeigen große Vorbehalte gegenüber der Schule zur Erziehungshilfe, während für die Schüler die positiven Erfahrungen und Möglichkeiten dieser Schulart zu überwiegen scheinen. Die langfristigen Effekte besonderer Institutionen zur Förderung bei Unterrichts- und Verhaltensstörungen sind unterschiedlich, teilweise jedoch deutlich negativ.

> 7. Die Beratung von Lehrern durch Lehrer stellt ein wichtiges, zukünftig an Bedeutung noch gewinnendes Arbeitsfeld bei Unterrichts- und Verhaltensstörungen dar.

Pädagogisch-didaktische Kompetenz bei Unterrichts- und Verhaltensstörungen wird aus allen Schulformen zunehmend angefragt. Daher stellt die Beratung der Kollegen eine wichtige, spezifische Beratungskompetenz verlangende Neugestaltung der Lehrerrolle dar. Hierzu sind fundierte Qualifikationen, etwa in kooperativer Beratung, zu erwerben.

Welche Weiterentwicklungen deuten sich an? Entwicklungsperspektiven für die Didaktik bei Unterrichts- und Verhaltensstörungen sind insbesondere von Verknüpfungen mit der Sozialpädagogik zu erwarten, wie am Beispiel der erfolgreichen Konzeption von Dan Olweus (1996) gegen Gewalt in der Schule deutlich wird. Die vorgestellten didaktischen Konzeptionen bleiben dabei wichtige Elemente der Hilfe. Aber es wird doch deutlich: Die Probleme verlangen nach erweiterten Handlungsansätzen und nach einer Lehrerbildung, die auf didaktische Kompetenzen nicht verzichtet, sondern in Richtung auf sozialpädagogische, beraterische und pädagogisch-therapeutische Fähigkeiten erweitert. Diese Erwartungen kann jedoch eine akademische Bildung allein nicht erfüllen – nur eine gelingende Kombination von Studium, praktischer Ausbildung (Referendariat), Fort- und Weiterbildung bei gleichzeitiger Wahrung der je spezifischen Inhalte kann diesen Zukunftserwartungen näher kommen.

Relativ große Einigkeit besteht jedoch in der Einschätzung, dass der Beziehungsebene zwischen Lehrer und Schüler eine primäre Bedeutung zukommt. Damit aber ist die Person des Lehrers in besonderer Weise gefordert. Unterrichtliches Handeln ist immer riskantes Handeln: Störungen gehören zur Normalität! Vor dieser Herausforderung durch Unterrichts- und Verhaltensstörungen kann wohl keine Lehrerbildung und kein Lehrbuch bewahren.

Literatur

Apel, H. J. (1996): Erziehungshilfe aus schulpädagogischer Sicht – Bemerkungen zur Bedeutung sonderpädagogischer Einsichten für schulpädagogische Theorie und Praxis. In: Fitting, K./Kluge, E./Saßenrath-Döpke, E.-M. (Hrsg.): Pädagogik und Auffälligkeit. Impulse für Lehren und Lernen bei erwartungswidrigem Verhalten. Weinheim, 2. Auflage, 3-14
Aschersleben, K. (1991): Einführung in die Unterrichtsmethodik. Stuttgart, 5. Auflage
Aurin, K. (1990): Gute Schulen – worauf beruht ihre Wirksamkeit? Bad Heilbrunn, 2. Auflage
Bach, H. (1987): Schulintegrierte Förderung bei Verhaltensauffälligkeiten. Berlin, 2. Auflage
– (1989): Integrierte Förderung bei Verhaltensauffälligkeiten in der Schule. In: Goetze, H./Neukäter, H. (Hrsg.): Handbuch der Sonderpädagogik, Band 6, Pädagogik bei Verhaltensstörungen. Berlin, 246-260
Baulig, V. (1982): Auffälliges Schülerverhalten. Pädagogische Maßnahmen auf ausagierendes Verhalten. Weinheim
Bayerisches Gesetz über das Erziehungs- und Unterrichtswesen (BayEUG) i.d.F. der Bekanntmchg. v. 7. Juli 1994 (1994). KWMBl I, München
Becker, G. E. (1988): Auswertung und Beurteilung von Unterricht. Weinheim, 2. Auflage
– (1989): Planung von Unterricht. Weinheim, 3. Auflage
– (1990): Durchführung von Unterricht. Weinheim, 4. Auflage
– (1995): Lehrer lösen Konflikte. Weinheim, 7. Auflage
Begemann, E./Kuntz, H./Schön, M. (1983): Innere Differenzierung in der Schule für Lernbehinderte. Bericht über einen Schulversuch Teil 1. Mainz
Belschner, W./Hoffmann, M./Schott, F./Schulze, C. (1975): Verhaltenstherapie in Erziehung und Unterricht. Stuttgart
Benikowski, B. (1995): Unterrichtsstörungen und kommunikative Didaktik. Hohengehren
Benkmann, K. H. (1989): Pädagogische Erklärungs- und Handlungsansätze bei Verhaltensstörungen in der Schule. in: Goetze, H./Neukäter, H. (Hrsg.): Pädagogik bei Verhaltensstörungen. Berlin, 71-119
– (1997): Entwicklung des organisierten Systems sonderpädagogischer Förderung. In: Krieg, O./Rumpler, F. (Hrsg.): Kinder in Not – Lehrer in Not?! Fragen des Umgangs und der Förderung von Schülerinnen und Schülern mit besonderem Förderbedarf im Bereich des Verhaltens. Würzburg, 27-37
Bergsson, M. (1995): Ein entwicklungstherapeutisches Modell für Schüler mit Verhaltensstörungen. Essen

Betz, D./Breuninger, H. (1987): Teufelskreis Lernstörungen. Weinheim
Bittner, G./Ertle, C./Schmid, V. (1974): Schule und Unterricht bei verhaltensgestörten Kindern. In: Deutscher Bildungsrat (Hrsg.): Gutachten und Studien der Bildungskommission. Sonderpädagogik 4. Stuttgart, 13-102
Bleidick, U. (1985): Individualpsychologie, Lernbehinderungen und Verhaltensstörungen. Berlin
– (1987): Theorie, Praxis, Gesellschaft, Lernen, Berufsperspektiven: alles ungeklärte Vermittlungen im Hinblick auf Behindertenpädagogik. In: Haeberlin, U./Amrein, C. (Hrsg.): Forschung und Lehre für die sonderpädagogische Praxis. Bern, 16-42
– (1988): Betrifft Integration: behinderte Schüler in allgemeinen Schulen. Berlin
– (1989): Individualpsychologische Zugänge zur schulischen Arbeit bei Kindern und Jugendlichen mit Verhaltensstörungen. In: Goetze, H./Neukäter, H. (Hrsg.): Handbuch der Sonderpädagogik, Band 6, Pädagogik bei Verhaltensstörungen. Berlin, 823-835
Böhm, W. (1982): Wörterbuch der Pädagogik. Stuttgart, 12. Auflage
– (1985): Theorie und Praxis. Eine Erörterung des pädagogischen Grundproblems. Würzburg
– (1992): Über die Unvereinbarkeit von Erziehung und Therapie. Vierteljahresschrift für wissenschaftliche Pädagogik 68, 129-151
Bönsch, M. (1991): Variable Lernwege. Ein Lehrbuch der Unterrichtsmethoden. Paderborn
– (1994): Methoden des Unterrichts. in: Roth, L. (Hrsg.): Pädagogik; Handbuch für Studium und Praxis. Studienausgabe. München, 716-729
Bonderer, E. (1980): Integrationsbegriffe in der Behindertenpädagogik. Vierteljahresschrift für Heilpädagogik und ihre Nachbargebiete 49, 57-66, 179-190
Breitenbach, E. (1992): Unterricht in Diagnose- und Förderklassen. Neuropsychologische Aspekte schulischen Lernens. Bad Heilbrunn
Brezinka, W. (1981): Grundbegriffe der Erziehungswissenschaft. Analyse, Kritik, Vorschläge. München, 4. Auflage
Bröcher, J. (1997a): Am Rande der Bildungswelt. Lebenskonflikte von sog. verhaltensauffälligen Schülerinnen und Schülern, untersucht auf der Basis ihrer bildhaften Produktionen und alltagsästhetischen Manifestationen. Ein Beitrag zur heilpädagogischen Kunsterziehung. Berlin
– (1997b): Didaktik: Niemandsland oder Spielwiese der Verhaltensauffälligenpädagogik? – Plädoyer für einen Unterricht als lebensweltorientierten Gesamtzusammenhang. Sonderpädagogik 27, 92-103
– (1997c): Lebenswelt und Didaktik. Unterricht mit verhaltensauffälligen Jugendlichen auf der Basis ihrer alltagsästhetischen Produktionen. Heidelberg
– (1998): Bilder einer zerrissenen Welt. Kunsttherapie bei auffälligem Verhalten an Grund- und Sonderschulen. Heidelberg

Brunnhuber, P. (1986): Prinzipien effektiver Unterrichtsgestaltung. Donauwörth
Burchert, R. (1993): Motivation bei Schülern in Einrichtungen für Verhaltensgestörte. Die Sonderschule 38, 212-222
Cruickshank, W. M. (1967): The brain-injured child in home, school and community. Syracuse
– (1981): Schwierige Kinder und Jugendliche in Schule und Elternhaus. Berlin, 2. Auflage
Davidson, D./Jenchen, H. J. (1980): Das Praktikum. München
Dietrich, Th. (1995): Die Pädagogik Peter Petersens. Der Jena-Plan: Beispiel einer humanen Schule. Bad Heilbrunn, 6. Auflage
Einsiedler, W. (1994): Schulpädagogik – Unterricht und Erziehung in der Schule. In: Roth, L. (Hrsg.): Pädagogik; Handbuch für Studium und Praxis. Studienausgabe. München, 649-657
Empfehlungen der Kultusministerkonferenz zur Sonderpädagogischen Förderung in den Schulen der Bundesrepublik Deutschland 1994. Hrsg. v. Bayerischen Staatsministerium für Unterricht, Kultus, Wissenschaft und Kunst (1996). München
Ertle, Ch./Möckel, A. (Hrsg.) (1980): Fälle und Unfälle der Erziehung. Stuttgart
– /Neidhardt, W.(Hrsg.) (1994): Unterricht mit Kindern in Not. Bad Heilbrunn
Frey, K. (1991): Die Projektmethode. Weinheim
Fritze, C./Probst, W./Reinartz, E./Reinartz, A. (1978): Hören – Auditive Wahrnehmungsförderung. Dortmund
Fuchs, A. (1930): Erziehungsklassen (E-Klassen) für schwer erziehbare Kinder der Volksschule. Halle a. S.
Garlichs, A. (1990): Alltag im offenen Unterricht. Frankfurt a. M.
Georgens, J. D./Deinhardt, H. M. (1861): Die Heilpädagogik. Mit besonderer Berücksichtigung der Idiotie und der Idiotenanstalten. 1. Band, Leipzig
Gibas, H. (1981): Unterrichtsplanung im Sinne kritisch-kommunikativer Didaktik – Entwurf einer Planungsmatrix. In: Twellmann, W. (Hrsg.): Handbuch Schule und Unterricht, Band 4.2., Düsseldorf, 788-804
Glöckel, H. (1996): Vom Unterricht. Lehrbuch der Allgemeinen Didaktik. Bad Heilbrunn
Göppel, R. (1989): „Der Friederich, der Friederich..." Das Bild des „schwierigen Kindes" in der Pädagogik des 19. und 20. Jahrhunderts. Würzburg
Goetze, H. (1981): Personenzentrierte Spieltherapie. Grundlagen, Erfahrungen und Perspektiven einer Kindertherapie nach Carl Rogers. Göttingen
– (1989): Offenes Unterrichten bei Schülern mit Verhaltensstörungen. In: Goetze, H./Neukäter, H. (Hrsg.): Handbuch der Sonderpädagogik, Band 6, Pädagogik bei Verhaltensstörungen. Berlin, 569-584

- (1990): Verhaltensgestörte in Integrationsklassen – Fiktionen und Fakten. Zeitschrift für Heilpädagogik 41, 832-840
- (1991): Konzepte zur integrierten Unterrichtung von Schülern mit Verhaltensstörungen – dargestellt an Ergebnissen der amerikanischen Mainstreamforschung. Vierteljahresschrift für Heilpädagogik und ihre Nachbargebiete 60, 5-17
- (1993): Zum Einsatz von Interaktionsspielen im Unterricht bei Schülern mit Verhaltensstörungen. In: Neukäter, H./Wittrock, M. (Hrsg.): Verhaltensstörungen. Erziehung – Unterricht – Beratung. Oldenburg, 231-245
- (1994): „Wenn Freie Arbeit schwierig wird...". Stolpersteine auf dem Weg zum Offenen Unterricht. In: Reiß, G./Eberle, G. (Hrsg.): Offener Unterricht: Freie Arbeit mit lernschwachen Schülerinnen und Schülern. Weinheim, 2. Auflage, 254-273
- /Gatzemeyer, U. (1992): Verhaltensgestörtenpädagogik im Spiegel der Fachzeitschriftenliteratur. Eine Inhaltsanalyse. Heilpädagogische Forschung, 18, 11-21
- /Neukäter, H. (1981): Strukturierte und schülerzentrierte Unterrichtsansätze bei Verhaltensgestörten. Hagen
- /Neukäter, H. (Hrsg.) (1989a): Pädagogik bei Verhaltensstörungen. Handbuch der Sonderpädagogik, Band 6, Berlin
- /Neukäter, H. (1989b): Strukturierter Unterricht. In: Goetze, H./Neukäter, H. (Hrsg.): Handbuch der Sonderpädagogik, Band 6, Pädagogik bei Verhaltensstörungen. Berlin, 520-545
- /Neukäter, H. (Hrsg.) (1993a): Pädagogik bei Verhaltensstörungen. Handbuch der Sonderpädagogik, Band 6, Berlin, 2. Auflage
- /Neukäter, H. (1993b): Strukturierter Unterricht. In: Goetze, H./Neukäter, H. (Hrsg.): Handbuch der Sonderpädagogik, Band 6, Pädagogik bei Verhaltensstörungen. Berlin, 2. Auflage, 520-545
- /Neukäter, H. (o. J.): Unterricht bei Schülern mit Verhaltensstörungen. Potsdam (1994)

Grabski, S./Kissing, G./Neukäter, H./Benkmann, K.-H. (1978): Strukturierter Unterricht mit verhaltensgestörten Schülern. Rheinstetten

Grell, J./Grell, M. (1981): Unterrichtsrezepte. Weinheim

Grissemann, H. (1984): Lesen – Denken – Schreiben. Luzern
- (1993): Unterrichts-, Förderungs- und Therapiematerialien in der Pädagogik bei Verhaltensstörungen. In: Goetze, H./Neukäter, H. (Hrsg.): Handbuch der Sonderpädagogik, Band 6, Pädagogik bei Verhaltensstörungen. Berlin, 2. Auflage, 492-519

Gudjons, H. (1983): Spielbuch Interaktionserziehung. Bad Heilbrunn
- (Hrsg.) (1987): Unterrichtsmethoden. Grundlegung und Beispiele. Hamburg, 2. Auflage
- (1993): Handbuch Gruppenunterricht. Weinheim
- (1992): Handlungsorientiert Lehren und Lernen. Bad Heilbrunn, 3. Auflage

- /Teske, R./Winkel, R. (Hrsg.) (1986): Psychische Erkrankungen. Hamburg
- –/–/– (Hrsg.) (1987): Didaktische Theorien. Hamburg, 4. Auflage
Haeberlin, U. (1988): Heilpädagogische Haltung. In: Blickenstofer, J./Dohrenbusch, H./Klein, F. (Hrsg.): Ethik in der Sonderpädagogik. Berlin, 117-135
Haußer, K. (Hrsg.) (1981): Modelle schulischer Differenzierung. München
Hegele, I. (Hrsg.) (1988): Lernziel: Freie Arbeit. Unterrichtsbeispiele aus der Grundschule. Weinheim
Heitger, M. (1984): Zum Verhältnis von Pädagogik und Therapie aus der Sicht der Pädagogik. In: Heitger, M./Spiel, W. (Hrsg.): Interdisziplinäre Aspekte der Sonder- und Heilpädagogik. München, 64-80
Helbig, W. (1978): Schulische Projekte und außerschulische Aktivitäten mit verhaltensgestörten schwierigen Kindern. München
Hell, P. (Hrsg.) (1993): Öffnung des Unterrichts in der Grundschule. Donauwörth
Hennig, S./Knödler, U. (1995): Problemschüler – Problemfamilien. Ein praktisches Lehrbuch zum systemischen Arbeiten mit schulschwierigen Kindern. Weinheim, 4. Auflage
Hertzog, G./Barnea-Braunstein, R. (1980): „Beroschim", eine Schule für seelisch gestörte Kinder. München
Hewett, F. M. (1968): The emotionally disturbed child in the classroom. Boston
Hielscher, H. (Hrsg.) (1977): Sozialerziehung konkret. Spiele und Material. Hannover
Hillenbrand, C. (1994): Reformpädagogik und Heilpädagogik. Unter besonderer Berücksichtigung der Hilfsschule. Bad Heilbrunn
- (1996a): Deskription und Programm – zur Problematik des Begriffs „Verhaltensstörung". Sonderpädagogik 26, 194-207
- (1996b): Kontinuität der Reform – Reformpädagogische Motive in der Heilpädagogik. In: Opp, G. u. a. (Hrsg.): Heilpädagogik in der Wendezeit: Brüche, Kontinuitäten, Perspektiven. Luzern, 46-56
- (1998a): Integration bei Verhaltensstörungen: Die Mobile Erziehungshilfe in Bayern. In: Neukäter, H. (Hrsg.): Pädagogisch-therapeutische Hilfen bei Verhaltensstörungen. (Tagungsbericht). Oldenburg
- (1998b): Neue Erziehung in der Hilfsschule? Die Rezeption der Reformpädagogik in der Verbandsgeschichte. In: Schmetz, D./Wachtel, P.: Bericht zum Kongress des Verbandes Deutscher Sonderschulen Hannover.
- (2003): Einführung in die Verhaltensgestörtenpädagogik. München, 2. Auflage
Hippler, B. (1985): Mobile schulische Erziehungshilfe. Pädagogisch-therapeutische Maßnahmen von Sonderschullehrern bei verhaltensgestörten Kindern an Grund- und Hauptschulen. Birkach
Huschke, P./Mangelsdorf, M. (1988): Wochenplanunterricht. Praktische Ansätze zur inneren Differenzierung. Weinheim

Hußlein, E. (1983): Schule und Unterricht für Kinder und Jugendliche mit Verhaltensstörungen. Würzburg
- (1993): Unterrichtsgestaltung in der Schule für Verhaltensgestörte. In: Goetze, H./Neukäter, H. (Hrsg.): Handbuch der Sonderpädagogik Band 6, Pädagogik bei Verhaltensstörungen. Berlin, 2. Auflage, 473-491
Julius, H./Goetze, H. (1998): Resilienzförderung bei Risikokindern. Ein Trainingsprogramm zur Veränderung maladaptiver Attributionsmuster. Potsdam
Jürgens, E. (1997): Offener Unterricht im Spiegel empirischer Forschung. Pädagogische Rundschau 51, 677-697
Juul, K. D. (1979): Modelle pädagogischer Förderung von Kindern mit Verhaltensstörungen – vornehmlich in den USA. In: Speck, O.(Hrsg.): Pädagogische Modelle für Kinder mit Verhaltensstörungen. München, 70-99
Kaiser, E. (1994): Unterrichtsformen, Differenzierung und Inividualisierung. in: Roth, L. (Hrsg.): Pädagogik; Handbuch für Studium und Praxis. Studienausgabe. München, 730-741
Keck, R. W. (1983): Unterricht gliedern – zielorientiert lehren. Bad Heilbrunn
Keller, J. A./Novak, F. (1993): Kleines Pädagogisches Wörterbuch. Freiburg, 2. Auflage
Klafki, W. (1962): Didaktische Analyse als Kern der Unterrichtsvorbereitung. Hannover
- (1985): Neue Studien zur Bildungstheorie und Didaktik. Weinheim
- (1987): Die bildungstheoretische Didaktik im Rahmen kritisch-konstruktiver Erziehungswissenschaft. Oder: Zur Neufassung der Didaktischen Analyse. In: Gudjons, H./Teske, R./Winkel, R. (Hrsg.): Didaktische Theorien. Hamburg, 4. Auflage, 11-26
Klinke, E. (1995): Die Rosenmaarschule in Köln. In: Fachschaft Sonderpädagogik der Universität München: Integration von behinderten und nichtbehinderten Kindern in der Schule. Reader zum Institutstag. München, 49-56
Klippert, H. (1985): Projektwochen. Arbeitshilfen für Lehrer und Schulkollegien. Weinheim
Kluge, K. J. (1969): Pädagogik der schwer Erziehbaren. Ein Beitrag zur Theorie und Praxis der Erziehungsschwierigenpädagogik. Berlin
Kobi, E. E. (1983): Praktizierte Integration. Eine Zwischenbilanz. Vierteljahresschrift für Heilpädagogik und ihre Nachbargebiete 52, 196-216
Kriz, J. (1985): Grundkonzepte der Psychotherapie. Eine Einführung. München
Kultusministerium des Landes Nordrhein-Westfalen (1995): Weiterentwicklung der sonderpädagogischen Förderung in Schulen. Düsseldorf
Langkamp, B./Nick, S./Thomé, K./Reuß, W. (1995): Die Bilanz der zehnjährigen Arbeit der Astrid-Lindgren-Schule des Kreises Aachen mit

dem flexiblen sonder- und sozialpädagogischen Fördersystem für erziehungshilfebedürftige Schüler. Zeitschrift für Heilpädagogik 46, 27-31
Lauth, G. W. (1989): Strategien der kognitiven Verhaltensmodifikation. In: Goetze, H./Neukäter, H. (Hrsg.): Handbuch der Sonderpädagogik, Band 6, Pädagogik bei Verhaltensstörungen. Berlin, 852-870
– /Schlottke, P. F. (1997): Training mit aufmerksamkeitsgestörten Kinder. Weinheim, 3. Auflage
Mand, J. (1995): Auf der Suche nach einem erfolgreichen Umgang mit Verhaltensproblemen. Eine Lehrerbefragung in Berlin. Berlin
– (1997): Theorien als Tröster? Zur Alltagsfunktion von Theorien über auffälliges Verhalten. Zeitschrift für Heilpädagogik 48, 56-59
Mann, I. (1977): Lernen durch Handeln. München
Marx, R. (1992): Integrieren oder Aussondern. Die Sonderschule in der Sicht von Schülern und Lehrern. Weinheim
Meier, R./Bahns, M. (1981): Miteinander lernen. Differenzierung und freie Arbeit in der Grundschule. Stuttgart.
Meyer, E./Winkel, R. (Hrsg.) (1991a): Unser Konzept: Lernen in Gruppen. Begründungen, Forschungen, Praxishilfen. Hohengehren
–/– (Hrsg.) (1991b): Unser Ziel Humane Schule. Entwicklung, Praxis, Perspektiven. Hohengehren
Meyer, H. (1985): Leitfaden zur Unterrichtsvorbereitung. Frankfurt a. M., 7. Auflage
Möckel, A. (1979): Scheitern und Neuanfang in der Erziehung – Vorbemerkung zu einer Geschichte der Heilpädagogik. Sonderpädagogik 9, 118-126
– (1981): Die besondere Grund- und Hauptschule. Von der Hilfsschule zum kooperativen Schulzentrum. Heidelberg, 3. Auflage
– (1995): Verwahrlosen, lossagen, verstehen und heilen. Vierteljahresschrift für Heilpädagogik und ihre Nachbargebiete 64, 261-272
Mutzeck, W. (1993): Kollegiale Praxisberatung. In: Fitting, K./Kluge, E./Saßenrath-Döpke, E.-M. (Hrsg.): Pädagogik und Auffälligkeit. Weinheim, 168-181
– (1997): Kooperative Beratung. Grundlagen und Methoden der Beratung und Supervision im Berufsalltag. Weinheim, 2. Auflage
–/Pallasch, W. (Hrsg.) (1992): Integration verhaltensgestörter Schüler. Weinheim, 4. Auflage
Myschker, N. (1993): Verhaltensstörungen bei Kindern und Jugendlichen. Stuttgart
Neukäter, H. (1989a): Projektunterricht. In: Goetze, H./Neukäter, H. (Hrsg.): Handbuch der Sonderpädagogik, Band 6, Pädagogik bei Verhaltensstörungen. Berlin, 613-622
– (1989b): Re-Integration. In: Goetze, H./Neukäter, H. (Hrsg.): Handbuch der Sonderpädagogik, Band 6, Pädagogik bei Verhaltensstörungen. Berlin, 261-270

– (1993): Rehabilitation von Schülern mit Verhaltensstörungen durch Rückführung in die allgemeine Schule. In: Neukäter, H./Wittrock, M.: Verhaltensstörungen. Erziehung – Unterricht – Beratung. Oldenburg, 177-187
–/Goetze, H. (1978): Hyperaktives Verhalten im Unterricht. München
–/Schröder, U. (1991): Metakognition bei Kindern aus Schulen für Lernbehinderte und Verhaltensgestörte im Vergleich mit Grundschulkindern. Sonderpädagogik 21, 12-27
Nuhn, H.-E. (1995): Partnerarbeit als Sozialform des Unterrichts. Praxiserprobte Vorschläge. Weinheim
Oelkers, J. (1984): Theorie *und* Praxis? Eine Analyse grundlegender Modellvorstellungen pädagogischer Wirksamkeit. Neue Sammlung 24, 19-39
– (1988): Die Natur des Kindes. Theorieprobleme der Reformpädagogik. Neue Sammlung 28, 474-485
– (1989): Reformpädagogik. Eine kritische Dogmengeschichte. Weinheim
– (1994): Die Zukunft der öffentlichen Bildung. In: Seibert, N./Serve, H. (Hrsg.): Bildung und Erziehung an der Schwelle zum dritten Jahrtausend. München, 231-254
Olweus, D. (1996): Gewalt in der Schule. Was Eltern und Lehrer wissen sollten – und tun können. Bern, 2. Auflage
Opp, G. (1995): Neue Modelle schulischer Förderung von Kindern und Jugendlichen mit Lern- und Verhaltensstörungen. Zeitschrift für Heilpädagogik 46, 520-530
Ortner, A./Ortner, R. (1993): Verhaltens- und Lernschwierigkeiten. Handbuch für die Grundschulpraxis. Weinheim, 2. Auflage
Oser, F./Sarasin, S. (1995): Basismodelle des Unterrichts: Von der Sequenzierung als Lernerleichterung. Lern- und Lehr-Forschung Nr. 11, 82-107
– (1996): Choreographien unterrichtlichen Lernens. Kolloquium an der Universität München am 9.2.1996. (Skript). München
Petermann, F. (1993): Training mit Jugendlichen. Förderung von Arbeits- und Sozialverhalten. Weinheim
–/Petermann, U. (1993): Training mit aggressiven Kindern. München, 6. Auflage
–/– (1991): Training mit Jugendlichen. München, 2. Auflage
Petermann, U./Umann, D./Gottschling, R./Gruhler, S. (1993): Schule für Verhaltensgestörte: Analyse von Schulkonzepten. Sonderpädagogik 23, 142-155
Petersen, P. (1980): Der kleine Jena-Plan. Weinheim, 56.-60. Auflage
Peterßen, W. (1989): Lehrbuch Allgemeine Didaktik. München, 2. Auflage
– (1994): Didaktik und Curriculum/Lehrplan. in: Roth, L. (Hrsg.): Pädagogik; Handbuch für Studium und Praxis. Studienausgabe. München, 658-673.
Petillon, H. (1980): Soziale Beziehungen in Schulklassen. Weinheim
Pütter, I. (1993): Gruppenorientierte Verfahren in der Arbeit mit verhaltensgestörten Schülern. In: Goetze, H./Neukäter, H. (Hrsg.): Handbuch

der Sonderpädagogik, Band 6, Pädagogik bei Verhaltensstörungen. Berlin, 2. Auflage, 585-612

Redlich, A./Schley, W. (1981): Kooperative Verhaltensmodifikation im Unterricht. München, 2. Auflage

Reinhard, H. G./Vulturius, G./Herbst, M./Michael, H. (1995): Psychische Störungen bei Schülern der Förderschule für Erziehungshilfe. Sonderpädagogik 25, 138-145

Reiser, H./Loeken, H. (1993): Das Zentrum für Erziehungshilfe der Stadt Frankfurt a. M. Solms-Oberbiel

Rohr, B. (1980): Handelnder Unterricht. Rheinstetten

Roth, H. (1960): Pädagogische Psychologie des Lehrens und Lernens. Hannover

Rutter, M./Manham, B./Mortimore, P./Ouston, J. (1980): Fünfzehntausend Stunden. Weinheim

Sander, A./Raidt, P. (1991): Integration und Sonderpädagogik. St. Ingbert

Saueressig, K. (1996): Arbeitsbedingungen und Arbeitsbelastungen der Sonderpädagogen an den Schulen für Erziehungshilfe in Nordrhein-Westfalen. Frankfurt a. M.

– (1997): Arbeitsbedingungen und Arbeitsbelastungen der Sonderpädagogen an den Schulen für Erziehungshilfe in Nordrhein-Westfalen. In: Krieg, O./Rumpler, F. (Hrsg.): Kinder in Not – Lehrer in Not?! Fragen des Umgangs und der Förderung von Schülerinnen und Schülern mit besonderem Förderbedarf im Bereich des Verhaltens. Würzburg, 46-54

Sauter, H. (1984): Erzieherische Handlungsmöglichkeiten bei Verhaltensauffälligkeiten – Beispiel: Individuelle Förderung. In: Barsig, W./Berkmüller, H./Sauter, H. (Hrsg.): Lernstörungen und Verhaltensauffälligkeiten. München, 22-39

Schäfer, K.-H./Schaller, K. (1976): Kritische Erziehungswissenschaft und kommunikative Didaktik. Heidelberg, 3. Auflage

Schell, C. (1975): Partnerarbeit im Unterricht. Psychologische und pädagogische Voraussetzungen. München

Schlee, J. (1989): Zur Problematik der Terminologie in der Pädagogik bei Verhaltensstörungen. In: Goetze, H./Neukäter, H. (Hrsg.): Pädagogik bei Verhaltensstörungen. Handbuch der Sonderpädagogik, Band 6, Berlin, 36-49

Schleiffer, R. (1994): Zur Unterscheidung von Erziehung und Therapie bei dissozialen Kindern und Jugendlichen. Heilpädagogische Forschung 20, 2-8

Schley, W. (1989): Kooperative Verhaltensmodifikation. In: Goetze, H./Neukäter, H. (Hrsg.): Handbuch der Sonderpädagogik, Band 6, Pädagogik bei Verhaltensstörungen. Berlin, 546-568

Schön, B. (1989): Therapie statt Erziehung? Frankfurt a. M.

Schorch, G. (1994): Unterrichtsplanung und Unterrichtsvorbereitung. in: Roth, L. (Hrsg.): Pädagogik; Handbuch für Studium und Praxis. Studienausgabe. München, 704-715

Schulz, W. (1980): Unterrichtsplanung. München.
Schulz, W. (1987): Die lehrtheoretische Didaktik. Oder: Didaktisches Handeln im Schulfeld. In: Gudjons, H./Teske, R./Winkel, R. (Hrsg.): Didaktische Theorien. Hamburg, 4. Auflage, 29-45
Schumacher, G. (1979): Neues Lernen mit Verhaltensgestörten und Lernbehinderten. Der durchstrukturierte Klassenraum. Berlin, 2. Auflage
Seibert, N. (1992): Das Unterrichtsprinzip der Differenzierung. In: Seibert, N./Serve, H. J. (Hrsg.): Prinzipien guten Unterrichts. München, 97-126
– (1994): Erzieher oder Therapeut? Die Rolle des Lehrers in der Konfrontation mit gravierenden Erziehungsschwierigkeiten. In: Seibert, N./Serve, H. (Hrsg.): Bildung und Erziehung an der Schwelle zum dritten Jahrtausend. München, 801-929
Seitz, O. (1991): Problemsituationen im Unterricht. Regensburg
– (1992): Kriterien guten Unterrichts. In: Seibert, N./Serve, H. J. (Hrsg.): Prinzipien guten Unterrichts. München, 43-93
Sigrell, B. (1971): Problemkinder in der Schule. Weinheim
Speck, O. (1979): Verhaltensstörungen, Psychopathologie und Erziehung. Berlin
– (1991): Schulische Erziehungshilfe. Behindertenpädagogik in Bayern 34, 137-146
– (1993): Sonderpädagogische Organisationsformen. In: Goetze, H./Neukäter, H. (Hrsg.): Pädagogik bei Verhaltensstörungen. Handbuch der Sonderpädagogik, Band 6, Berlin, 2. Auflage, 191-228
– (1997): Chaos und Autonomie in der Erziehung. Erziehungsschwierigkeiten unter moralischem Aspekt. München, 2. Auflage
Sprau-Kuhlen, V. (1993): Verhaltensmodifikation für verhaltensgestörte Schüler. In: Goetze, H./Neukäter, H. (Hrsg.): Pädagogik bei Verhaltensstörungen. Handbuch der Sonderpädagogik, Band 6, Berlin, 2. Auflage, 836-851
Stein, R./Faas, A. (1999): Unterricht bei Verhaltensstörungen. Ein integratives didaktisches Modell. Neuwied
Süßmuth, R. (1969): Erziehungsbedürftigkeit. In: Speck, J./Wehle, G. (Hrsg.): Handbuch pädagogischer Grundbegriffe. Band 1, München, 405-424
Teuter, A./Teuter, A. (Hrsg.) (1997): Du gegen mich. Geschichten über Gewalt von jungen Autorinnen und Autoren. Frankfurt a. M.
Tillmann, K.-J. (1989): Was ist eine gute Schule? Hamburg
Unterrichtsstörungen (1987). Jahresheft V aller pädagogischen Zeitschriften des Friedrich Verlages in Zusammenarbeit mit Klett. Velber
Vernooij, M. A. (1994a): Unterricht in der Schule für Erziehungshilfe nach dem Prinzip TOS – exemplarisch dargestellt an der (sonder-)pädagogischen Nutzung der Transaktionsanalyse. In: Goetze, H.(Hrsg.): Pädagogik bei Verhaltensstörungen – Innovationen. Bad Heilbrunn, 104-126
– (1994b): Unterricht in der Schule für Erziehungshilfe nach dem Prinzip TOS. Die Sonderschule 39, 39-49

Voigt, U. (1993): Betreuungs- und Fördermaßnahmen im Rahmen der Reintegration von Schülern einer Grundschule für Erziehungshilfe. In: Neukäter, H./Wittrock, M.: Verhaltensstörungen. Erziehung – Unterricht – Beratung. Oldenburg, 197-202
Wagner, I. (1981): Aufmerksamkeitstraining mit impulsiven Kindern. Stuttgart
Wallrabenstein, W. (1991): Offene Schule – Offener Unterricht. Hamburg
Wegler, H. (1979): Die Entwicklungstherapie nach Mary Wood – Modell eines integrativen Therapiezentrums mit Spezialunterricht. In: Speck, O.(Hrsg.): Pädagogische Modelle für Kinder mit Verhaltensstörungen. München, 100-137
Willand, H. (1977): Didaktische Grundlegung der Erziehung und Bildung Lernbehinderter. Ravensburg
– (1983): Pädagogik der Lernbehinderten. München
Winkel, R. (1977): Pädagogische Psychiatrie für Eltern, Lehrer und Erzieher. Eine Einführung in neurotische und psychotische Schul- und Erziehungswirklichkeiten. München
– (1987): Die kritisch-kommunikative Didaktik. In: Gudjons, H./Teske, R./Winkel, R. (Hrsg.): Didaktische Theorien. Hamburg, 4. Auflage, 79-93
– (1988): Antinomische Pädagogik und kommunikative Didaktik. Studien zu Widersprüchen und Spannung in Erziehung und Schule. Düsseldorf, 2. Auflage
– (1989): Unterrichtsstörungen als Folge gestörter Lernprozesse. Möglichkeiten und Grenzen einer Pädagogischen Psychiatrie – aufgezeigt anhand eines Fallberichtes. Neue Sammlung 29, 240-256
– (1991a): Störende Schüler/innen und gestörte Lernprozesse oder: Von der Diagnose zur Prophylaxe. In: Neukäter, H.: Verhaltensstörungen verhindern – Prävention als pädagogische Aufgabe. Oldenburg, 151-160
– (1991b): Wenn Schüler/innen stören... wollen sie uns etwas sagen. In: Meyer, E./Winkel, R.: Unser Ziel: Humane Schule. Hohengehren, 198-203
– (1992a): Die Kommunikative Didaktik im Kontext einer kritisch-konstruktiven Schulpädagogik. Die Deutsche Schule 84, 178-188
– (1992b): Aggressionen und Konzentrationsstörungen in unseren Schulen – Fallbericht aus dem Schulalltag. Pädagogik und Schulalltag 47, 386-398
– (Hrsg.) (1994): Schwierige Kinder – Problematische Schüler. Baltmannsweiler/Hohengehren
– (1995): Pädagogische Psychiatrie für Eltern, Lehrer und Erzieher. Einführung in neurotische und psychotische Schul- und Erziehungswirklichkeiten. (Neuauflage) Hohengehren, 2. Auflage
– (1996): Der gestörte Unterricht. Bochum, 6. Auflage
Zentall, S. S./Goetze, H. (1994): Kinder mit Aufmerksamkeits- und Hyperaktivitätsproblemen (ADHD) – Neuere experimentelle Befunde und Anwendungen für den Unterricht. Sonderpädagogik 24, 82-91

Sachregister

Aggression 75, 121, 137, 140f, 148, 215, 274
Aktivierung 59, 64, 80, 142, 190
Aktivitätsverstärker 185
ALEM 236
Allgemeine Didaktik 28ff, 271
Alltagsästhetik 10, 188, 200
Ambulanz 179
Aneignungsprozesse 58
Angriff 89, 145
Angst 67, 73, 75, 120, 150, 151ff, 166, 212, 215, 217
Arbeitsbelastung 250, 271
Arbeitsmittel 7, 57, 66, 69, 106, 116, 143
Arbeitsplatzzufriedenheit 250
Arbeitsverhalten 116, 195
Artikulation des Unterrichts 42, 44, 47f
Artikulationsschemata 47f
Assistenzlehrer 123, 178f
Attribuierung 76, 256
Aufmerksamkeitsbelastbarkeit 105
aufmerksamkeitsgestört 101, 213, 269
Aufmerksamkeitsspanne 103, 106f
Aufmerksamkeitsverhalten 110f
Ausschulung 88
äußere Differenzierung 68
Autonomie 55, 272
Axiome 169, 182

Basismodelle 48, 99ff, 271
Bedingungsfelder 32ff, 43
Bedürfnisse 51, 59, 100, 103f, 112, 114, 163, 179, 185, 189, 197, 203, 224, 227

Behaviorismus 110, 128, 134
Beobachtungskategorien 108
Beobachtungsklasse 151, 155
Berater 127, 129f, 134, 239f, 263
Beratung 80, 146, 156, 179ff, 234f, 238ff, 248, 252, 258f, 262, 267, 270, 273
Berliner Modell 32
Berufszufriedenheit 226, 259, 262
besondere Erziehungsmaßnahmen 87
Besondere Unterrichtsvorbereitung 42f
Beurteilung 72, 90, 129, 153, 172, 216, 241, 254, 262, 265
Bewährungsphase 72
Bewältigungsreaktion 251
Bewältigungsstrategien 249, 251, 262
Beziehungsdimension 34
Bildung 50f, 55f, 79ff, 87f, 92, 110, 112, 200, 206, 232, 234, 254, 261, 263, 265
Bildungsauftrag 26, 86, 92
bildungschaotische Phase 78
Bildungsinhalte 30f
Bildungsprozess 30
bildungstheoretische Didaktik 30f, 55
black box 128, 187
Burnout 251

Chancengleichheit 79, 112
Charaktertypenlehre 86
coping 251
Curriculum 43, 111, 117, 170ff, 186, 271

Dauervergehen 88f
Defektorientierung 85
defektspezifische Maßnahmen 93
Defizit 74, 84, 87, 102ff, 111, 149, 170, 243
defizitorientiertes Denken 108
Devianz 169
Dezentralisierung 144
Diagnose 101ff, 108, 116, 128, 130, 162, 168, 170, 172, 216, 232, 265, 274
Diagnostik 83, 113, 122, 162, 172, 173, 181, 188, 191, 235, 258
Didaktische Handlung 77
didaktische Konzeptionen 100
Didaktische Theorie 28f, 31, 35, 61, 108, 221, 260, 267, 273
Differenzierung 17, 42, 58, 62, 67ff, 71, 88, 120, 144, 260, 264, 267f, 269, 272
Dissoziation 102
Dominanz 64, 99, 148

Effektivität des Lernens 64f
Einzelarbeit 17, 60, 65ff, 70, 77, 143f, 222
Einzelfallhilfe 121, 179
Einzelförderung 218, 235
Einzelunterricht 66
Einzelvergehen 88f
E-Klassen 86, 88, 91, 93f, 96f, 266
ELDiB 172, 181
Eltern 181, 215, 218f, 230, 235, 236, 242, 247, 249, 252ff, 258ff, 262
Elternarbeit 7, 40, 52, 96, 149, 181, 215, 253, 259
Elternhaus 75, 254, 266
Elterntraining 181
emotionales Lernen 220
engineered classroom 109, 111
Enkulturation 113
Entdramatisierung 153f, 156
Entlastungsmöglichkeiten 65

Entscheidungsfelder 32ff, 36, 43, 62
Entwicklung 24, 30, 32, 53, 57, 62, 66, 70, 79ff, 83f, 90, 99f, 103, 106f, 110ff, 122, 128, 133f, 138f, 149, 157f, 163f, 167ff, 175f, 178f, 181ff, 187f, 190, 202, 206, 210, 212, 214, 228, 239, 242, 250, 254, 262
Entwicklungscurriculum 9, 168ff, 176
Entwicklungsförderung 202
Erfolgserfahrung 106
Erforschungszentrum 120, 121
Ermutigung 9, 156, 162f, 165f, 202, 207, 210
Erziehung 9, 13ff, 20ff, 26f, 33, 38ff, 47, 49, 50, 56, 64, 70ff, 75f 82ff, 86ff, 94ff, 101, 105f, 113f, 124, 132, 137ff, 152f, 156f, 160ff, 176, 178, 190ff, 201, 205, 209ff, 231
Erziehungsauftrag 130
Erziehungshilfe 22, 39, 178f, 186, 188, 190, 196f, 204f, 216, 219, 235, 238, 249ff, 259ff, 262, 264, 268
Erziehungsklassen 86, 215, 266
Erziehungskompetenz 217
erziehungsschwierige Kinder 86
Erziehungsschwierigkeiten 13f, 272
Erziehungsstil 75
Evaluation 69, 108, 111, 121, 122, 123, 133, 149, 181, 186, 191, 196, 201, 225, 228, 236, 248, 261

Fächer 144, 153, 173, 206, 213
Familienerziehung 87
Flexibilisierung 84f
Förderbedarf 80ff, 172, 234f, 264
Fördermaterialien 120, 212f
Förderort 81, 83
Förderschwerpunkte 84f
Förderung 16, 20, 24, 26, 30, 40, 48f, 54, 64, 67ff, 78f, 81ff, 92, 94f,

Sachregister 277

97f, 107f, 110ff, 116, 132, 150f,
168ff, 172f, 179ff, 183f, 186, 196,
201f, 204ff, 213ff, 218ff, 224f, 229f,
232f, 235, 249, 252, 258, 260ff
Förderzentrum 168, 178ff, 235
Formalstufen 30, 45
Freude 52f, 169f
Frontalunterricht 17, 63f, 71, 74
Fürsorgeamt 95
Fürsorgeerziehung 86, 96f

Ganzheit 62, 89, 95, 157
Ganzheitlichkeit 93, 159, 222
Ganztagsschule 40, 79
Geborgenheit 140, 150
Gedächtnisleistung 103
Gegenkultur-Modell 100, 202
Geltungsstreben 157f
Gemeinsamer Unterricht 230
Gemeinschaft 19, 30, 70, 87, 93f,
97, 158, 163ff, 167, 195
Gemeinschaftserziehung 163f
gemischte Gruppe 70
Gesamtschule 51, 112, 151
Gesamtunterricht 95, 222
Geschichte 50, 85, 119, 139f, 147f,
153, 206, 227
Gesellschaft 32, 34, 61, 95, 100,
114, 227, 231f
gesellschaftliche Bedingungen 76
Gesellschaftssystem 100
Gesetze 82, 203
Gespräch 64, 140, 141, 144, 145,
148, 151, 153, 163, 251
gestörte Körperwahrnehmung
103
Gleichgültigkeit 89, 210, 257
Gruppe 60, 63, 65, 67f, 75f, 80, 94,
101f, 104, 109, 122, 142, 145,
147ff, 152, 155, 160, 164, 168, 170,
173, 178f, 190, 195, 206f, 211,
218, 222, 226, 239, 244, 246, 251,
255f
Gruppenbezogene Eingriffe 77

Gruppenunterricht 64, 65, 67, 74,
185, 267

Hamburger Modell 35
Handlungsanleitung 28, 31, 33
Handlungsansätze 15, 20, 138,
263
Handlungsfelder 117, 202, 238,
260
Handlungsmöglichkeiten 20, 32,
40, 76f, 99, 113, 138, 142, 148, 179,
224, 239, 243f, 246f
Handlungsstrategie 127, 130ff,
134, 136, 168f, 236, 241
Heilanstalt 93
Heilbehandlung 92f
heilpädagogische Förderung 78,
81, 110, 168f, 184, 204ff, 235, 261
Heim 14, 40, 79
Hilfsschullehrer 97
Hilfsschulpädagogik 93
Hirnfunktionsstörung 101
hirngeschädigt 102ff
hyperaktiv 99, 101, 102, 105ff,
108f, 213, 225f
hyperaktive Kinder 108
Hyperaktivität 102
hyperkinetisch 22, 39, 101

Ich-Erfahrung 103
Ich-Kompetenz 152
Ich-Stützung 8, 137, 139, 142
Identifikation des Lehrers 77
Immanente Belohnung 144
Individualisierung 17, 58, 66ff, 93,
98, 144, 152, 211, 225
Individualpsychologie 156ff, 163,
166f, 201
Inkoordination 103
Innere Differenzierung 68, 264
Institution 13, 19, 20ff, 40, 50, 54,
76, 81ff, 87, 137, 143, 168, 172, 181,
186, 208, 216, 225, 231, 234, 253,
257, 259, 261f

Institutionelle Bedingungen 76
Integration 20, 21, 24f, 45, 77, 94, 98, 112, 180, 186ff, 204, 213, 218, 230ff, 237, 261f
Intelligenz 75, 102
Interaktion 37, 60, 62, 129, 140, 142, 145, 179, 181, 192, 195, 240f, 252, 253
Interaktionserfahrungen 75
Interdependenz 33, 57, 62
Intervention 69, 111, 117, 120f, 128, 133, 135, 137, 139, 176ff, 184, 189, 197, 199, 208, 212, 226, 236
Interventionsformen 70, 117, 120, 123, 168, 178, 188
Interventionsplanung 130
Interventionsrepertoire 77
Interventionsstrategie 176
intrinsische Motivation 176
intrinsisches Leistungsverhalten 110

Jahrgangsklassen 112
Jena-Plan 53, 65, 68, 70, 167
Jugendamt 95
Jugendgericht 95

kategoriale Bildung 30f
Kern-Kurs-System 68
Klassenfrequenz 252, 254, 257
klassenübergreifende Sozialformen 63
kognitive Faktoren 75
Kognitive Situationskompetenz 191
Kommunikation 34, 52, 60, 70, 119, 130, 132, 170, 192, 254
kommunikative Kompetenz 64, 179
Kompetenzen 20f, 25, 50, 53, 65f, 69, 117, 124, 130f, 170, 211, 214, 219, 223, 229, 263
Konflikt 75f, 79, 100, 108, 140f, 144, 153, 179, 185, 194f, 209, 238, 241ff, 244, 248
Konfliktlösung 141f, 148, 241ff, 248
Konfliktverarbeitung 136f, 140, 142, 144, 147, 155, 202, 206
Konsequenz 20, 22, 24, 36, 38, 40, 52, 68, 70, 77, 83, 89, 96, 102, 111, 114, 116, 138, 142, 146, 148, 192, 202, 210, 258
konstante Aufgabenfelder 85
Kontingenzverträge 185
Kontinuität 95, 139, 144, 218
Kontrakt 112, 225, 236
Kooperation 40, 52, 64, 66, 69, 81, 127ff, 136, 145, 150, 168, 216ff, 244, 258, 263
Kooperative Verhaltensmodifikation 124, 126, 129, 132
Koordinationsstörungen 106
Kultusministerkonferenz 80, 215
Kunsttherapie 198, 200, 206

Learning Disabilities 101
Lebensplan 159ff
Lebensprobleme 140, 198ff
Lebenswelt 141, 197, 200f, 213
Lebenswirklichkeit 57
Legitimation 25, 91, 98, 193, 232
Lehrer 13, 15, 19, 20, 22, 25ff, 32, 37ff, 42, 47f, 51f, 57ff, 66ff, 90, 92, 95f, 98f, 105, 107, 111f, 116ff, 120f, 124ff, 130, 134, 137ff, 148f, 153ff, 157, 164f, 172, 176, 178f, 181, 185f, 189ff, 196, 200f, 208, 210ff, 218, 220f, 223, 226, 232, 234f, 238, 241f, 248ff, 253f, 258f, 263
Lehrerrolle 179, 223, 262
Lehrer-Schüler-Beziehung 138, 151, 206, 220
Lehrer-Schüler-Interaktion 52, 145
Lehr-Lern-Prozesse 23, 48, 58, 66f

Sachregister

Lehrplan 22, 36, 43, 189, 205f
Leistungsbereitschaft 145, 207, 250
Leistungsbeurteilung 223
Leistungsentlastung 197, 207f
Leistungsmotivation 207
Leistungsorientierung 53, 74, 217
Lernbehinderte 15, 26, 109, 114f, 200, 256
Lernbehinderung 83f, 112, 230
Lernbereich 45, 52, 84, 170ff, 182, 213, 236
Lernboxen 105
Lerndreieck 111, 117, 120ff
Lernen am Modell 124
Lernerfahrungen 106, 172
Lernerfolge 52, 211, 223, 236
Lerngruppen 116, 132, 217
Lerninhalt 17, 31f, 47, 63, 81, 106, 108, 140, 144, 151, 154f, 195, 206
Lernschritte 48, 117
Lernstörung 100ff, 109, 113, 212ff, 265
Lernumgebung 111, 120, 223
Lernumwelt 111, 114, 116f, 121
Lernverhalten 144
Lernzentren 223
Lernziel 31f, 47, 56f, 64, 114f, 172
Lernzielhierarchie 114
Life Space Interview 80, 178f
Lösungsperspektiven 78

Materialien 107, 134, 152f, 204, 212ff
medizinische Risikofaktoren 250
Mehrfachbehinderung 112
Menschenbild 108, 163, 187, 261
Merkmale des Offenen Unterrichts 222
Metakommunikation 34, 70
Methode 14f, 23, 29ff, 33, 36, 43, 45, 55, 57, 65, 80, 95, 125, 130, 140ff, 153, 156, 199, 203, 205, 210, 223f, 239f, 246

Minderbegabung 88
Minderwertigkeitsgefühl 157ff, 162
Minderwertigkeitskomplex 158, 164
Mobile Sonderpädagogische Dienste 82
Modell der Verhaltensmodifikation 100, 109, 124, 149
moralische Entwicklung 206
moralische Erziehung 56
moralische Wertsetzung 100
Motivierung 32, 40, 58f, 166, 185, 209
Motivstruktur 39
Motorik 84, 106
motorische Unreife 103

Natur 87, 90, 92, 98, 163
Natur des Kindes 92
negative Kräfte 87
neue Erziehung 87
Neutralisierung 144, 151, 153ff, 206
nonverbale Störungen 73
Normalität 77, 88, 169, 256, 263
Normalklasse 88, 91, 94
Notwendigkeit 25, 28, 68f, 86, 88f, 91f, 139, 142f, 150, 203, 258, 260

offene Unterrichtsformen 108, 228
Offener Unterricht 188, 220f, 222ff, 229, 261
Öffentliche Bildung 50
Öffnung des Unterrichts 221, 223
Opposition 73
Organminderwertigkeit 157, 160

Pädagogik bei Verhaltensstörungen 14, 37f, 79, 99, 188, 197, 202, 211, 230
pädagogische Forschungsergebnisse 87

Pädagogische Problemsituationen 71f
Partnerarbeit 17, 60, 65ff, 144f
Passivität 73f
Perseveration 103
personenzentrierte Maßnahmen 77
Persönlichkeit 62, 75f, 95, 152, 157, 160, 162, 187, 218
Persönlichkeitsmerkmale 75
Perspektive der Eltern 11, 251ff
Perspektive der Schüler 69, 255
Phänomen 13, 20, 22, 28, 71, 83, 89, 92, 108, 124, 168, 193f, 199, 209, 212, 230, 232
Phasen der Rehabilitation 184
Phasen der Re-Integration 217
Phasen des Offenen Unterrichts 224
Phasenmodell der Förderung 183
Praxis 23, 25, 28, 29, 57, 100, 204, 227, 233f, 238
Praxisbezug 115
Prinzipien des Unterrichts 107, 109
Problemlösung 66, 125, 126, 191
Problemlösungsprozesse 124
Problemlösungsstrategie 125f
Prozess 26, 30, 34, 37, 50, 55, 60, 125, 131, 136, 140, 145, 156, 158, 168, 186, 194ff, 204, 206, 213, 219, 261
Prüfverfahren 114
Psychoanalyse 94, 137, 157
psychologische Forschungsergebnisse 182
Psychopathenheim 86

Rahmenbedingungen 48, 53, 76, 92, 94, 204f, 225, 241, 252, 261
Reformansätze 27, 220
Reformmodell 66, 220
Reformpädagogen 45

Reformpädagogik 70, 92, 200, 227
reformpädagogische Schule 53
rehabilitative Funktion 87
Re-Integration 94, 96, 98, 140, 144, 168, 179, 201, 204f, 215ff, 255, 257, 261
Reizdosierung 144
Reizkontrolle 184
Reizmangel 108
Reiz-Reaktions-Modell 110
reizreduzierte Lernkabine 104
Reizreduzierung 103, 105f, 109
reizverstärktes Lern- und Arbeitsmaterial 104
Rigidität 106
Rollenspiel 140, 147, 190f, 214
Rückschulung 112, 184, 215ff, 254ff
Rücküberweisung 96

Sachkompetenz 191
Santa Monica Madison Plan 109
Schulart 15, 21, 45, 74, 204, 239, 243, 250, 259, 261f
Schule für Verhaltensgestörte 47, 249, 252ff
Schüler-Schüler-Interaktion 142
Schulgemeinschaft 90, 92, 96, 215
schulische Fertigkeiten 170
Schulpädagogik 15, 21, 24, 71, 202
Schulsystem 22f, 68, 79, 88, 97, 109, 221
Schulwechsel 39
Schwachsinn 88
schwachsinnig 88
schwer erziehbar 88ff, 94, 96, 215
Selbständigkeit 87, 139, 196, 208, 228
Selbstbewertungskonzept 127f
Selbstbewertungsprozeß 129
Selbststeuerung 81, 84, 130, 134, 184, 187, 223, 228
Selbsttätigkeit 59, 64f, 211, 222

Selbstvertrauen 84, 105, 210
Selbstwertgefühl 103
Sequenz 169
sonderpädagogische Förderung 83, 92
Sonderpädagogischer Förderbedarf 80ff
Sonderschullehrer 26, 69, 117, 120, 180, 217f, 239, 249f, 252
Sonderschullehrerbildung 15
Sonderschulwesen 88
Sozialdidaktik 188, 193, 195f, 201
soziale Anpassung 103
soziale Gruppe 75
sozial-emotionale Lernprozesse 108
soziales Lernen 53, 60, 108, 185
Sozialformen 17, 42, 60, 62f, 66ff, 71, 243, 261
Sozialisation 76, 113, 170
Sozialpädagoge 155, 181
sozialpädagogische Maßnahmen 95
Sozialstruktur 63
Sozialverhalten 84, 159, 211, 214, 226, 247, 253
Spieltherapie 185
Sprachbehinderung 83f
sprachliche Kommunikation 84
sprachtherapeutische Arbeit 84
Stabilität 33, 75, 106, 193
Stigmatisierung 20, 137, 139, 140, 216, 231f, 255
Störfaktor 37f, 62f, 205
Störung 37, 39
Störverhalten 111, 123, 178, 209, 223
straffällig 88
Strukturierung 42, 44, 49, 60, 99, 105f, 108, 117, 127, 137, 142, 152, 155, 176, 182, 184, 191, 204, 207, 223, 228, 245, 248, 257, 261
Stufen des Unterrichts 44
Stufenziel 170

Supervision 40, 80, 178, 190, 238, 239
Synthese-Modell 183

Taxonomien 57
Team-Teaching 69, 180, 218, 222
Teillernziele 112, 114
Theoriebildung 28
Therapeutisch orientierter Sonderunterricht 188ff
therapeutisch orientierter Unterricht 80
therapeutische Unterrichtsform 103
therapeutischer Ansatz 190
Therapeutisches Milieu 211
Therapie 28, 84, 100, 160ff, 168, 190ff, 205
Token 116, 185, 225, 236
Trainingsprogramm 108
Tutoren 236

Überweisung 78, 216, 250
Überweisungsverfahren 83, 251
Umfinalisierung 160, 162f
Umweltkonstellation 84
Umweltreiz 103f
Unsittlichkeit 89
unterrichtliche Maßnahmen 84, 206
Unterrichtsführung 52, 75
Unterrichtsgespräch 17, 64, 77, 141, 145, 146, 153
Unterrichtskonzept 112, 144, 184, 234, 236
Unterrichtsmaßnahmen 99
Unterrichtsmaterial 55, 104, 109, 149, 153, 176, 214, 219
Unterrichtsmethode 62, 115, 210
Unterrichtsplanung 34, 38, 42ff, 57, 70, 194, 199, 260
Unterrichtsrhythmus 143f
Unterrichtsstörungen 20f, 23ff,

28, 35, 37, 42, 58, 71, 99, 126, 127, 152, 178, 194, 211
Unterrichtsziele 95
Ursachen-Modell 104
Ursachenvermutung 26, 254

Veranschaulichung 60
Verbale Reaktion 77
verbale Störungen 73f, 74
Verbrecher 90
Vereinfachung 60
Verhalten 73ff, 81
Verhaltenskategorie 110
Verhaltenskompetenzen 110f, 116, 169, 208, 210, 218
Verhaltensmodifikation 122f
Verhaltenssequenzen 110, 112, 114ff, 120
Verletzung moralischer Normen 73f
Vermittlung 32, 50, 54f, 57, 59, 65, 71, 84, 112, 138f, 145, 150, 189, 192, 218, 220
Vermittlungsaspekt 36
Verstärkung 77, 111f, 114, 116, 121, 123, 212
Verstehen 137f, 149, 164, 184, 210

Verträge 184f
Verursachungsmodell 109
Volksschule 45, 86f, 90f, 93, 97f
Vorrang der Erziehung 205, 209
Vorsituative Defizite 73

Wahrnehmung 23, 84, 103, 106, 133, 146, 159, 191, 213f, 249, 251, 256
Wahrnehmungsstörungen 101
Wertvorstellungen 62, 72
Widerstand 89
Wille zur Macht 158
Wirklichkeit 19, 21, 30f, 128, 146, 193, 203, 258
Wirkung 51, 53, 57, 65, 97, 103, 155, 166, 181f, 201, 206, 232, 236, 249, 252, 255, 257

Zeugniszensuren 112
Zielformulierung 125, 219
Zielgemäßheit 56
Zielkontrolle 117
Zielstellung 84
Zwischeneinrichtung 86, 93
Zwischenform 69

Clemens Hillenbrand
**Einführung in die
Verhaltensgestörtenpädagogik**

Aggressive, hyperaktive, ängstliche und selbstmordgefährdete Kinder in Erziehung und Unterricht – Verhaltensstörungen sind ein schillerndes Phänomen und für die Pädagogen eine zunehmend brisante Herausforderung. Lehrer und Erzieher geraten gerade bei Kindern und Jugendlichen mit auffälligen Verhaltensweisen schnell an ihre Grenzen.

2., aktual. Auflage
2002
239 Seiten.
24 Abb. 6 Tab.
45 Übungsaufgaben
UTB-M
(3-8252-2103-2) kt

Wie entstehen Verhaltensstörungen?
Wie werden sie diagnostiziert?
Welche Modelle und Methoden hat die
Sonderpädagogik entwickelt?

Auf diese Fragen gibt Hillenbrand in seinem Buch Antwort. Er vermittelt einen Überblick über Grundlagen und praxisrelevante Ergebnisse der Verhaltensgestörtenpädagogik.

Ernst Reinhardt Verlag • München Basel
E-Mail: info@reinhardt-verlag.de
http://www.reinhardt-verlag.de

Friedrich W. Kron
Grundwissen Didaktik

3., aktual. Auflage
2000
380 Seiten. 53 Abb.
14 Tab. UTB-L
(3-8252-8073-X) gb

Der Autor des Standardwerkes „Grundwissen Pädagogik" (UTB) legt mit „Grundwissen Didaktik" ein neues Werk vor: Das Lehrbuch eignet sich hervorragend als Informationsquelle für wissenschaftliches Arbeiten und Prüfungsvorbereitungen, es kann auch als Repetitorium und Nachschlagewerk genutzt werden. Kron bereitet ein umfangreiches Feld gesicherten didaktischen Wissens in verständlicher Sprache auf. Didaktik wird verstanden als verstehende und erklärende Sozialwissenschaft. Neben Begriffsbestimmungen, Theorien und Modellen werden auch praxisrelevante Forschungen vorgestellt. Weitere Themen sind Lehren und Lernen, Curriculum und Medien. In die Diskussion sind neben der Schule auch die außerschulischen Bildungsbereiche einbezogen.

Ernst Reinhardt Verlag • München Basel
E-Mail: info@reinhardt-verlag.de
http://www.reinhardt-verlag.de

Rolf Werning / Birgit Lütje-Klose
Einführung in die Lernbehindertenpädagogik

Dieses verständlich geschriebene Lehrbuch richtet sich vor allem an Studierende des Faches „Pädagogik bei Lernbeeinträchtigungen", aber auch an Vertreter anderer sonderpädagogischer oder pädagogischer Fachrichtungen.

2003
ca. 255 Seiten
ca. 5 Abb. ca. 2 Tab.
UTB-M
(3-8252-2391-4) kt

Die Autoren gehen auf folgende Fragen ein:

Wann gelten Schülerinnen und Schüler als lernbeeinträchtigt?
Wie ist die sonderpädagogische Fachrichtung entstanden, und wie hat sie sich entwickelt?
Welche theoretischen Positionen werden diskutiert?
Welche didaktischen Konzepte zur Unterrichtung und Förderung von Schülerinnen und Schülern mit Lernbeeinträchtigungen werden derzeit eingesetzt?
Welche Perspektiven der Förderung eröffnen sich auf schulorganisatorischer und pädagogisch-konzeptioneller Ebene

Ernst Reinhardt Verlag • München Basel
E-Mail: info@reinhardt-verlag.de
http://www.reinhardt-verlag.de

ℇV reinhardt

Walter Straßmeier
Didaktik für den Unterricht mit geistigbehinderten Schülern

2. Auflage 2000
183 Seiten. 19 Abb.
UTB-L
(3-8252-8132-9) kt

Diesen Buch schlägt eine Brücke zwischen den Zielen der allgemeinen Didaktik und den besonderen Ansprüchen einer Didaktik für geistigbehinderte Schüler. Es ist Ergebnis langjähriger Unterrichtserfahrung des Autors mit behinderten Schülern und eine fundierte Einführung, die in diesem speziellen Bereich eine Lücke schließt. Anschaulich wird das Buch durch die zahlreichen Unterrichtsbeispiele, die klar aufgegliedert sind in Lernschwerpunkte, Lernvoraussetzungen der Schülern, Unterrichtsziele und -feinziele.

Basale Lernprozesse anregen, elementare Beziehungen aufbauen, zu psychischer Stabilität verhelfen, Lebensfertigkeiten vermitteln, Lebensaufgaben eröffnen – das sind nur einige Ziele, die im praktischen Teil des Buches vorgestellt werden. Förderpläne, Arbeitsaufgaben, Lösungsvorschläge und ein Glossar ergänzen das Lehrbuch, das gleichermaßen für Studenten und Lehrer eine wertvolle Hilfe ist.

ER/ reinhardt

Ernst Reinhardt Verlag • München Basel
E-Mail: info@reinhardt-verlag.de
http://www.reinhardt-verlag.de

Konrad Bundschuh
Heilpädagogische Psychologie

Dieses Buch vermittelt ein Grundkonzept Heilpädagogischer Psychologie. Wenn bei Kindern und Jugendlichen Entwicklungsverzögerungen, Lern- und Verhaltensprobleme auftreten, fragen Pädagogen und Psychologen, aber auch Eltern immer wieder nach Erkenntnissen der Entwicklungspsychologie, der Lern-, Neuro- und Sozialpsychologie, der Förderdiagnostik sowie verschiedener Therapien. Wie erfolgreich die heilpädagogische Arbeit ist, hängt auch von diesem Grundwissen ab und von der Fähigkeit, diese Gebiete miteinander verknüpfen zu können. Die Vernetzung der einzelnen Bereiche in der Heilpädagogischen Psychologie führt zu neuen Sichtweisen und erweiterten pädagogischen Möglichkeiten. Heilpädagogische Psychologie orientiert sich nicht am Defizit, stellt vielmehr das Positive, das Können und die Möglichkeiten des ganzen Menschen in den Mittelpunkt.

3., überarb. Auflage
2002
376 Seiten. 13 Abb.
2 Tab. UTB-S
(3-8252-1645-4) kt

Ernst Reinhardt Verlag • München Basel
E-Mail: info@reinhardt-verlag.de
http://www.reinhardt-verlag.de

ER/ reinhardt

Thomas Hülshoff
Emotionen

Eine Einführung für beratende, therapeutische, pädagogische und soziale Berufe

2., überarb. Auflage
2001
335 Seiten. 36 Abb.
2 Tab. UTB-M
(3-8252-2051-6) kt

Blinde Wut oder panische Angst, himmelhochjauchzende Freude oder tiefe Depression – Gefühle bestimmen unser Leben ganz wesentlich. Ein sinnvoller Umgang mit den eigenen Gefühlen und den Gefühlen anderer setzt ein Verständnis dieser oft höchst komplizierten Vorgänge voraus. Das ist elementar für alle sozialen Berufe.

Thomas Hülshoffs Buch ist eine fundierte und gut lesbare Einführung in die Emotionspsychologie. Der Autor bezieht aktuelle neurophysiologische Erkenntnisse und biologische Wurzeln unserer Emotionen ebenso ein wie ihre soziale Bedeutung und den kulturellen und familiären Kontext, in den die Gefühle eingebettet sind. Neu hinzugekommen ist ein Kapitel zur emotionalen Dimension von Gesundheit und Krankheit. Dieses Lehrbuch ist didaktisch aufgebaut, praxisnah und verständlich gestaltet mit Fallbeispielen, Übungen sowie zahlreichen Abbildungen.

Ernst Reinhardt Verlag • München Basel
E-Mail: info@reinhardt-verlag.de
http://www.reinhardt-verlag.de

ᴇⱽ reinhardt